황희
민본 시대를 이끈 행복한 2인자

황희

민본 시대를 이끈 행복한 2인자

오기수

고반

무곡(無谷) 오기수

숭실대학교 대학원 회계학과 졸업(경영학박사). 1급 정사서.
(현) 김포대학교 세무회계정보과 교수, 세종대왕기념사업회 이사.
(전) 김포대학교 총장 직무대행, 한국조세사학회 회장.

저서
《세종 공법》(2016년 대한민국학술원 우수학술도서), 《조선시대의 조세법》, 《세종대왕의 조세정책》, 《세종대왕의 세금 스토리텔링》, 《세종대왕의 혁신 리더십》 외 다수.

논문
〈공법과 대동법의 역사성과 한계성〉, 〈조세의 중립과 공평을 추구한 황희의 위민(爲民) 사상〉, 〈세종 공법(貢法)의 핵심인 전분6등법 연구〉, 〈조선시대 양대 조세개혁인 공법과 대동법의 비교〉, 〈세종대왕이 제정한 공법(貢法)의 민주적 가치〉, 〈조선시대 租稅와 稅錢, 稅金 용어의 역사적 고찰〉, 〈《조선경국전》의 조세개념과 조세제도에 관한 연구〉, 〈《경국대전》 호전에 규정된 세종대왕의 공법(貢法)에 관한 연구〉, 〈세종대왕의 조세사상과 공법(貢法)연구〉, 〈조선시대 각 도별 인구 및 전답과 조세부담액 분석〉, 〈조선시대 전세(田稅)의 공평에 관한 연구〉 외 다수.

황희_ 민본 시대를 이끈 행복한 2인자

제1판 제1쇄 발행   2017년 5월 31일

지은이	오기수
펴낸이	허재식

펴낸곳	고반
주소	경기도 파주시 탄현면 헤이리마을길 82-91. B동 301호
전화	031-944-8166
전송	031-944-8167
전자우편	gb@gobanbooks.com
홈페이지	www.gobanbooks.com
출판신고	제406-2009-000053호(2009년 7월 27일)

© 오기수, 2017
ISBN   978-89-97169-33-7 (03910)

값은 뒤표지에 있습니다.
지은이와 협의하여 인지는 생략합니다.

이 도서의 국립중앙도서관 출판예정도서목록(CIP)은 서지정보유통지원시스템 홈페이지(http://seoji.nl.go.kr)와 국가자료공동목록시스템(http://www.nl.go.kr/kolisnet)에서 이용하실 수 있습니다.
(CIP제어번호: CIP2017012055)

　황희는 관후(寬厚)하고 침중(沈重)하여 재상의 식견과 도량이 있었으며, 풍후한 자질이 크고 훌륭하여 총명(聰明)이 남보다 뛰어났다. 집을 다스림에는 검소(儉素)하고, 기쁨과 노여움을 안색에 나타내지 않으며, 일을 의논할 적엔 정대(正大)하여 대체를 보존하기에 힘쓰고 번거롭게 변경하는 것을 좋아하지 아니하였다.

『문종실록』 2년 2월 8일, 황희의 졸기

머리말

조선시대에 우리나라 사람의 평균수명은 대략 30세 전후였고, 왕의 평균수명도 44세밖에 되지 않았다. "인생 70은 예로부터 드문 바이다."라고 하였고, 70세를 살면 누구나 다 상수(上壽)로 여겼다. 세종대왕도 48세에 "내가 나이 늙어서[年老] 국가의 서무를 세자에게 오로지 맡겼으니"라고 하였다. 보통 나이 40이면 노쇠하기 시작하였기 때문이다. 황희는 90세까지 살았다. 조선시대는 물론 현대에도 나이 90은 찾아보기 힘든 천명(天命)을 넘긴 삶이다. 조선시대 정승으로서 90세를 넘긴 사람은 황희를 포함하여, 세종 때 좌의정까지 지낸 이귀령(향년 94세)과 순조 때 좌의정을 지낸 김사목(향년 94세) 등 세 사람뿐이다. 그리고 80세를 넘긴 정승도 조선 500년 동안 35명뿐이다. 그 중 이름난 사람으로서 이원익은 88세, 성석린·정창손은 86세, 정인지·김상헌·남구만·송시열은 83세, 채제공은 80세까지 살았다.

남원으로 유배갔던 황희가 세종대왕의 부름을 받고 새로 관직 생활을 시작한 때가 그의 나이 60세(세종 4년)였다. 그 당시 60세까지도 살기 쉽지 않은데, 황희는 60세에 제2의 인생을 시작한 것이다. 그의 관직 생활 약 60년 중 세종대왕과 함께한 세월은 28년이며, 그 중 24년을 수상(首相, 정승)으로 재임하면서 세종대왕의 모든 업적에 함께하였다.

조선시대에 이름난 정승 중 이덕형은 38세, 이귀령은 40세, 신숙주는 41세, 이항복은 43세, 심온·서용보는 44세, 박은·황헌은 47세, 조준·한명회·정태화는 48세, 그리고 남곤·유성룡·이원익·홍봉한이 49세에 정승으로 제수되었다. 그에 비하면 황희는 다 늙은 나이인 64세에 우의정, 65세에 좌의정, 그리고 69세에 영의정에 올랐다. 그 당시 70세를 만년이라 하였는데, 그가 영의정에 오른 것은 70세를 한 살 남긴 나이였다. 조선시대에 70세 이상으로 정승에 오른 사람은 세종 때의 허조와 하연, 효종 때의 김육 등을 포함해 고작 11명에 불과하다.

황희는 69세(세종 13년)부터 87세까지 18년 동안 일인지하 만인지상(一人之下 萬人之上)인 영의정으로 있으면서, 세종대왕을 보필하며 국정을 다스린 조선 최고의 2인자였다. 여기서 중요한 것은 황희가 어떻게 70의 나이에 영의정이 될 수 있었으며, 조선에서 영의정으로 가장 오랫동안 재임하면서 명재상(名宰相) 또는 진재상(眞宰相)이란 평판을 받을 수 있었느냐 하는 것이다. 『문종실록』에 있는 그의 졸기를 보자.

> 황희는 관후(寬厚)하고 침중(沈重)하여 재상의 식견과 도량이 있었으며, 풍후한 자질이 크고 훌륭하여 총명(聰明)이 남보다 뛰어났다. 집을 다스림에는 검소(儉素)하고, 기쁨과 노여움

을 안색에 나타내지 않으며, 일을 의논할 적엔 정대(正大)하여 대체를 보존하기에 힘쓰고 번거롭게 변경하는 것을 좋아하지 아니하였다.

황희가 영의정으로서 87세까지 18년간 국정을 운영하며 많은 사람들의 지지를 받을 수 있었던 인간경영의 핵심은 관후, 정대, 검소, 그리고 총명 네 가지였다. 바로 황희가 명재상으로서 조선 최고의 2인자가 될 수 있었던 요체이다.

첫째, 황희는 모든 사람들에게 관후(寬厚)하게 대하였으며, 사람들의 마음을 진정시킬 수 있는 아량과 도량이 큰 인물이었다. 관후는 '마음이 너그럽고 후덕하다'는 뜻이다. 그는 사람의 귀천을 가리지 않고, 사람들에게 너그럽고 인정 있게 대하였다. 그는 노복의 아이들이 수염을 가지고 놀아도 허허 웃었으며, 얼굴에 기쁨과 노여움을 나타낸 적이 없었다고 하였다. 과연 신선이 아니고서는 사람이 할 수 있는 품성은 아니라고 할 정도다. 황희의 이러한 관후함은 90 평생 이어졌으며, 국사를 의논하여 결정할 때에도 관대히 하도록 힘썼다.

둘째, 60년 동안 관직 생활을 하면서 모든 일 처리를 정대(正大)하게 하였다. 정대란 '정사를 처리함에 있어 바르고 옳아서 사사로움이 없다'는 뜻이다. 이 말은 공명정대 또는 공평무사와 같은 의미이다. 그래서 사람들은 황희를 시귀(蓍龜)*와 권형(權衡)**에 견주었다. 관직에

---

* 점을 칠 때 쓰는 가새풀과 거북.
** 물건의 중량을 다는 저울.

있는 사람에 대한 최고의 찬사이라 할 것이다. 그만큼 황희의 일처리가 사사로움이 없이 공정하였다는 말이다.

일반적으로 관후하면서 정대하기가 쉽지 않다. 두 낱말을 합하면 관후정대(寬厚正大)가 되는데, 이는 "어질고 후덕하며, 바르고 옳아서 일처리를 사사로움 없이 한다."는 뜻이다. 역사적으로도 관후하면서 정대한 인물은 드물다. 『조선왕조실록』에 기록된 인물들의 졸기를 분석하면 2,186건의 기사 중에서 '관후하다'라고 평한 사람은 신숙주, 이덕형 등 36명이다. 그러나 '정대하다'고 평한 사람은 조준과 하륜, 이황 등 불과 7명밖에 안 된다. 그런데 '관후하고 정대하다'라고 한 사람은 황희가 유일하다. 그래서 '관후정대'는 황희만의 유일한 아호가 되었다.

셋째, 황희는 검소하면서도 청렴(淸廉)하여 모든 백성들로부터 존경을 받았다. 조선왕조 500년 동안 218명의 청백리가 있었는데, 그 또한 청백리에 선정되었다. 정승을 지낸 청백리는 황희를 비롯한 맹사성, 이원익, 이항복, 그리고 유성룡 등 18명에 불과하다.

황희의 청렴한 마음은 "검소를 숭상하고 사치를 억제하는 것은 정치하는 데 먼저 할 일입니다."라고 말한 데서도 알 수 있다.

넷째, 황희는 총명(聰明)한 사람이었다. 그 총명함이 남보다 뛰어나 총명절인(聰明絶人)이라고 하였다. 여기서 총명이란 슬기롭고 도리에 밝다는 뜻이다. 현대적인 '썩 영리하고 재주가 있다'는 의미보다는 사람의 자질을 더 깊이 나타낸 표현이다. 그래서 옛 사람들은 총명이란 말을 무척 좋아하였다. 『조선왕조실록』에 있는 신료들의 졸기에는 30여 명의 인물이 총명하다고 기록되어 있다. 왕의 경우에도 '총명하다'는 것을 찬사로 여겼다. 태종은 "주상 전하께서는 천성이 '총명'하시어 선한 것을 행하기를 즐겁게 여깁니다."라고 하였으며, 세종대왕의 경우에도 "임금께서는 제성·광연(齊聖·廣淵)하시고, 총명·예지(聰明·睿智)하시어 처음부터 끝까지 학문을 바탕으로 정치하는 근원을 깊이 연구하고, 밤이나 낮이나 정성을 다하여 정치하는 방도를 넓혔습니다."라고 칭송되었다.

황희의 묘비에는 "나이가 90세가 되어서도 총명이 조금도 쇠퇴하지 않아서, 조정의 전장(典章, 법도)이나 경·사·자서(經·史·子書)에 대해 마치 촛불처럼 환히 기억하였고, 산수(算數)에 있어서는 제아무리 젊은이라도 감히 따르지 못하였다."고 하였다. 황희의 총명이 90세까지도 쇠퇴하지 않았으니, 그를 존재하게 한 이유이다. 이러한 총명은 거저 얻어진 것은 아니다. 그는 어렸을 때부터 학문을 좋아하여 밤에도 불을 켜고 공부를 하였으므로 경사(經史)에 통달하지 않은 것이 없었다.

평균수명이 40세인 조선에서 다 늙은 나이라 할 수 있는 60세에, 세종대왕과 함께 제2의 인생을 시작하였다. 황희의 위대함은 젊었을 때부터 바로 관후, 정대, 검소, 그리고 총명의 네 가지를 인간경영의 덕목으로 삼은 데서 비롯되었다. 태조와 정종 그리고 태종을 모시면서도 그리하였다. 옳다고 생각하는 일에는 굽히지 않는 강직한 성격 때문에 몇 번이나 좌천·파직을 당하여도 끝내 소신을 굽히지 않았다.

세종대왕과 함께 하면서 관후하고 정대한 성품과 청렴하고 총명한 자질은 더욱 빛났으며, 자신보다는 백성을 위해 임금을 충심으로 보좌하면서 백관들을 이끌었다.

우리가 살고 있는 지금은 세종대왕 같은 1인자, 황희 같은 2인자의 조화로운 인간경영이 필요한 시대이다. 모두 1인자가 될 수 없으며, 또한 1인자 혼자 모든 것을 할 수 없다.

거칠고 험한 경쟁의 시대, 물질적인 부를 좇아 인간성을 버리는 탐욕의 시대에, 사람 사는 지혜의 길을 찾아 황희를 톺아본다.

2017년 봄

무곡(無谷) 오기수

| 차례 |

머리말 · 6

제1편 관후 寬厚 — 17

Ⅰ. 후덕한 헌신은 성공의 밑천
  1. 황희, 두문동을 나오다 · 23
  2. 모반에 연루된 조용의 무고를 주장하다 · 28
  3. 임금과 신하 사이, 그 마음을 헤아리다 · 34
  4. 세자 양녕을 감싸다가 파면당하다 · 41

Ⅱ. 귀천을 따지지 않는 배려
  1. 양녕대군의 폐세자 반대로 유배를 가다 · 47
  2. 소를 모는 노인에게서 배려를 배우다 · 51
  3. 노비 또한 하늘이 내린 백성이다 · 54
  4. 하늘이 내린 백성은 본래 천한 사람이 없다 · 61

제2편 정대 正大

67

I. 사사로움이 없는 정사 政事
1. 죽는 한이 있어도 할 말은 한다 ·72
2. 그는 참으로 괜찮은 사람입니다 ·76
3. 법이란 공공의 그릇이다 ·82
4. 왕의 외척이라도 잘못은 용서하지 않는다 ·88

II. 쉽게 얻어지지 않는 올바름
1. 하륜에게 간사한 소인이라 비난받다 ·96
2. 뇌물 사건에 혼자만 자수하다 ·101
3. 양녕대군의 국문을 청하다 ·104
4. 태석균 사건에 청탁하여 탄핵받고 파직당하다 ·110

III. 저울추 같은 신념
1. 나라를 다스리는 데 이 사람이 없을 수 없다 ·114
2. 5년 만에 세종대왕의 마음을 사로잡다 ·118
3. 왕을 비난한 하위지 답안을 장원으로 뽑다 ·126
4. 세자 위임의 반대에서 한발짝 물러서다 ·134

IV. 소신 있는 반대
1. '부익부 빈익빈'의 이유로 공법을 반대하다 ·141
2. 흉년으로 1차 시험공법을 정지시키다 ·149
3. 재상감면을 두고 세종대왕과 충돌하다 ·154
4. 경무법에 따른 전분5등·연분9등을 반대하다 ·158

제3편 청렴 淸廉

167

I. 참다운 인생을 만든 검소함
1. 욕심 없는 유배 생활과 남원 광한루 ·175
2. 거친 베옷과 해진 도포 한 벌도 괜찮다 ·181
3. 나의 장례를 허식 없이 하라 ·188
4. 노심(老心)으로 교하 땅에 욕심이 생기다 ·193

II. 남은 것이 없어도 행복한 나눔
1. 늙은이 등 긁는 데는 멍석자리가 십상입니다 ·199
2. 황희 집에는 노비가 몇 명 있었을까? ·205
3. 황희의 한 해 수입은 얼마나 되었을까? ·210
4. '황금 대사헌'과 '뇌물 사건'은 뜬소문이다 ·215

III. 낭비 없는 나라 살림
1. 소찬 제사법으로 백성의 공물 부담을 덜다 ·223
2. 도민의 궁핍이 곧 나의 궁핍이다 ·228
3. 구조조정으로 건전한 국가재정을 확립하다 ·234
4. 백성을 위해 국둔전과 관둔전을 혁파하다 ·238

IV. 가지 많은 나무
1. 맏아들의 욕심 ·244
2. 장물죄로 파면당한 둘째 아들 ·248
3. 조선의 유일한 영의정 부자, 셋째 아들 ·254
4. 아전을 죽게 한 사위의 죄를 청탁하다 ·260

제4편 총명 聰明
265

I. 비전 있는 지식과 지혜
1. 나이 90에도 총명함은 흐트러지지 않았다 ·269
2. 경쟁자 맹사성을 사형의 문턱에서 구하다 ·274
3. 백두산 호랑이 김종서 길들이기 ·281
4. 법전 편찬은 나라의 근본을 세우는 일 ·287

II. 인재를 얻기 위한 경영
1. 과거시험에 강경법을 실시하다 ·294
2. 시·잡문 중심의 진사시를 폐지하다 ·303
3. 수령6기제로 수령의 전문성을 제고하다 ·309
4. 순자법과 행수법으로 어진 인재를 고르다 ·317

III. 국가적인 문제의 해결 방안
1. 관리의 기강 확립을 위한 제도 개선 ·324
2. 우리나라 최초의 소방서 금화도감 설치 ·329
3. 도둑 근절을 위한 일벌백계의 무거운 처벌 ·334
4. 국토를 유린하는 파저강 야인 토벌 ·340

제1편

관후

　황희는 모든 사람들에게 너그럽고 후덕하게 대하여, 그들의 마음을 진정시킬 수 있는 아량과 도량이 큰 사람이었다. 황희가 매사에 관후하였다는 이야기는 많은 사료에서 찾아볼 수 있다. 황희가 87세에 영의정에서 치사(致仕)*할 때 그를 칭송한 말을 보면, "지론(持論)이 관후(寬厚)한데다가, 분경(紛更)을 좋아하지 않고, 나라 사람의 여론을 잘 진정시키니, 당시 사람들이 진재상이라 불렀다."고 하였다.

　황희는 사람의 귀천을 가리지 않고, 모든 사람들에게 너그럽고 인정 있게 대하였음을 볼 수 있다. 수상이 되어 거의 30년 동안 희로(喜怒)를 한 번도 낯빛에 나타낸 적이 없다고 하고, 종에게 매질한 일이 없었고, 버릇없게 하여도 "노비도 또한 하늘이 내린 백성이거늘, 어찌 혹사해서야 되겠느냐."고 웃어 넘겼다.

　허목(許穆, 1595~1682)은 "야사(野史)에 전하는 명인의 고사에 '상국[황

---

* 나이가 많아 벼슬을 사양하고 물러나던 일.

희]은 평소에 담소하는 일이 적었으므로 사람들은 그 마음의 기뻐하고 노여워하는 것을 알 수 없었고, 일에 당면해서는 큰 원칙에 주력하고 자질구레한 것은 묻지 않았다.' 하였으니, 이야말로 훌륭한 정승으로서, 이름이 백대 뒤에도 없어지지 않는다는 경우이다."라고 하였다. 작은 일에는 아주 관대하게 처리하였다는 말이다.

이기(李墍, 1522~1600)의 『송와잡설(松窩雜說)』에는 다음과 같이 황희에 대한 일화가 전해져 내려온다.

> 황 익성공이 영묘(英廟, 세종)가 좋은 정사를 하는 때를 만나서 예법을 마련하고 악(樂)을 지으며, 큰 일을 논하고 큰 논의를 결단하였다. 날마다 임금을 돕는 것만 생각하였고 집안 대소사는 모두 염두에 두지 않았다.
>
> 하루는 계집종들 간에 서로 싸워서 한동안 떠들썩하였다. 한 계집종이 공의 앞에 와서 자리를 두드리며,
>
> "아무 계집이 나와 서로 싸웠는데 이렇게 극악하게 저를 해쳤습니다."
>
> 하고 아뢰니 공은,
>
> "네 말이 옳다."
>
> 하였다. 조금 있다가 한 계집종이 또 와서 자리를 두드리며, 똑같이 호소하였다. 공은 또,
>
> "네 말이 옳다."
>
> 하였다. 공의 조카가 공의 옆에 있다가 마땅치 않은 기색으

로 나서며,

"아저씨는 몹시 흐리멍덩합니다. 한 사람은 저렇고 한 사람은 이와 같으니, 이것이 옳고 저것은 그릅니다. 아저씨의 흐리멍덩함이 심합니다."

하니 공은,

"너의 말도 또한 옳다."

하면서, 글 읽기를 그치지 않고 끝내 분변하는 말이 없었다.

어찌 보면 실없어 보이지만 상대방을 배려하는 마음에서 그리한 것이다. 한번은 태학 유생이 길에서 그를 만나, "당신은 정승이 되어 일찍이 임금의 그릇됨을 바로잡지 못한단 말이요." 하고 면박하였다. 황희는 노여워하지 않고 도리어 기뻐하였다고 한다. 아직 과거에도 급제하지 못한 하찮은 유생이 감히 영의정에게 그 같이 말하였는데, 노여워하긴커녕 그 유생의 기개를 높이사 기쁘게 생각하였다. 그의 이러한 관후함은 90 평생 이어졌다.

서거정(徐居正, 1420~1488)의 『필원잡기(筆苑雜記)』에는 또 다른 일화를 볼 수 있다.

익성공 황희는 도량이 넓어 대신의 체통이 있었다. 정승의 지위에 있은 지 30년이요, 향년이 90세였는데, 국사를 의논하여 결정할 때는 관대히 하도록 힘썼으며, 평소에는 담담하여, 비록 어린 손주나 아이 종들이 좌우에 늘어앉아 울부짖고 깔깔대며 희롱하여도 조금도 꾸지람하거나 금하는 일이 없었다. 혹은 공의 멱살을 잡아당기고 뺨을 쳐도 그들이 하는 대로 따라갈 뿐이었다. 일찍이 각료들과 국사를 의논하며 붓으로 먹을 찍어 막 글씨를 쓰려고 할 때 종의 아이가 그 위에 오줌을 쌌으나, 공은 아무 노여운 기색도 없이 손수 그것을 훔칠 따름이었으니, 덕량(德量)이 이와 같았다.

윤휴(尹鑴, 1617~1680)는 『백호전서(白湖全書)』에서 "황희의 돈박(敦朴)* 함에 대해서는 지금의 대신들이 미치지 못하는 듯싶습니다."라고 하였다. 물론 이러한 관후함은 "성품이 지나치게 관대하여 제가(齊家)에 단점이 있었다."라고 하는 평을 듣기도 하였다.

---

* 인정이 많고 두터우며 성품이 꾸민 데가 없이 수수함.

I

후덕한 헌신은 성공의 밑천

1. 황희, 두문동을 나오다

황희는 고려 공민왕 12년(1363) 2월 10일 개성의 가조리에서 태어났다. 아버지는 자헌대부 판강릉대도호부사(정2품) 황군서이며, 어머니는 감문위호군(정4품)을 지낸 용궁 김우의 딸이다. 그가 태어난 해가 바로 만주의 홍건적이 침입하여 조정이 경상도 안동으로 피난 갔다가 개경으로 환도한 해였다. 그로부터 2년 뒤에는 승려 신돈(辛旽, ?~1371)의 집권으로 커다란 정치적 파문이 일던 시기였음을 감안하면 그 출생과 유년기는 혼란하고 불안정한 시기였다.

특히 우왕(1374~1388) 때에는 내부의 정치적 혼란에 덧붙여 해안으로는 왜구의 침입이 극성스러워 온 나라가 전쟁터를 방불케 할 정도로 내우외환이 겹친 시기였다. 왜적들이 200여 척의 배로 제주도를 침범하고, 전 국토를 유린하여 그 피해가 극심하였다.

이러한 상황에서 황희는 우왕 2년(1376) 14세의 나이에 음서로 복안궁 녹사(錄事)에 제수되었다. 이때 황희는 실제로 복안궁 녹사에 무관직으로 복무한 것은 아니라 산직(散職)의 형식적인 벼슬이었다.

어릴 적 황희는 학문을 좋아하여 밤에도 불을 켜고 공부를 했으므로 경사(經史)에 통달하지 않은 것이 없었다. 하지만 다른 사람이 과거에 응시하라고 권하면, "사장(詞章)은 군자가 힘쓸 만한 훌륭한 일이 아니다."고 말하고는 응시하지 않았다. 그러나 부모가 강권하여 21세(우왕 9년)에 사마시에 합격하고, 2년 뒤에는 진사시에 합격하였다. 그리고 27세(공양왕 원년, 1389)에 문과에 급제하여 성균관의 학록(學錄)이 되었다. 학록은 성균관에 둔 정9품으로 정원은 2명이었으며, 학생의 훈육과 학습활동을 독려하는 것이 주된 일이다.

그런데 공양왕 원년은 이미 태조 이성계가 이인임 등을 제거하고 정권을 장악하여, 왕을 앞세워 사전(私田) 등 여러 가지 개혁정치를 실시한 때였다. 정도전을 중심으로 한 사전개혁 찬성파와 이색을 주축으로 한 반대파의 갈등이 심하였다.

때문에 황희의 관직 생활 시작은 순탄치 못한 상황이었다. 그래도 정치색이 없는 성균관의 학록으로 있었으니 다행이라 할 수 있었지만, 성균관 대사성 김자수와 생원 박초 사건으로 순군부에 갇히기도 하였다.

생원 박초 등이 임금에게 불교 배척을 주장하는 글을 올리려는 것을 알고, 사예(司藝, 정4품) 유백순이 여러 학생들을 불러서 그 일을 중지시켰다. 이에 박초 등 15명만이 글을 올리고 다른 사람들은 같이 행동하지 않았다. 이때 박사(정7품) 김초와 김조, 학정(정8품) 정포 등과 함께 황희는 생원 서복례가 임금에게 올리는 글에 서명하지 않았다는 이유로, 그 죄를 성토하고 내쫓았다. 황희는 이때부터 강직한 기질이 있었던 것이다. 정몽주가 아니었으면 크게 화를 당할 수도 있었다.

　황희의 의욕과 열의로 가득찬 처음의 벼슬살이는 2년 만에 커다란 시련에 부딪친다. 황희의 나이 30세 되던 해에 역성혁명으로 고려 왕조가 무너지고 조선이 건국되었다. 군주시대에서 왕조의 교체는 봉직하는 관리들에게는 형언할 수 없는 사태였다. 수많은 관리들이 숙청되고, 관직을 버리고 낙향하였다. 황희 역시 많은 관리들과 함께 두 임금을 섬길 수 없다고 하여 두문동(杜門洞)에 들어가 은거하였다. 두문동은 경기도 개풍군 광덕면 광덕산 서쪽 기슭에 있던 옛 지명이다.

　황희도 처음에는 두문동에 들어가 일생을 마칠 뜻을 두었다. 태조가 원년에 경부(經部, 경전)에 밝고 품행이 단정한 선비를 선발할 때, 그를 여러 번 불렀으나 응하지 않았다. 그러다가 두문동 제현(諸賢)들이 '황희가 나가지 않으면 백성이 어떻게 되겠느냐?'고 권하고, 또 태조의 부름이 계속되자 할 수 없이 하산하였다.

　황희가 두문동에서 나온 때는 고려가 망한지 2년이 지난 태조 3년이었다. 나머지 두문동 사람들을 태조가 직접 찾아가 설득하였지만 끝까지 출사하지 않고 과거시험에도 응하지 않았다. 두문불출(杜門不出)이란 말은 여기서 유래했다. 이에 태조는 두문동 사람들에게 금고를 내리고, 백 년 동안 과거를 보지 못하도록 하였다. 금고와 과거 정지령은 훗날 성종이 송도에 직접 찾아가 해지할 때까지 계속되었다.

이유야 어떠하든 새로운 조정에 출사한 황희는 두 왕조를 섬긴 꼴이 되었다. 황희의 결심이 쉽지만은 않았다. 고려 충신 정몽주가 읊은 〈단심가(丹心歌)〉를 사모하는 사람들이 세상에는 많이 있었기 때문이다.

황희가 고려에서 관직 생활을 시작할 때 최고 상관으로 있던 김자수는 "신하가 되어 나라가 망하면 함께 죽는 것이 의리이다. 나는 평생 동안 충효에 스스로 힘썼는데, 지금 만약 지조를 지키지 못한다면 무슨 얼굴로 지하에서 군부(君父)를 볼 수 있단 말인가? 나에게는 본

이 몸이 죽고 죽어 일백 번 고쳐 죽어
백골이 진토되어 넋이라도 있고 없고
님 향한 일편단심이야 가실 줄이 있으랴.
此身死了死了　一百番更死了
白骨爲塵土　　魂魄有也無
向主一片丹心　寧有改理也歟

디 죽을 곳이 있다."고 탄식하였다. 그는 자손들에게 당부하여 "나는 지금 죽을 것이다. 오직 스스로 신하의 절개를 다할 뿐이다. 또 내가 여기에서 죽을 것이니 바로 이곳에 묻고, 신중히 생각하여 묘도 문자(文字)를 짓지 말아라." 하고, 이어서 〈절명사(絕命詞)〉를 지어 "평생 동안 충효에 뜻을 두었건만 오늘날에 누가 알아주랴?"라고 하면서 스스로 목숨을 끊었다. 황희에겐 충격적인 일이 아닐 수 없었다. 뿐만 아니라 기생들까지 새로운 조정에 출사한 관리들을 조롱하였다.

이긍익(李肯翊, 1736~1806)의 『연려실기술(燃藜室記述)』에 있는 이야기다.

개국한 후에 정부에서 여러 재상들에게 잔치를 베풀어 주었는데, 그들은 모두 전조의 재상으로 신조(新朝)에서 벼슬사는 자들이었다.

기생 설매(雪梅)는 재주와 용모가 남달리 뛰어나고 음행을 매우 즐겼다.

정승이 취하여 희롱하기를, "네가 아침은 동쪽 집에서 먹고, 저녁에 잠은 서쪽 집에서 잔다고 들었는데, 이제 나를 잠자리에 모셔라." 하였다.

설매가 대답하기를, "동쪽 집에서 먹고 서쪽 집에서 잔다는 이 천한 몸으로 왕씨(王氏)를 섬기다가, 이씨(李氏)를 섬기는 정승을 모시는 것이 어찌 꼭 합당한 일이 아니겠습니까?" 하니, 정승은 낯이 붉어 머리를 숙이고, 좌중에 있던 사람들은 모두 탄식하였으며, 혹 눈물을 흘리는 자도 있었다.

이러한 시절에 두문동에서 나온 황희는 굳은 각오로 임하였다. 새로운 왕조에 대한 출사는 망해버린 고려 왕조에 대한 불충의 자책감에서 벗어나야만 했기 때문이다. 황희의 출사의 변은 "젊고 유능한 사람은 세상에 나아가 백성을 위해서 일해야 한다."라는 말이었다. 인생 선배들의 조언에서 세상에 나아갈 당위성을 찾은 것이다. 황희가 조선 조정에 출사한 이유 중 하나는 '젊고 유능한 사람'인 자신에 대한 미래적 통찰이며, 다른 하나는 '백성을 위해서'라는 거국적 목적의식이다. 이러한 생각의 바탕에는 자신과 타인에 대한 관후가 없다면 불가능한 일이었다. 그래서 관직 생활 2년여에 당시 사회의 혼란과 피폐상을 직접 눈으로 보고 피부로 체험한 젊은 황희는, 두문동에서의 출사를 '자기 자신'과 '백성'을 위해 일할 수 있는 새로운 출발점으로 생각을 바꾼 것이다. 결국 자신과 타인에 대한 관후한 결정은 역사의 소용돌이를 헤치고, 훗날 세종대왕과 함께 조선의 운명을 개척한 대정치가로 활약하는 기반이 되었다.

2. 모반에 연루된 조용의 무고를 주장하다

검교 판한성부사(정2품) 세자빈객 조용이 목인해와 조대림의 모반 사건의 주모자로 지목되었다. 목인해가 태종의 부마 조대림이 역모를 꾸몄고, 그 주모자가 조용이라고 거짓으로 고변했기 때문이다. 목인해는 김해 관노였는데, 애꾸눈이고 활을 잘 쏘았다. 그는 처음에 이제(李濟, 태조 부마 흥안군)의 가신이었는데, 그가 죽자 태종을 잠저에서부터 섬겨 항상 곁을 떠나지 않았다. 이로 말미암아 호군(護軍, 정4품 무관)에 제수되었다. 그의 아내는 조대림의 집 종이었으므로 이것을 인연하여 조대림의 집에 드나들었고, 조대림이 또한 후하게 대접하였다. 그런데 목인해는 자기의 출세를 위해 조대림을 역모에 이용하였다. 조대림은 개국공신 조준의 아들이며, 태종 2년(1402) 생원시에 합격하여 덕수궁 제공(提控)에 임명되었고, 이듬해 호군이 되었다. 그해 태종의 둘째 딸 경정공주와 혼인하여 11월에 평녕군에 책봉되었다가, 태종 6년(1406)에 평양군으로 개봉되었다.

태종 8년 12월 5일, 조대림이 모반 사건에 연루되어 겨울 밤 순금사에 갇혔다. 목인해가 생각하기를, '조대림이 나이 어리고 어리석으니, 이것을 모함하면 부귀를 도모할 수 있을 것이다.' 하여 모반을 꾸민 것이다. 목인해는 조대림에게 은연중 역모의 덫에 놓이도록 말하였다.

"옛날 흥안군[이제]이 부마로서 금병(禁兵)을 맡았으나, 다만 평소의 준비가 없었기 때문에 마침내 손을 묶이고 잡히게 된 것이오. 지금 장군 총제(摠制, 정2품) 중에 뜻밖에 변을 일으키는 자가 두려운데, 다른 사람들은 모두 오래 된 장수라 능히 임시응변을 할 수 있지만, 공만은 군사 일에 익숙하지 못하니 마땅히 미리 조치하는 방술을 생각해야 하오." 하고, 또 말하기를, "설사 변을 일으키는 자가 있더라도 내가 힘을 다해 공을 돕겠소." 하였다. 또 말하기를, "무릇 일을 경험한 장수는 장차 불궤(不軌)한 일을 도모하려면 반드시 궐문에 양산을 베풀어 놓아, 안팎이 서로 막히게 하여 위에서는 바깥을 제어하지 못하고, 아래에서는 위에 통하지 못하게 해 놓고, 환관을 붙잡아 왕지를 꾸며 출납하게 하여 입직한 장상(將相, 장수와 재상)과 대언을 모조리 벱니다. 이와 같이 하면 비록 군왕인들 장차 어찌하겠소!"

세상 물정 모르는 조대림은 목인해가 자기를 돕는다고 생각하였다. 하지만 목인해는 자기가 한 말이 누설될까 두려워 조대림을 죽여 입을 봉하려고 꾀하였다. 목인해가 이숙번에게 이르기를 "평양군이 두 마음을 품고 군사를 일으켜 공(이숙번)과 권규·마천목을 해하고 왕실에 불리하게 하기를 꾀하려고 합니다." 하고, 또 "조대림이 일찍이 말하기를 '예전에 장인이 그 딸과 더불어 사위의 과실을 말하였는데, 딸이 그 남편에게 고하여 도리어 장인을 죽인 일이 있다.'고 하였습니다." 하였다. 이 말은 태종의 노여움을 격동시키려고 한 것이었다. 이숙번이 이 일을 태종에게 비밀리에 아뢰었다.

태종은 어린 조대림이 어떻게 감히 그렇게 하겠느냐고 생각하고는, 만약 그렇다면 반드시 주모자가 있을 것이므로 조대림을 시험하기로 하였다. 태종이 조대림에게 소격전에서 초제를 행하라고 명하고 그 뜻을 엿보았다. 조대림이 이를 알지 못하고 범염(犯染)하였다 하여 사양하니, 임금이 이상하게 생각하였다. 그러자 목인해가 또 조대림을 꾀기를, "거사는 대유(大儒)와 의논하지 않을 수 없소. 대인께서 아시는 선비 재상이 누구요?" 하였다. 조대림이 "오직 조용뿐이다."고 하니, 목인해가 "왜 부르시지 않으시오?" 하였다. 조대림이 이를 믿고 조용을 불렀는데, 조용이 사양하다가 조대림의 집으로 왔다.

조용이 조대림의 집으로 온 것을 알고, 목인해가 이숙번에게 또 고하였다. "조용이 지금 평양군의 집에 있습니다. 이 사람이 모주입니다."

하지만 조용은 틈을 엿보아 탈출하여 곧 대궐로 달려가서 그 상황을 아뢰었다. 이에 태종이 지신사 황희에게 이르기를, "평양군이 모반하고자 한다니, 궐내를 부동(浮動)하고 요란하게 하지 말라." 하였다. 황희가 모주가 누구인지 물으니, 임금이 조용라고 알려주었다. 황희는, "조용은 사람됨이 아비와 임금을 죽이는 일은 따르지 않을 것입니다." 하였다. 모반과 역모 사건에서는 말을 아끼는 것이 능사인데, 황희의 이러한 발언은 심히 위험한 처사였다. 이 사건을 조사한 대사헌 맹사성은 '조대림을 옥에 가두기를 청하여 죄를 받게 하려고 하였다'는 이유로, 오히려 국문을 당하고 사형에 처할 위기를 맞았다. 그러니 황희가 조용을 두둔한 발언은 위험천만한 일이었다. 그 당시 황희는 모든 기밀사무를 오로지 혼자 다하고 있었으니, 비록 하루 이틀 동안이라도 보이지 않으면 태종은 꼭 불러 그를 보았다. 태종은 늘 "이 일은 나와 경[황희]만 알고 있으니, 만약 누설된다면 경이 아니면 곧 내가 한 짓이다."라고 할 정도로 황희를 신뢰하였기 때문에 가능한 일이다. 또한 평소 조용의 품성을 잘 알고 있었기 때문에 거침 없이 무고를 주장할 수 있었다. 황희의 관후함이 없었다면 절대로 할 수 없는 일이다. 황희의 졸기에는 이 사건을 다음과 같이 기록하고 있다.

> 무자년(태종 8년)에 목인해의 변고가 일어나니 황희가 마침 집에 있었으므로, 태종이 급히 황희를 불러 말하기를,
> "평양군이 모반하니, 계엄하여 변고에 대비하라." 하였다.
> 황희가 아뢰기를, "누구가 모주입니까?" 하니,
> 태종이 말하기를, "조용이다." 하였다.
> 황희가 대답하기를, "조용의 사람된 품이 아버지와 군주를 시해하는 일은 반드시 하지 않을 것입니다." 하였다.
> 후에 평양군이 옥에 나아가므로 황희가 목인해를 아울러 옥에 내려 대질하도록 청하니 태종이 그대로 따랐는데, 과연 목인해의 계획이었다.
> 그 후에 김과(金科)가 죄[태종 9년 9월 4일 민무구 사건]를 얻으니, 조용도 또한 공사(供辭)에 관련되었다. 태종이 대신들을 모아놓고 친히 분변하니 정직한 것이 조용에게 있었다.
> 태종이 황희에게 이르기를, "예전에 목인해의 변고에 경이 말하기를, '조용은 아버지와 군주를 시해하는 짓은 반드시 하지 않을 것입니다.' 하더니, 과연 그렇다." 하니, 조용이 비로소 그 말뜻을 알고 물러가서는 감격하여 능히 말을 하지 못하였다.

태종은 조용을 조금 의심하고 있었다. 그러나 황희를 믿고 덮어둔 것이다. 조용은 학문이 정밀하고 깊었으며, 특히 성리학에 조예가 깊은 사람이었다. 성균관 대사성으로 20여 년을 있었으며, 사람 가르치기를 게을리 아니하여 인재 양성에 공이 큰 인물이었다.

『연려실기술』에서는 "조대림의 옥사에 옥관(獄官)이 조대림에게는 다급하게 하고, 목인해에게는 느슨하게 하므로 황희를 보내어 감문(監問)한 결과, 목인해의 범죄 사실을 알게 되어 목인해가 죽임을 당하였다. 만일 다시 신문하지 않았더라면 반드시 잘못 처단하였을 것이다."라고 하였다. 황희가 아니었으면 옥사가 잘못 처결되어 조대림이 죽을 수도 있었다는 말이다. 이 사건을 계기로 태종은 옥송을 보다 자세히 살피고자 하였다. 황희의 관후하고 강직한 처결이 태종에게 옥사를 조심하여 처결하도록 교훈한 것이다.

그 후 황희는 태종의 총애로 승차를 거듭하였다. 태종 13년에 예조 판서로 제수되었을 때 황희가 병을 얻어 매우 위급하였다. 이에 태종이 내의 김조·조청 등에게 명하여 병을 치료하게 하고, 하루에도 3, 4번이나 안부를 묻도록 하므로 병이 나았다. 그때 태종이 김조 등에게 이르기를, "이 사람이 충직한 재상이다. 그대들이 능히 병을 치료했으니 내가 매우 기쁘게 여긴다."라고 하고는, 마침내 후하게 상을 주었다. '충직'이란 말은 충성스럽고 곧은 성품을 말하는데, 왕이 신하에게는 바라는 최고의 덕목이다. 태종이 황희를 늘 가까이 두고자 한 이유이며, 훗날 세종대왕도 그래서 황희와 일생을 같이하며 국정을 이끈 것이다.

3. 임금과 신하 사이, 그 마음을 헤아리다

　유교정치를 표방한 조선은 개국 초부터 억불책을 쓰기 시작해 태종대에는 더욱 강화되었고, 세종대왕도 선대의 시책을 따랐다. 특히 세종 6년에는 사헌부 대사헌 하연 등의 '사찰 전토와 사사(寺社) 등의 개혁에 관한 상소'를 시작으로, 집현전 제학 윤회 등의 '불교의 개혁과 『가례』에 따른 상제의 시행 등에 관련한 상소'를 윤허하여 불교를 배척하였다. 또 성균관 생원 신처중 등 101명이 '불교의 폐해와 개혁에 관한 상서'를 올리자, 세종대왕은 도성 밖에 있는 절과 그 전토에 대한 수량을 정하고 나머지는 혁파하는 등의 개혁을 하였다. 불교의 종파를 선·교(禪·敎) 양종으로 병합하였으며, 법회를 열어 경을 읽는 행위와 도성 안에서 불경행사도 못하게 하였다. 궐내의 연등행사도 없앴으며, 길거리에 연등을 다는 것 또한 불교 건물 이외에서는 못하도록 하였다.

　그런데 세종대왕이 재위 30년(1448) 경복궁 안에 문소전 불당을 세우도록 명했다. 태조의 신의왕후 위패를 모신 사당인 문소전 불당은 본래 태종이 부왕 태조를 위하여 창건한 조종의 원찰(願刹)이었다. 그런데 세종 15년 문소전을 원묘(原廟)로 옮기면서 불당을 철거하였고, 그 불상과 잡물을 흥천사에 옮기도록 하였다. 불교를 혁파하고 경복궁 안에 있던 불당까지 없앤 세종대왕이 궁내에 불당을 다시 짓게 한 것이다. 이 무렵은 세종대왕이 승하하기 2년 전으로 건강이 크게 악화되고, 두 아들 광평대군(세종 26년)·평원대군(세종 27년)과 소헌왕후

(세종 28년)를 잇달아 잃어, 허한 마음을 불심에 두려고 하였을 것이다. 또한 부왕 태종이 세운 것을 자신이 헐었으니 다시 복원하여 조상에 대한 도리를 다하고 싶었을 것이다.

하지만 이사철·이계전·신석조와 정부·육조 판서들이 일제히 불당 설치의 불가함을 아뢰었다. 특히 세종 6년 불교 개혁에 앞장선 좌의정 하연 등은 사생결단의 각오로 내불당 건립을 반대하였다. 그 뒤에도 여러 날 조정의 대소 신료들이 내불당 설치의 반대를 간하였으나 세종대왕은 모두 물리치고 듣지 않았다. 또한 성균관 생원 유상해와 김안경 등도 불당 역사를 정지할 것을 상소하였다. 그러자 세종대왕은 "대신의 말도 듣지 않았는데 하물며 너희들의 말이겠느냐." 하면서 물리쳤다. 임금의 강한 의지를 읽을 수 있는 대목이다.

그러자 대간 등과 생원들이 연명으로 상소를 올렸다. 이에 세종대왕은 "하루 동안에 다섯 통의 소(疏)가 한꺼번에 이르니 내가 다 대답할 수가 없다."고 하면서 물리쳤다. 급기야는 영의정 황희도 불당의 설치를 반대하는 상소를 올렸다.

신이 일찍이 태종을 모셨을 때에 하교하시기를, '불씨의 교가 탄망(誕妄)하여 다스리는 체제에 해가 있으니 심히 불가하다. 내가 장차 그 폐해를 뽑아버리겠다.' 하셨는데, 불행하게도 이루지 못하고 빈천(賓天)하셨으나, 성교(聖敎)가 정녕하여 양양하게 귀에 차 있으니, 능실 곁에 불찰을 세우지 않으신 것이 그 증험입니다. 전하께서 즉위하신 이후로 여러 번 사태(沙汰)하는 명령을 내리시어 뜻을 잇고 일을 준수하시옵기에 신은 사사로이 기쁘고 경사스럽게 여겼습니다. 뜻밖에도 오늘날 국도(國都, 한양)에 새로 불당을 세워 후세의 무궁한 해를 열어 놓고 부처에 아첨하는 구실을 만들어 주심으로 근일에 정부·육조·대간·근시(近侍)에서 유사들까지 소장을 연하여 굳이 청하며 모두 불가하다고 말합니다.

전하께서 조종이 세우신 것을 떨어뜨리지 아니하고 봉선(奉先)의 효도를 이르시려 하나 침묘(寢廟, 종묘) 곁에 반드시 중의 집을 두어서 효도가 된다면 성현이 반드시 자세히 논저(論著)하여 후인에게 보였을 것입니다. 신은 예로부터 불우를 창건하여 선조를 받든다는 말은 듣지 못하였습니다. 전하는 여러 사람의 바라는 것을 굽혀 좇아서 이루어진 명령을 환수하시면, 선세(先世)를 받드는 정성이 성현에 어그러지지 않을 것이요, 간함을 좇는 아름다움이 길이 후세에 전할 것입니다. 불당을 설치하는 것을 전하가 이미 도리에 맞지 않는다는 것을 아시고 폐한 지가 이미 오래 되었는데 어찌 반드시 다시 설치하여 후세에 웃음을 남기십니까.

예로부터 제왕이 비록 조종의 이루어 놓은 법이라도 만일 시의에 적합하지 않으면 때에 인하여 손익하는 것이 많은데 전하가 어째서 불당을 조종이 베푸신 것이라 하여 고치지 않으십니까. 후세에 전하를 어떻다 하겠습니까. 이것이 노신이 더욱 간절히 통심하는 바입니다. 신이 지금 나이 86세인데 백 가지 병이 갈마들어서 명이 조석에 있습니다. 갚기를 생각하나 갚을 길이 없어서 항상 임금을 허물없는 곳에 이르려 하여 감히 함묵하지 못하고 뇌정(雷霆)의 위엄을 범하오니, 엎드려 바라건대 위태한 충정을 살피시어 성자(聖慈)께서 강하게 결단하시면 신은 비록 죽더라도 눈을 감아 유감이 없겠습니다.

세종대왕은 이마저도 회답하지 않았다. 그리고 다음 날 우참찬 정갑손과 예조 판서 허후가 정부와 육조의 뜻으로 와서 불당을 파하기를 청하였으나, 세종대왕은 더 이상 말하지 말라고 단칼에 잘랐다.

정갑손은 다시 "지금 영의정 황희는 나이 86세이고 좌의정 하연은 72세이며, 그 나머지 여러 신하도 모두 다 나이 늙었고 그 중에 가장 젊은 사람이 또한 50~60세에 내려가지 않으니, 그 해되는 것을 보지 못할 것은 분명합니다. 오늘의 말하는 것이 어찌 몸을 위한 계책이겠습니까? 지금 대신·대간·백료서사(百僚庶士)로부터 성균관 생원 및 학당의 6~7세 동자에 이르기까지, 여러 날 대궐에 나와서 길가는 사람도 두려워하지 않음이 없으니, 어찌 모두 이름을 낚으려 그런 것이겠습니까. 모두 지성에서 나온 것입니다. 전하께서 말씀하시기를 나는 우혹한 사람이라 하여 신 등을 거절하고 다시 말을 못하게 하옵는데, 전하는 왜 살펴 생각하지 않으십니까?"라며 목이 메어 말하였다. 모든 신료들과 전국의 유생들이 내불당 설치를 반대하였음을 알 수 있다.

하지만 세종대왕은 "근일 불당을 폐한 것은 잊어버린 것이 아니요, 또한 우선 폐하였다가 오늘에 다시 세우려는 것도 아니다. 다만 내가 차마 못하는 것을 세우지 않을 수 없음을 경 등은 이미 아는 바이다."라고 하였다. 여기서 세종대왕이 "내가 차마 못하는 것을 세우지 않을 수 없다."라고 한 말은, 해서는 안 된다는 것을 알고 있지만 할 수밖에 없는 절박한 심정을 헤아려 달라는 뜻이다. 그 무엇이 그토록 총명하고 위대한 세종대왕이 불당을 설치하지 않으면 안 되게 했을까?

> 예전 역사는 내가 알지 못하지마는, 주 문공(朱文公)이 40일 동안에 60여 소(疏)를 올렸는데, 반드시 한 일이 아니고 각각 다른 일일 것이다. 지금 너희들이 한 일로 세 번 간하는 것을 이미 지나서 열 번 간하는 것에 이르니, 주 문공에 비교하여도 또한 부족하지는 않다. 군신 사이에 도가 합하지 않은 것이 이미 많다. 내가 네 임금이 되어서 부끄러움이 없지 아니하고, 네가 내 신하가 되는 것이 어찌 부끄러움이 없겠느냐. 나는 생각하기를 조종이 하신 일을 차마 폐하고 회복하지 않을 수는 없다. 이렇게 생각을 하여 돌리지 못하는 것이다. 너희들은 이 뜻을 알라.

삶의 끝자락에서 선왕이 한 일을 회복하지 않을 수 없다고 생각한 것이다. 세종대왕의 이러한 마음을 헤아린 사람은 아무도 없었다.

급기야는 사부 학당의 학관들이 불당의 파하기를 청했다가 뜻을 이루지 못하자 모두 학업을 그만두고 흩어졌다. 그리고 대간들 역시 물러나 사직하였다. 이에 황희는 다시 한 번 내불당의 명령을 거둘 것을 상소하였다.

여러 신하가 불당을 파하기를 청한 장소(章疏)를 보건대, 기어이 청을 얻은 뒤에 말려는 것이요, 무리로 나오고 무리로 물러가서 예를 이루는 것뿐이 아닙니다. 그 말하는 것이 혹 정에 지나치는 것이 있으나, 아첨하여 입을 다물고 있는 것보다는 낫지 않습니까. 백료와 서사가 말을 다하여 숨기지 않는 것은 치화(治化)가 크게 행하여 그렇게 된 것입니다. 이것이 나라의 복이 되고 실상 만세에 한이 없는 경사입니다.

이번에 이 절을 세우는 것은 봉선하는 예를 이르지 않음이 없으려 하니 지극하다 하겠습니다. 그러나 온 나라의 신자가 말을 합하여 파하기를 청하니 어찌 본 것이 없겠습니까. 반드시 한 가지 어리석음을 얻을 것입니다. 전하가 만일 유윤하지 않는다면, 31년 동안 정신을 가다듬어 다스림을 도모한 성덕이 무너질까 두렵습니다. 신이 인신(人臣)으로서 지극한 지위에 있고, 나이 장차 90이 되어 해가 서산에 임박하였는데, 어찌 다른 소망이 있겠습니까. 오직 전하가 잘못하시는 일이 없기를 원할 뿐입니다.

엎드려 바라옵건대, 급히 이루어진 명령을 회수하시고 유음을 환발(渙發)하시면, 처음에 절을 세워 조선을 받들려고 하던 지극한 정리가 마침내는 자기를 버리고 간함을 받아들이는 미덕이 되어서 아울러 무궁하게 전할 것입니다.

그러나 세종대왕은 명령을 끝까지 철회하지 않았다. 결국 세종대왕은 내불당의 반대에 못 견디어 임영대군(세종의 넷째 아들)의 집에 이어(移御)하였다. 이어한다는 명령이 있자 여러 신하들이 더 이상 내불당 반대의 말을 감히 하지 못했다. 세종대왕은 처음에 불당 짓기를 명령할 때에 반대하는 사람들이 있을 것을 알았으나 의례로 하다가 그만두리라고 생각하였다. 그런데 대간·집현전·정부·육조·대소 문신·국학 제생(諸生)에서 중추부 무신에 이르기까지 모두 강력히 반대하자 여러 번 철선(撤膳)하였고, 전지할 때에도 선위할 뜻을 비치기도 하였지만 소용이 없자 아예 궁을 비운 것이다. 그리고 내불당은 건립되었다.

훗날 내불당 사건은 재상과 대간의 역할과 황희의 어진 정사에 대한 교훈으로 자주 언급되었다. 중종 때 조광조가 한 말이다.

만약 재상이 대간을 두려워하고 대간이 재상을 비난한다면 장차 어떻게 정치를 이룩하겠습니까? 반드시 서로 믿기를 한집안 식구처럼 한다면 천지가 서로 통하여 만물이 그 사이에서 생성할 것입니다. 옛날 세종조에 대신 황희와 허조 등은 집현전 학사들과 더불어 서로에게 선(善)을 권면하여 마음과 뜻이 일치하였습니다.

　당시에 불당에 관한 일이 있었는데, 대신이 간하였으나 받아들여지지 않았습니다. 그러자 집현전의 신하들이 번갈아 간하다가 모두 직책에서 물러났습니다. 세종이 황희에게 이르기를, '시종이 모두 직책에서 물러났으니 어쩐단 말인가?' 하자, 황희가 '신이 불러오겠습니다.' 하고는 마침내 학사들의 집을 일일이 돌아다니며 데려왔습니다.

　황희가 임금의 일로 신료들 집을 직접 찾아가 조정에 나오게 한 경우는 이전에도 있었다. 세종 15년(1433)에 임금이 황희를 불러서 유시하기를, "집현전 18학사(十八學士)가, 그 간하는 말을 내가 들어 주지 않아 사피(辭避)하고 물러갔으니 어떻게 해야 하겠는가?" 하니, 황희가 곧 18학사의 집을 친히 찾아다니며 조정에 나오도록 하였다.

　황희는 임금의 허물을 스스로 감당하면서 재상으로서 신료들을 어루만지고 함께하였다. 웃사람의 허물을 감당하면서 아랫사람들의 아픔을 헤아릴 수 있는 중간자적 역할을 충실히 한 것이다.

4. 세자 양녕을 감싸다가 파면당하다

　태종 16년에 왕은 세자 양녕이 주색에 빠져 있어 궁에 감금하였다. 그러나 선공 부정(副正, 종3품) 구종수가 월담을 하여 세자궁에 들어가서 술을 마시며 놀거나, 밤에 세자를 제 집으로 맞아서 잔치를 베풀고, 남모르게 여색을 바치는 등 난잡한 짓을 벌였다.

이 일을 알게 된 태종은 이조 판서 황희를 불러 그 대책을 물었다. 황희는 "구종수의 한 짓이 응견(鷹犬)의 일에 불과할 따름입니다." 하고, 또 "세자는 연소합니다. 세자는 연소합니다."라는 대답을 거듭하였다. 태종은 세자와 관련된 일이므로 숨기고 다시 캐묻지 않고, 구종수를 장 1백대와 도 3년에 처하여 경성(鏡城, 함경북도 경성군)으로 귀양보내는 것으로 마무리하였다.

그런데 그때 구종수가 주선하여 세자가 곽선의 첩 어리를 간통하여 궁중에 들인 일이 있었는데, 다음 해인 태종 17년 2월에 불거졌다. 세자의 주색잡기가 조정에 알려져 더 이상 쉬쉬할 수 없을 만큼 커지자 태종은 과거 구종수와 관련된 자들을 다시 참형에 처했다. 그리고 황희는 세자를 옹호했다는 서운함에 평안도 도순문사 겸 평양 윤으로 좌천시켰다. 그러나 수족같이 여긴 황희를 그대로 둘 수 없어 다음 해 1월 판한성부사로 제수하여 한양으로 다시 불러들였다.

하지만 세자의 방자한 행위는 거기서 끝나지 않았다. 세자는 자숙하지 못하고 계속 어리를 만났다. 결국 태종 18년 5월, 세자가 어리를 도로 받아들이고 또 아이를 가지게 한 데 노하여 세자를 구전(舊殿, 개경)으로 내쫓았다. 이때 좌의정 박은과 찬성 이원은 지난날 구종수의 일에 대하여 황희가 '응견의 일에 불과합니다'라는 말을 두고 국문을 청하였다. 태종은 그 청을 물리쳤다.

내가 승선[승정원] 출신인 자를 우대하기를 공신 대접하는 것과 같이 하기 때문에, 황희로 하여금 지위가 2품에 이르게 하여 후하게 대접하는 은의(恩誼)를 온 나라가 아는 바이다. 그러나 이 말은 심히 간사하고 왜곡되었으므로 평안도 관찰사로 내쳤다가 지금 또한 판한성부사로 삼아 좌천하였는데, 어찌 다시 그 죄를 추문하겠느냐?

그러나 좌의정 박은 등은 물러나지 않고 "황희가 주상의 은혜를 받고도 올바르게 대답하지 않고, 그 간사하기가 이와 같았습니다. 그러나 주상이 자비하여 죄를 주지 않는다면 그 밖의 간신(奸臣)을 어찌 징계하겠습니까?"라고 하면서, 황희의 죄를 추국할 것을 거듭 청하였다. 훈구대신들은 황희를 좋아하지 않았다. 태종의 총애를 받으며 소위 잘나가는 황희에 대한 시기심이 그를 간사한 사람으로 몰았다. 결국 태종도 어쩔 수 없이 "마땅히 나오게 하여 물어보아야 하겠다. 그러나 항쇄(項鎖) 따위의 일은 없게 하라."며 의금부 도사를 보내 황희를 잡아 왔다. 다음 날 태종은 황희가 세자에게 아부하여 정직하게 답하지 못한 이유가 무엇인지 물었다.

황희는 그 당시 '응견'이라 말한 기억이 나지 않으며, 세자에게 아부하지 않았다고 변론하였다. 이에 태종은 그때의 상황을 황희에게 말하였다.

인군이 된 자는 신하와 더불어 변명하는 말을 하지 않는다. 그러나 경[황희]이 기억하지 못한다고 대답하니, 내가 이원으로 증인을 삼겠다. 경은 어찌하여 숨기는가? 잘못은 경에게 있으니, 마땅히 유사(攸司, 해당 관청)에 내려서 국문하여야 하나, 나는 인정을 끊어버릴 수가 없으므로 불러서 묻는 것이다. 당초에 경의 말을 들은 뒤에 전(殿)에 앉아서 정사를 볼 때 경이 서쪽에 있었는데, 내가 경에게 눈짓하여 말하기를, '지금의 인심은 대저 옛 것을 버리고 새 것을 따르는데, 만약 옛 것을 버리고 새 것을 따른다면 노인은 생활하기가 어려울 것이다. 자손을 위한 계책을 누가 하지 않겠는가마는, 그러나 늙은 자를 버리고 돌아보지 않는다면 또한 어찌 옳겠는가?' 하였다. 경은 그때 반쯤 몸을 굽혀 얼굴을 숙이고 바깥을 향하여 이를 들었다. 내가 그날의 말을 너를 위하여 발설하는 것이다.

여기서 '옛 것'은 태종이며, '새 것'은 세자를 나타낸다. 또 '노인'은 태종 자신을 가리키는 말이다. 한마디로 황희가 자손들을 위해 자신을 버리고 세자 양녕의 사람이 되려 하였다는 것이다. 태종은 처음에 황희를 그저 고향으로 물러가게 하였다. 하지만 탄핵이 계속되자 태종은 "너의 죄를 마땅히 법대로 처치해야 하나, 내가 오히려 차마 시행하지 못하여 논죄하지 않는 것이다. 너는 전리(田里)로 물러가 살되, 임의대로 거주하여 종신토록 어미를 봉양하도록 하라."라고 하며 황희를 파면시키고, 그 자손까지 관직에 오르지 못하게 하는 가혹한 처벌을 내렸다. 황희에 대한 애틋함이 고스란히 묻어나 있으면서 또한 서운함도 드러나 있다.

> 내가 황희에게 대해서는 사람이 타인의 자식을 양육하는 것같이 하였고, 또 부모가 자식을 무육(撫育)하여 기르는 것 같이 하였다. 대언에 구임(久任)하였다가 전직시켜 성재(笙宰, 2품 이상의 벼슬아치)에 이르게 한 것은 공신으로 비할 바가 아니었다. 그리하여 일찍이 이르기를, '내가 죽는 날에 황희가 따라 죽기를 원할 것이다.'라고 하였다. 길재는 고려에 주서(注書, 정7품)의 직임을 받았으나, 오히려 충신은 두 임금을 섬기지 않는다고 하여 우리 조정을 섬기지 아니하였다. 나는 황희가 나에 대하여 바로 이와 같으리라고는 생각지 않는다.

태종은 황희를 자식같이 생각하여 대하였지만, 자기를 버리고 세자를 섬기려 하였다는 것이다. 그러나 태종은 그저 서운할 뿐이지 황희를 정말 내치고 싶은 생각은 없었다. 황희의 인품과 자신에 대한 충성심을 알기 때문이다. 태종은 3일 후에 "사람들이 모두 황희를 간사하다고 하나, 나는 간사하다고 생각하지 않고 심복에 두었는데, 이제 김한로의 죄가 이미 발각되고, 황희도 또한 죄를 면하지 못하니, 지금이나 뒷날에 곧 그 사실을 알게 될 것이다. 황희는 이미 늙었으니, 오로지 세자에게 쓰이기를 바라지는 않겠으나, 다만 자손의 계책을 위해서 세자에게 아부하고 묻는 데 바른대로 대답하지 않았기 때문에 이제 폐하여 서인으로 삼았으니, 신하로서 어찌 두 가지 마음을 가지고 있겠느냐?" 하면서, 황희를 극형에 처하도록 청하는 좌우의 신하들을 물리쳤다. 태종은 황희가 관후하여 양녕을 두둔한 것을 알고 있었다.

황희는 그 길로 파주 교하(交河)로 내려갔다.

II

귀천을 따지지 않는 배려

1. 양녕대군의 폐세자 반대로 유배를 가다

 '어리'의 사건이 불거진 후 태종은 발 빠른 움직임을 보였다. 될 수 있으면 세자의 권위에 흠집이 나지 않도록 조치하면서 그 죄를 김한로(세자의 장인)에게 돌린 것이다. 태종은 "지난번에 세자가 곽선의 첩 어리를 빼앗아 궁중에 들였으나, 내가 즉시 쫓아 버렸다. 이제 들으니, 김한로의 어미가 들어가 숙빈(淑嬪, 세자빈 김씨)을 볼 때 어리를 궁으로 몰래 데리고 들어가서 아이를 가지게 하였다. 또 세자전에 들어가 데리고 바깥으로 나와서 아이를 낳게 하고, 도로 세자전 안으로 들였다. 김한로 등이 나에게 충성하고 사직을 위하는 계책인가, 아니면 세자를 사랑하여 하는 것인가?"라고 하면서, 김한로를 의금부에 가두었다. 하지만 의정부와 육조·대간에서 김한로를 국문하도록 청하니, 태종은 "내가 어찌 감히 김한로를 용서하려는 마음을 가지겠느냐? 어제 이미 물어서 모두 알았으니, 비록 유사에 내려서 묻더라도 진실로 다시 캐낼 정상이 없을 것이다. 내가 장차 그 죄를 헤아려 시행하겠으니 다시 청하지 말라."고 하였다.

그러면서 "어리가 도로 들어간 것은 오로지 김한로의 간사하고 음흉한 흉계였으며, 세자의 허물은 적다. 이제 세자가 돌아가는데 의장과 시위는 한결같이 전례와 같이 하고, 서연관(書筵官)과 경승부(敬承府)를 다시 두라." 하고, 유후사[개성부]에서 한양으로 돌아갈 때 세자전 내관 정징에게 명하여 세자를 수행하게 하였다.

양녕은 이러한 태종의 마음과는 달리 한양으로 돌아오는 길에, 빠르게 말을 달려 먼저 가 연화동 김한로의 집에 들러 숙빈과 어리를 만났다. 이 일을 안 태종은 노하여 "처부가 아직 한강을 넘지 않았는데, 네가 또 뉘우치지 못하여 바로 전(殿)으로 돌아가지 않고 숙빈의 집에 마음대로 들어갔으니, 그 마음보가 무엇인가? 너는 어찌하여 종묘와 사직을 돌아보지 않고 나에게 불효하는가?"라며 세자를 힐책하였다.

그리고 태종은 "사복시에서는 이제부터 세자의 출입에 반드시 나의 명을 기다려서 이에 안마(鞍馬)를 바치라."고 명하면서, 세자 빈객(賓客, 세자의 교육을 담당하던 정2품) 조용·탁신 등에게 "이미 지나간 것은 허물하지 않겠으니, 비록 후회하더라도 미칠 수가 있겠는가? 세자로 하여금 속히 전날의 허물을 고쳐서 스스로 새사람이 되는 단서를 속히 나에게 들리게 하라." 하였다. 또한 김한로를 나주로 유배를 보냈다.

　김한로가 나주로 귀향을 가자 세자는 강하게 반발하면서, 편지를 직접 써서 태종에게 올린다. 한마디로 '전하는 시녀를 거느리는데 나는 왜 거느리지 못하게 하느냐'라는 내용으로, 자신의 첩(어리) 하나를 금하다가 잃는 것이 많을 것이며, 얻는 것이 적을 것이라고 하였다. 그리고 김한로를 유배 보내고 자신의 죄를 폭로하였으니, 추호도 임금의 마음을 움직이지 아니할 것이라고 선언하였다. 태종은 "임금이 종사의 대계를 위하여 통절(痛切)히 이를 꾸짖어 거의 스스로 새사람이 되도록 하였고, 또 김한로를 외방에 유배하였다. 세자가 도리어 원망하고 분개하는 마음을 품고 드디어 상서하였는데, 사연이 심히 패만(悖慢)하고, 또 큰 글씨로 특별히 써서 2장이나 부진(敷陳)하여 심히 무례하였다."라고 하였다. 그리고 영의정 유정현·좌의정 박은 등에게 세자의 글이 보이면서 "세자가 여러 날 동안 불효하였으나, 그러나 집안의 부끄러움을 바깥에 드러낼 수가 없어서, 나는 항상 그 잘못을 덮어두고자 하였다. 다만 직접 그 잘못을 말하여 뉘우치고 깨닫기를 바랐는데, 이제 도리어 원망하는 마음을 가지고 싫어함이 이와 같은 지경에 이르렀다. 내가 어찌 감히 숨기겠는가?"라며 집안의 부끄러움을 드러낼 정도로 노하였다.

　이틀 후 의정부·삼공신·육조·삼군 도총제부·각사의 신료들은 일제히 상소하여 세자를 폐하도록 청하였다. 이에 태종은 "세자 이제가 간신의 말을 듣고 함부로 여색에 혹란(惑亂)하여 불의를 자행하였다. 만약 후일에 생살여탈의 권력을 마음대로 한다면 형세를 예측하기가 어려우니, 여러 재상들은 이를 자세히 살펴서 나라에서 바르게 시행하는 것이 마땅하다."고 하며 세자의 폐위에 동의하였다. 3일 후 양녕은 폐세자 되어 경기도 광주로 추방되고, 충녕대군(忠寧大君, 훗날 세종)이 새로 세자로 봉해졌다.

이때 대부분의 조정 대신들과 달리 황희와 이직 등은 양녕의 폐세자를 반대하였다. 황희는 폐세자를 반대하여 남원으로 유배를 가고, 판서 이직도 옳지 않다고 고집하다가 지방으로 좌천되었다. 훗날 인조는 이에 대해서 "옛적에 양녕을 세자에서 폐할 때에 황희가 홀로 안 된다고 하여 시종 그 뜻을 바꾸지 않았는데, 만일 참으로 소견이 있다면 이와 같이 해야 할 것이다."라고 교훈하였다.

태종은 황희를 남원에 유배하면서 "나는 네가 전일에 근신이므로 친애하던 정을 써서 가까운 땅 교하에 내쳐서 안치하였는데, 이제 대간에서 말하기를 그치지 않으니 남원에 옮긴다. 그러나 사람을 보내어 압령(押領)하여 가지는 않을 것이니, 노모를 모시고 스스로 돌아가는 것이 가하다."라고 하였다. 사헌부에 명하여 관리가 압송하지 않도록 한 것은 끝까지 황희를 배려한 것이다. 대간들 때문에 어쩔 수 없이 죄를 준 것이기에, 죄인처럼 압송하지 말고 어머니를 모시고 편안하게 가도록 하였다.

56세의 황희는 남원으로 유배를 가면서 "살과 뼈는 부모께서 주신 것이지만, 의식이나 쓰는 것은 모두 임금의 은혜였으니, 신이 어찌 은덕을 배반하겠습니까? 실로 다른 마음이 없었습니다." 하고는 눈물을 흘렸다.

태종의 속마음에는 세자 양녕을 두둔한 황희가 오히려 고마웠을지도 모른다. 남원으로 유배를 떠나면서 황희가 "세자는 참으로 부덕하나, 나라의 후사에 대하여 어찌 감히 간언(間言)을 올리겠습니까" 하니, 태종은 "내가 생각하건대, 그 말에 무슨 죄가 있으리오."라고 한 말에서 이를 알 수 있다. 황희가 양녕대군을 두둔한 것은 태종에 대한 충성을 저버린 것이 아니라 관후한 마음에서 그리한 것이다.

2. 소를 모는 노인에게서 배려를 배우다

배려는 남을 도와주거나 보살펴 주는 품성이다. 너그러운 사람에게 나타나는 특징적인 양태이다. 황희는 항상 배려하는 자세로 정사에 임하였다. 한번은 태종 8년에 임금이 지신사(정3품) 황희를 낙점하여 시관으로 삼았는데, 황희가 사양하였다. 황희가 말하기를 "예전에 반드시 성균관 대사성을 명하였습니다. 신은 학문이 얕고 짧습니다. 성균관 대사성 유백순은 아는 것이 많아 막힐 데가 없고 노성(老成)하였으니, 신을 대신하게 하소서." 하였다. 이에 태종은 예전처럼 예조 참의 변계량과 성균관 대사성(정2품) 유백순을 시관으로 삼았다.

태종이 황희를 총애하여 관례를 깨뜨리고 자기의 품계보다 높은 영예스러운 일을 할 수 있는 기회를 주었다. 하지만 황희는 당연히 과거시험에 참관해야 할 유백순이 어떠한 하자가 없이 시관이 되지 못할 경우 겪어야 할 심적 고통과 부담을 배려하였다. 그것도 자신을 극도로 낮추고, 유백순을 최고로 높였다.

황희는 고려 말기에 적성(경기도 파주) 훈도(訓導)로 있었다. 적성에서 송경(松京, 개성)으로 가다가 길에서 한 노인을 만났다. 노인은 누렁소와 검정소 두 마리를 이끌고 밭을 갈다가 방금 쟁기를 벗기고 나무 밑에서 쉬던 참이었다. 황희도 그 곁에서 말을 쉬이고, 노인과 서로 인사하게 되었다.

> 황희: 노인의 두 마리 소가 모두 살지고 크며 건장합니다. 밭 가는 힘에는 우열이 없습니까?
> 노인: (옆으로 와서 귀에다 대고 낮은 말소리로) 어떤 색 소가 낫고, 어떤 색 소가 못하오.
> 황희: 노옹은 어찌 소를 두려워하여 이같이 가만히 말하오?
> 노인: 그대가 나이 젊어서 들은 것이 없음이 심하구려! 짐승이 비록 사람의 말을 알아듣지 못하지만, 사람 말의 좋고 나쁜 것은 모두 알아듣는다오. 만약 제가 못나서 남만 못하다는 말을 듣는다면 마음에 불평스러운 것이 어찌 사람과 다르겠소? 그대가 나이가 젊어서 들은 것이 없구려!

서른 살도 안 된 신참 관리 황희는 이 말을 듣고 크게 깨달았다.

노인의 이 이야기가 하찮은 짐승에게까지 배려하며 세상을 살아야 한다는 가르침을 주었다. 이후 황희는 일평생 겸후(謙厚)하고 도량 있게 살았다.

세종 15년, 임금이 "장영실은 그 아비가 본래 원나라의 소주·항주 사람이고, 어미는 기생이었는데, 공교한 솜씨가 보통 사람에 뛰어나므로 태종께서 보호하시었고, 나도 역시 이를 아낀다. 임인·계묘년(세종 4·5년) 무렵에 상의원 별좌(別坐, 정5품 무관)를 시키고자 하여 이조 판서 허조와 병조 판서 조말생에게 의논하였더니, 허조는 '기생의 소생을 상의원에 임용할 수 없다.' 하고, 조말생은 '이런 무리는 상의원에 더욱 적합하다.'고 하여, 의논이 일치되지 아니하므로, 내가 굳이 하지 못하였다가 그 뒤에 다시 대신들에게 의논한즉, '상의원에 임명할 수 있다.'고 하기에, 별좌에 임명하였었다."라고 하면서, 황희와 맹사성에게 장영실의 품계를 높여 호군(정4품)을 주면 어떻겠냐고 물었다.

이에 황희는 태종이 평양 관노 김인의 날래고 용명함이 보통 사람보다 뛰어나므로 호군에 특별히 제수한 예를 들고, 또 이와 같은 이들이 호군 이상의 관직을 받은 사람이 많은데 유독 장영실에게만 못할 이유가 없다며 찬성하였다. 지난날 허조가 기생의 소생을 상의원에 임용할 수 없다고 한 것과는 완전히 반대이다. 황희는 장영실이 비록 노비 출신이지만 그의 승차를 적극 찬성하였는데, 이는 세종대왕의 마음을 헤아리면서 장영실을 배려한 것이다.

이처럼 황희는 젊은 시절부터 평생을 남의 뜻을 거스르지 않도록 배려하면서 살았다. 그래서 이익(李瀷, 1681~1763)은 『성호사설(星湖僿說)』

에서 황희를 너그럽다고 칭송하였다.

> 우리나라 초엽에 익성공 황희가 성질이 너그러워 남의 뜻을 거스르지 아니하여, 혹자가 "삼각산이 무너졌다."고 말하면, 다만 "너무 높고 뾰족했었다."고 대답하고는, 이윽고 또 "그렇지 않았다."고 말하면 "기세가 완전하고 굳건하였다."고 하였다는 것이다. 반드시 그랬으리라고 믿어지지는 않지만 그 사람됨이 이와 근사한 점이 있었다.

3. 노비 또한 하늘이 내린 백성이다

조선시대 노비 소유는 양반이 양반다운 생활을 유지하는데 절대적인 조건 가운데 하나였다. 노비는 주인의 노고를 대신하여 손발처럼 부리는 것이므로, 사가(士家)의 성쇠가 실로 창적(蒼赤, 노비)의 있고 없음에 말미암는다고 하였다. 노비 소유는 양반에게 있어서 하나의 삶의 토대이고 가문의 보존과 유지에 직결되었다. 집에서 부리는 종은 대부분 농사를 짓거나, 주인에 대한 시중과 수행을 도왔다. 조선시대에는 신분이 높을수록 가까운 거리라도 걸어서 다니지 않고 종을 거느리고, 가마를 타고 다녔다. 세종 때 청백리로 유명한 맹사성은 그래서 소를 타고 다녔다. 그도 출타할 때 복종(僕從)을 데리고 다녔다.

황희 또한 양반으로서 노비를 소유하였다. 그런데 황희는 함께 살고 있는 노비들에게 차별 없이 인간적으로 따뜻하게 대했다. 『청파극담(靑坡劇談)』에 실려 있는 첫 번째 이야기는 황희가 "노복(奴僕) 또한 하늘이 내리신 백성이다."라는 생각으로 노비들을 관용으로 대하였다는 것이다.

익성공 황희는 세종조 때 수상이 되어 거의 30년이 되도록 기쁨과 노여움을 말이나 얼굴에 한 번도 나타내지 아니하고, 종들을 대할 때도 사랑을 하여 일찍이 매질을 하지 아니하였다. 총애하는 시비(侍婢, 시중을 드는 계집종)가 어린 종놈과 장난하는 것이 너무 심하여도 공은 보고 문득 웃었다. 일찍이 말하기를, "노복(奴僕) 또한 하늘이 내리신 백성인데 어찌 포악하게 부리겠느냐." 하고, 글을 지어 자손에게 유언하기까지 하였다.

신분계급이 엄격한 조선 사회에서 천민인 노비를 긍휼히 여긴 '애민정신'은 사람에 대한 관후함이 없다면 도저히 불가능한 일이었다. 그것도 노비를 사랑하도록 글을 지어 자손에게 유언까지 하였다니, 과연 황희가 관후하다고 칭송받고도 남음이 있다.

세종대왕도 "노비는 비록 천민(賤民)이나 하늘이 낸 백성 아님이 없으니, 신하된 자로서 하늘이 낳은 백성을 부리는 것만도 만족하다고 할 것인데, 그 어찌 제멋대로 형벌을 행하여 무고한 사람을 함부로 죽일 수 있단 말인가? 임금된 자의 덕은 살리기를 좋아해야 할 뿐인데, 무고한 백성이 많이 죽는 것을 보고 앉아서 아무렇지도 않은 듯이 금하지도 않고 그 주인을 치켜올리는 것이 옳다고 할 수 있겠는가. 나는 매우 옳지 않게 여긴다."라고 하였는데, 황희의 생각도 이와 같았다. 사람을 귀하게 여기는 생각을 가진 두 군신이 함께 정사를 논의하니, 모든 다스림이 백성을 위한 것이었다.

두 번째 이야기는 이웃에게 나눔을 실천한 것이다.

> 일찍이 홀로 정원을 거닐고 있었는데, 이웃집에 철없는 아이들이 한창 무르익은 배에 돌을 던져 땅에 그득히 떨어졌다. 공이 큰 소리로 시동(侍童, 시중 드는 어린 아이)을 부르니, 아이들은 시동을 부르는 것은 반드시 우리들을 잡아가려는 것이리라 하고는 놀라 모두 달아나서 몰래 숨어 엿듣고 있었다. 그런데 시동이 오니 버들고리(柳器, 버들 가지로 만든 상재를 가져오라 하여, 떨어진 배를 담아다가 이웃집 아이들에게 주라 하고는 아무 말도 하지 않았다.

백성이 먹는 것을 하늘로 여기는 시절에, 먹을 것을 그저 나누어 주는 것은 백성들의 삶을 애달파하고 사랑하지 않으면 행하기 어려운 일이다. 이러한 이야기는 성현(成俔, 1439~1504)의 『용재총화(慵齋叢話)』에도 있다. 하루는 서리 맞은 복숭아가 잘 익었는데 이웃 아이들이 와서 함부로 따고 있었다. 황희가 방안에서 느린 소리로, "나도 맛

보고 싶으니 다 따가지는 말아라." 하였다. 조금 있다가 나가보니 한 나무의 복숭아가 모두 없어졌다. 황희의 나눔과 배품의 성품이 고스란히 드러나는 대목이다.

세 번째는 허세와 체면치레 없이 노비를 가족같이 대한 이야기다.

> 문강공 이석형이 장원 급제하여 정언(正言)이 되어 공을 뵈니, 공은 『강목』과 『통감』 한 질씩을 내놓고 문강에게 제목을 쓰도록 명하였는데, 잠시 후에 못된 계집종이 간소한 음식을 차려 가지고 공을 기대고 앉아서 문강을 내려다보다가 공에게 말하기를, "술을 드리겠습니다." 하니, 공이 나지막하게, "아직 두어라." 하였다. 계집종이 다시 공의 곁에 한참 서 있다가 성낸 소리로, "어찌 그리 더디시오." 하니, 공은 웃으면서, "가져오너라." 하였다.

다른 사람이 없을 때에는 아무리 종이라도 웃으면서 잘 대해 줄 수 있다. 하지만 대부분의 사람들은 집에 손님이 오면 일상적으로 행하기보다는 권위와 가풍을 보여 주고자 한다. 더구나 황희는 한 나라의 2인자 영의정이었다. 아무리 도량과 아량이 넓다고 해도 그 위엄과 권위는 무시할 수 없다. 그런데 집에서 시중드는 계집종이 이제 막 과거에 급제하여 벼슬길에 들어서, 세상을 다 가진듯한 신참 선비 앞에서 "성낸 소리로, '어찌 그리 더디시오.' 하니, 황희는 그저 웃으면서, '가져오너라.' 하였다"는 것은 상상할 수 없는 일이다. 이 이야기는 꾸며낸 것이 아닌 사실이다. 이석형은 세종 23년 2월에 실시된 진사 과거시험에서 장원하였고, 같은 해 5월 18일 문과에 장원하여 사간원 좌정언에 제수되었다. 황희의 나이 79세 때의 일이다.

네 번째 이야기는 노비의 자식들이 황희의 수염을 잡고, 손님상에 있는 음식을 집어 먹어도 그대로 두었다는 것이다.

> 사랑방에 술을 드리고 나니 두어 명의 어린아이들이 모두 남루한 옷에 맨발로, 어떤 아이는 공의 수염을 잡아당기고, 어떤 아이는 공의 옷을 밟으면서 차려 놓은 음식을 모두 퍼먹고, 또한 공을 두들기니 공은, "아프구나. 아프구나."고만 하였다. 이 어린아이들은 모두 노비의 자식들이었다.

요즘 같은 시절에도 아이들이 이렇게 하였다면 버릇없다고 야단쳤을 것이다. 더욱이 옛날 어른의 수염은 권위의 상징이었다. 그래서 친손자라고 할지라고 감히 할아버지의 수염을 잡는 것은 금기시되었다. "오냐오냐 했더니 할아버지 수염 뽑는구나"라는 옛말은 이처럼 버릇없는 아이들을 나무랄 때 쓰는 말이다. 황희의 수염을 노비의 자식들이 그리하였다는 것은 유교적 전통이 아니더라도 용납되기 어려운 일이다. 더구나 손님상의 음식을 맨손으로 집어 먹는다는 것은 정말 본데없는 집에서나 일어날 수 있는 일이다. 그런데 영의정 황희 집에서 이러한 일들이 일어났다. 그것도 종의 자식들이 그리한 것이다. 정말로 신선이라도 되어 그렇게 하지 않으면 이런 행동을 그대로 두는 것은 불가능한 일이다. 서거정(徐居正, 1420~1488)은 『필원잡기(筆苑雜記)』에 이러한 황희를 도량이 넓다고 칭송하였다.

> 익성공 황희는 도량이 넓고 커서 대신의 체통이 있었다. 정승의 자리에 30년이나 있었고, 향년이 90이었다. 국사를 의논하고 결정하는 데는 관대(寬大)하기에 힘쓰고, 평상시에 마음이 담박하여 비록 아들, 손자, 종의 자식들이 좌우에 늘 어서서 울부짖고 장난을 하고 떠들어도 조금도 꾸짖어 금하지를 아니하며, 어떤 때는 수염을 잡아 뽑고 뺨을 쳐도 그대로 내버려 두었다. 일찍이 보좌관을 불러 일을 의논하면서 막 책에 글씨를 쓰려 하였는데, 종의 아이가 그 위에 오줌을 누었으나, 공이 노여워하는 기색이 없이 손으로 닦아낼 뿐이었으니, 그 덕스러운 도량이 이와 같았다.

이러한 성품은 80세가 넘은 황희가 영의정에 오래 있을 수 있게 한 덕목이었다. 그래서 황희의 이야기만 나오면 도량이 크고 관대하다고 칭송한 것이다. 이처럼 귀천을 따지지 않고 타인을 대하는 황희의 품성은, 그 시대의 일반적인 양반들의 모습과는 분명히 달랐다. 황희는 당시 노비 출신 중에서도 능력이 뛰어난 사람이 있으면 관직에 발탁하기도 하였다.

황희의 이러한 성품 덕에 영리한 노비 아들을 면천해 과거를 보게 하였다는 이야기도 있다.

황희가 참찬으로 있을 때 황해도에서 10살 된 어린 노비를 데려다가 자제들의 글방 심부름을 맡겼다. 그런데 그 아이는 글방에서 들려오는 글 읽는 소리를 들으면 금세 외워 틀리지 않고 줄줄 외우고 다녔다. 이를 본 황희는 그 아이의 어미를 불러 노비 신분을 없애주고, "이 사실을 다른 사람들에게 절대 말하지 말고 아무도 모르는 곳에 옮겨 가 살도록 하라. 학문이 있는 사람을 찾아 몸을 의지하고 아이를 부지런히 공부시키면 반드시 좋은 결과가 있을 것이다. 그리고 다시는 이곳에 찾아오지 마라."라고 하였다. 그 후 어린 노비는 학문에 정진해 과거를 보게 되었는데, 마침 그 시험장에 황희가 시험관으로 나와 있었다. 노비는 반갑고 고마운 마음에 황희에게 다가가 자신을 밝히고 인사를 하였으나, 그를 알아본 황희는 "시험관에게 잘 보이려고 인사를 하는 것은 받아줄 수 없다." 하였다. 이것은 앞길이 창창한 노비였던 젊은이의 10년 공부가 헛되지 않게 하기 위한 황희의 깊은 뜻이었다. 다행히 시험에 합격한 그 젊은 선비를, 황희는 따로 불러 거듭 당부를 하였다. "다시는 나를 아는 체 하지 마라. 나도 너를 잊었다. 앞으로 더욱 열심히 정진해서 오로지 나라를 위한 일에 노력을 다하여라." 하고는 돌려보냈다.

황희는 죄인으로 천인들의 처지를 안타깝게 여겨, 한 사람의 잘못으로 아무것도 모르는 처자들까지 모두 연좌하게 하는 것(賤役)은 어찌 원통하고 억울함이 없겠는가 하고, 그 경중을 분별하여 놓아 주고 용서해 주는 것이 마땅하다고 하였다. 면천할 수 있는 길을 마련해 주고자 노력한 것이다. 노비를 인격적으로 대한다는 것은 천성적인 인애(仁愛)와 관후가 없다면 행하기 어려운 일이다. 황희는 노비들을 똑같이 너그럽게 대하였다.

4. 하늘이 내린 백성은 본래 천한 사람이 없다

『고려사』에 따르면 고려 정종 5년(1039)에 천인은 어머니를 따르도록 하는 종모법(從母法)이 제정되었다. 이 천자수모법(賤者隨母法)은 노비의 자식은 그 어미의 신분에 따르고, 소유권은 그 어미의 소유주에게 귀속되도록 한 법이다. 또한 충렬왕 4년(1278)에는 관가 종이나 사민집 종을 양인으로 만드는 것을 금지하였다. 그리고 공양왕 4년(1392)에도 양민과 천민이 통혼하는 것을 법령으로 금지했다. 이때 조정에서는 노비를 파는 행위를 엄격히 단속했는데, 추위와 굶주림에 쪼들리거나 묵은 공채·사채로 인해 부득이한 사정이 있을 때에만 이유를 갖추어 관청에 보고한 뒤에야 매매할 수 있게 하였다. 만일 주색이나 도박을 하거나 노리개를 사기 위하여 팔았을 때에는 그 노비를 관청에서 몰수하도록 하였다. 이 정책은 이성계 세력이 정권을 장악한 뒤에 귀족을 억압하기 위한 방편으로 외거노비에 대한 국가의 지배를 강화한 것이다.

그런데 조선 초에는 고려의 이러한 노비 정책을 그대로 계승한 결과 노비는 늘었지만 양역(良役) 부담자인 양인의 수가 갈수록 줄어들었다. 노비는 군역의 의무가 없었으므로 조정은 군사 모집과 관련하여 이에 대한 대책을 여러 번 논의하였다. 결국 태종은 "하늘이 백성을 낼 때에는 본래 천구(賤口)가 없었다. 전조의 노비법은 양천이 서로 혼인하되 천인이 하는 일을 우선으로 하여 천한 사람은 어미를 따랐기 때문에, 천구는 날로 증가하고 양민은 날로 줄어들었다. 영락(永樂) 12년 6월 28일(태종 14년) 이후 공사 비자(公私婢子)가 양부(良夫)에 시집가서 낳은 아이는 모두 종부법(從夫法)에 따라 양인을 만들고, 전조의 판정백성(判定百姓)의 예에 의하여 속적(屬籍)하여 시행하라."고 명하여, 종부법을 시행하였다. 이때 예조 판서 황희는 천첩의 소생을 방역(放役)하는 법은 따로 의논이 있을 수 없고, 아비가 양인인 경우에는 아들도 양인이 되는 것이므로 종부법이 옳다고 지지하였다.

종부법은, 공사 비자가 양인 남편에게 시집가서 낳은 아이는 아비를 따라서 양인으로 삼도록 한 것이다. 태종은 황희의 주장에 대해서 "경의 말이 심히 옳다. 이와 같이 한다면 비록 방역의 법이 없더라도 자연적으로 역(役)이 없어질 것이다. 재상의 골육을 종모법에 따라 역사시키는 것은 심히 편안하지 않다."고 하였다. 황희는 태종이 "하늘이 백성을 낼 때에는 본래 천구가 없었다[天之生民, 本無賤口]."는 말을 실현한 것이다. 결과적으로 종부법 개정은 신분제의 획기적인 진전이었다. 전국적으로 양인의 수는 늘고 노비의 수는 줄어들었다. 그러자 여종을 소유한 양반 사대부들은 종부법에 큰 불만을 가졌다. 그러나 태종의 위세에 눌려 감히 이의를 제기하지 못하였다.

하지만 신분계급이 철저한 유교적 사회에서 종부법 실시에 따른 여러 가지 폐단이 발생하였고, 사대부 계급에 우호적인 세종대왕이 즉위하자 지속적으로 이 문제를 제기하였다. 맹사성·권진·허조 등 대신들은 이구동성으로 종모법의 환원을 주장하였다.

세종대왕은 재위 13년 3월 상정소의 제조 맹사성·권진·허조·정초 등을 불러 의논하기를 명하였다.

세종: 내가 즉위한 이래로 조종께서 이미 이루어 놓은 법은 고치지 않으려고 마음먹었으며, 만약 부득이한 일이 있을 경우에만 여러 번 고친 일이 있다. 그러나 노비에 대한 법은 아직 고친 일이 없다. 다만 공·사비로서 양민에게 시집가서 낳은 자녀는 양민으로 처리한다는 법은, 대신들이 그것의 옳지 않음을 말하는 이가 많았으나 내가 듣지 않았는데, 이제 다시 생각하니, 공·사의 천비가 자주 그 남편을 바꾸어 양민과 천민을 뒤섞기 때문에 어느 남편의 자식인지 분명히 가려내기가 어려운 경우가 있을 것이다. 이런 일로 인하여 제 아비를 아비로 하지 아니하는 윤상(倫常)을 패란하는 일이 생기게 될 것이니, 어떻게 하면 위로 태종께서 이루어 놓은 법에 위배되지 아니하고, 아래로 인륜의 바른 길을 파괴하는 일이 없게 할 수 있을 것인지 각기 충분히 의논하여 보고하라.

맹사성: 노비의 자녀가 어미의 신분을 따르게 하는 법은 또한 한 시대의 좋은 법규입니다. 어찌 자기의 노비를 증

가시키기 위하여 이 법을 세웠겠습니까? 도대체 천한 계집이 날마다 그 남편을 바꿔서 행위가 금수와 같으니, 그가 낳은 자식은 다만 어미만 알 뿐 아비는 알지 못합니다. 이것이 노비는 어미를 따른다는 법이 생기게 한 까닭입니다. 이제 그 '계집종의 자식이라도 아비가 양민이면 아비를 좇아 양민이 된다'고 한 현행법을 폐지하고, 다시 어미를 좇아 천민이 되게 하는 법을 세운다면 그것이 가장 좋은 방법입니다. 만약 조종의 기성 법령을 그렇게 변경하여 고칠 수 없다고 한다면, 마땅히 공·사노비로 하여금 양민인 남편에게 시집갈 때에는 각기 본 주인에게 신고하여, 시집가는 것을 허가한다는 증서를 작성하여 받은 뒤에 시집가게 한다면 거의 조종께서 이루어 놓은 법에도 맞고, 아비와 자식의 인륜도 또한 분명하게 할 수 있을 것입니다.

맹사성 등은 종모법으로 시행하기를 주장하였다. 10여 일 후 세종대왕은 상정소 제조 맹사성·권진·신상·허조·정초 등을 불러 다시 의논하였다.

세종: 전일에 의논하던 천비의 자녀를 아비를 따라 양민으로 한다는 법은 되풀이하여 생각하여 보았으나, 최선의 방법을 깨닫지 못하겠다. 내 생각으로는 조종의 세운

법이 비록 진선진미(盡善盡美)한 것이 아닐지라도 가볍게 고칠 수 없는 것이다. 더군다나 이 법을 세운 것은 오로지 '하늘이 백성을 낳으매 본래 귀천의 차별이 없는 것[天之生民, 本無貴賤]'인데, 전조에서 천한 자는 어미를 따른다는 법(천자수모법)을 세워서, 양민의 자손으로 하여금 도리어 천인이 되게 한 것은 진실로 하늘의 이치에 맞지 않는 일로써 영구히 통용할 만한 법이 아니므로, 태종께서 대신들과 함께 심사숙고하여 드디어 아비를 좇아 양민으로 한다는 법[종부위량법(從父爲良法)]을 세운 것이니, 이것은 만세의 아름다운 법이다.

그러나 지금에 이르러서는 사비(私婢)가 천인 남편에게 시집가서 낳은 자식을 양민을 만들고자 하여, 양인을 끌어들여 그것이 아이의 친아비라고 일컬으니, 이것으로 인하여 그 아비를 아비로 하지 않아 윤상을 파괴하며 어지럽히게 된다. 이것은 오늘의 큰 폐단이니 바로잡지 않을 수 없다.

맹사성: 아비를 따라 양민이 되게 하는 법은 아비를 존중하는 뜻에서 나온 것으로서, 천리와 인정에 합치하는 천하 고금의 확론입니다. 태종께서 옛 것을 개혁하고 새로운 제도를 정함에 있어서 아비를 좇는 법을 세운 것은 진실로 한 시대의 훌륭한 법전입니다. 그러나 사내종이 양민 여자에게 장가들어 낳은 자녀는 홀로 아비

를 따르지 않는 것은 매우 사리에 통하지 않습니다. 사내 종이 양녀에게 장가들어 낳은 자녀도 또한 아비를 따라 천인이 되게 하여 천륜을 존중하게 하소서.

맹사성 등은 종모법 주장을 굽히지 않았다. 결국 세종 14년(1432)에 종부법은 폐지되고 종모법으로 환원되었다. 태종과 황희의 무천구(無賤口) 사상이 사라지고 다시 노비가 늘어나게 된다.

제2편

정대

　황희는 태종으로부터 세종에 이르기까지 신임이 매우 두터웠다. 세종대왕은 매양 황희를 견식과 도량이 크고 깊어서 큰 일을 잘 판단한다고 칭찬하면서, 그를 점치는 시귀와 물건의 중량을 다는 권형에 견주었다. 더러 옛 제도를 변경하려고 의논하는 자가 있으면 황희는 반드시, "신이 변통하는 재능이 부족하니 무릇 제도의 변경에 있어서는 감히 가벼이 의논할 수 없습니다." 하였다. 평시에는 의논을 너그럽게 하였으나, 중대한 일에 대해서는 그 자리에서 시비를 가려 의연히 굽히지 않았다.

　황희는 귀신같이 앞을 내다보는 능력이 있었으며, 저울처럼 공평무사하게 정사와 형벌을 처리하였다. 황희가 '큰 일을 잘 판단한다.' 한 이유가 여기에 있으며, 18년 동안 영의정을 하면서 국정을 훌륭히 다스릴 수 있었던 토대였다.

　문종 2년에 사제(賜祭)하는 교서에서 황희를 이와과 같이 칭송하였다.

2도(道)의 절제사가 됨으로써 이속(吏屬)은 두려워하게 하고 백성은 사랑했으며, 육부의 판서가 됨으로써 정치는 다스려지고 폐단이 없어졌다. … 큰 일과 큰 의논을 결정할 적엔 의심나는 것을 고찰함이 실로 시귀와 같았으며, 좋은 꾀와 좋은 계획이 있을 적엔 임금에게 고함이 항상 약석(藥石, 약과 침)보다 먼저 하였다. 임금을 과실이 없는 처지에 있기를 기필(期必)하고, 백성을 다스리는 데는 요란하게 하지 않는 것으로 목적을 삼았었다. 법도는 분경(紛更)하려고 하지 않았으며, 논의는 충후(忠厚)에 따르기를 힘썼다.

죽은 신하를 칭송하는데 온갖 미사여구를 동원하였다고 볼 수 있지만, 황희를 사실적으로 표현한 글이다.

태종은 세종에게 "황희의 전날 일은 어쩌다가 그릇된 것이니, 이 사람을 끝내 버릴 수 없다. 나라를 다스리려면 이 사람이 없어서는 안 된다." 하였다. 그는 마음이 넓고 모가 나지 않았으며, 윗사람이나 아랫사람에게 한결같이 예(禮)로써 대하고, 국사를 의논할 때에는 전례를 잘 지켜 고치고 바꾸는 것을 좋아하지 않았다.

앞에서 황희의 가장 큰 덕목은 관후라고 하였다. 하지만 관후하기만 하고 정대하지 못하면 '좋은 사람'이란 평판은 들을 수 있어도, 일만 벌리고 뒤처리를 못하는 무능한 사람으로 보이기 십상이다. 실패하기 쉬운 인생을 살기 쉽다는 말이다. 그런데 황희의 품성은 관후하면서 정대하였다.

평생동안 처사를 평탄하고 너그럽게 하여, 외물(外物)과 거슬리는 일이 없었으나, 대사(大事)를 의논할 때에는 면대한 자리에서 시비를 밝혀 조금도 관대하게 보아 주는 일이 없었다.

『해동잡록 6』「황희」, 〈지서(誌序)〉

사람이 모든 일에 관대하기만 해서는 안 된다는 말이다. 큰일은 관후보다는 정대하게 처리해야 한다. 세종대왕이 중년 이후에는 새로운 제도를 많이 제정하였다. 그때마다 황희는 "조종의 예전 제도를 경솔히 변경할 수 없다." 하고, 홀로 반박하는 의논을 올렸다. 황희는 정대하게 세종대왕을 잘 보좌하면서도, 법과 제도의 분경은 좋아하지 않아 반대하는 경우가 많았다. 군신관계라 하여 모든 것을 '예(yes)'로 대답한 것은 아니었다. 세종대왕이 혼신을 다한 공법(貢法)을 제정할 때도 무려 17년 동안이나 반대한 황희였다.

I
사사로움이 없는 정사 政事

1. 죽는 한이 있어도 할 말은 한다

　태조의 적극적인 출사 요청을 받아들여 두문동에서 나온 황희는 태조 3년(1394) 성균관 학관과 세자우정자를 겸임하는 벼슬로, 이제 막 개국한 조선에서 관직을 시작하였다. 고려 말 과거에 급제하여 성균관의 학록(學錄, 정9품)으로 근무한 경력이 그대로 이어졌다. 성균관의 학관이란 교수 요원을 일컫는데, 황희는 박사(정7품)의 직책에 제수되었다. 세자관은 세자의 강학(講學)과 시위(侍衛) 등의 업무를 관장하는 기관이다. 황희는 조선왕조 최초의 세자로 책봉된 의안대군 이방석의 세자우정자가 되었다.

　태조는 재위 1년 8월에 배극렴·조준·정도전 등의 추대로 신덕왕

후 강씨(두번째 부인) 사이에서 태어난 막내아들인 8남 이방석을 11살 어린나이에 왕세자로 세웠다. 세자 이방석은 어린 시절부터 총명하여 태조 이성계의 사랑을 받았다. 그러나 이방석은 태조 7년(1398) 8월 정도전과 남은 등이 이방원(훗날 태종)에 의해서 살해되면서 폐세자 된다. 이방원은 정도전이 세자 승위를 안전케 하려는 목적으로 태조의 첫째 부인 한씨 소생의 왕자들을 지방으로 보내려는 데에 불만을 품고, '정도전 등이 한씨 소생 왕자들을 모두 제거하려 한다.' 하여 난을 일으켜, 정도전 등을 살해하고 이방석을 폐세자하였다. 이방석은 이에 맞서려 하였으나 이루지 못하고, 제1차 왕자의 난으로 유배 가는 도중 이방번과 함께 이방원 일당에게 살해당하였다.

이러한 난세에 황희는 성균관 학관과 세자우정자의 직책을 맡은 지 얼마 되지 않아 예문춘추관으로 옮겼다. 난이 일어나기 훨씬 전이다. 그 뒤에 사헌 감찰(종6품)과 우습유(정6품)에 승차하여 전직되었다. 황희는 중서문하성 습유우보궐로 있을 때 성격이 곧아서 바른 말을 과감히 하였다. 습유란 직책은 문하부에 소속된 정6품의 관직 명으로 좌·우 각 1명을 두었으며, 임금이 모르고 있는 과실을 들어 간하거나 임금을 보좌하여 그 결정을 바로잡는 자리다. 후에 사간원의 정언으로 관아와 직책명이 바뀌었다.

황희는 태조 6년 선공감 정난의 기복(起復)*에 서경하지 않아, 태조로부터 "너희들은 아는 사람에게는 은혜롭게 하고, 알지 못하는 사

---

* 상을 당해 휴직 중인 관리를 복상기간 중에 직무를 보게 하던 제도.

람에게는 원수같이 하니 공정하지 못하다. 너는 일을 보지 말라."는 문책을 받았다. 간관(諫官)으로 있던 황희가 왕명을 거역한 것이다. 이 사건은 그대로 무마되었지만, 결국 황희는 태조 7년 경원부(함경북도 경원) 교수관으로 좌천되었다. 이 일은 사헌 잡단(雜端, 정5품) 전시가 순릉*이 매우 사치하고 화려하여 옳지 못하다고 한 말에서 시작되었다. 공조 전서(典書, 정3품) 유한우가 전시의 말을 임금에게 아뢰었는데, 태조가 노하여 전시를 형문하고, 또 더불어 논설한 사람이 있는지 국문하였다. 전시가 처음에는 자복하지 않다가 황희와 박수기를 거론하였다. 이에 태조는 전시를 갑주로 귀양보내고, 박수기는 경성 교수관으로, 황희는 경원 교수관으로 좌천시켰다.

교수관은 지방의 학교와 유학을 진작시키기 위해 군현을 순행하는 종6품 문관직이다. 황희는 정6품에서 종6품으로 1품계 강등되었을 뿐만 아니라 위험한 변방 지역인 경원부에 파견되었다. 경원은 황희가 좌천되기 불과 5개월 전인 태조 7년(1398) 2월에 동북면의 행정구역을 정할 때 부(府)로 승격시킨 곳이며, 경성 땅에서 두만강 하류에 이르는 광활한 땅으로 여진족이 자주 침범한 지역이다.

다행히 황희와 박수기는 바로 복직되었으며, 황희는 문하부 보궐(補闕, 정5품)에, 박수기 역시 문하부 기거주(起居注, 정5품)에 제수되었다. 두 사람 다 언관으로서 역할을 충실히 수행하였기 때문이다.

복직한 후에도 황희는 정대한 곧은 성품을 잃지 않고 업무를 처

---

* 태조 이성계의 할아버지인 도조의 비 순경황후 박씨의 능.

리하였다. 정종 1년에는 양홍도의 교첩(敎牒)에 서경하지 않아 왕의 노여움을 사기도 하였다. 양홍도는 본래 의원인데, 그의 어머니가 종으로 벼슬을 할 수 없는 처지였다. 그런데 임금과의 친분으로 낭장(정6품 무관직)을 제수받자 문하부에서 교첩에 서경하지 않은 것이다.

그러다 한 달 후 민생공 사건으로 다시 파면되었다. 정종 1년 9월 문하부에서 사헌 잡단 민공생을 논핵(論劾)하였다. 그 이유는 처음에 전 상의중추원사 장사정이 전 판서 남궁서의 아내를 죽였는데, 그 아들이 헌부에 원통함을 호소하였지만 민공생이 여러 관원이 모이지 않았다는 구실로 수리하지 않았기 때문이다. 그런데 태조의 넷째 아들 이방간(李芳幹)이 민공생의 자부(姉夫)였으므로, 임금에게 아뢰어 민공생으로 하여금 다시 일을 보게 하자, 낭사가 또 다시 이를 탄핵하여 상소하였다.

그러자 정종이 노하여 "유사가 하는 일이 반드시 모두 옳은 것도 아닌데 스스로 옳게 여기고, 내가 하는 일이 반드시 모두 그른 것도 아닌데 도리어 그르게 여기니, 그 까닭은 무엇인가?" 하고, 곧 순군 당직원에게 명하여 우습유 탁신을 집으로 압령하여 보내고, 일을 보지 말게 하였다. 엿새 후 임금이 또 순군의 나장을 시켜 좌습유 김익정을 그의 집으로 압령하니, 그는 "신은 이것으로부터 언로가 가리워지고 막힐까 두려워합니다."라고 하였다. 그리고 사헌 중승(中丞, 종4품) 이승상 등은 "전하께서는 언제나 생각을 여기에 두시어 문하부의 낭사 등을 용서하시면, 언로가 열리고 하정(下情)이 통달될 것입니다."라고 상언하였다.

그러자 화가난 정종은 문하부 낭사를 폄직하여 모두 좌천시켰으며, 황희와 허조는 파면되었다. 황희와 허조가 다른 사람들보다 직언하여 강하게 반발하였기 때문이다. 말로써 임금의 뜻에 거스른 것이다. 허조 역시 황희와 마찬가지로 타고난 자질이 정대하고 강직하여 굴함이 없었다.

하지만 황희는 바로 복직되었고, 그 뒤 황희의 관직 생활은 순탄하였다. 이후 형조·예조·병조·이조 등 여러 조(曹)의 정랑(正郎, 정5품)을 역임하였다. 이처럼 황희는 하위 관직에 있을 때부터 일처리를 공명정대하게 하는 성품을 가지고 있었다. 그리고 육조의 여러 정랑을 거치면서 조정의 모든 업무를 밑바닥부터 배웠다. 이러한 경험은 황희의 관직 생활에 큰 밑천이 되었다.

2. 그는 참으로 괜찮은 사람입니다

박석명(朴錫命, 1370~1406)은 지신사(후 도승지, 정3품)로서 오랫동안 국가 기밀을 관장하고 있었다. 그가 여러 번 사직하기를 청하였으나 태종은 "경이 경과 같은 사람을 천거해야만 그제야 대체할 수 있을 것이다."라고 거절하자 황희를 천거하였다. 그 후 황희는 빠르게 승진하여 도평의사 경력(經歷, 종4품), 그리고 병조 의랑(정4품)으로 이직되었다.

박석명은 황희보다 나이는 일곱 살이나 어리지만 16살에 과거에 합격하였으니, 황희보다 관직 생활은 4년이나 먼저 시작하였다. 그는 우왕 11년(1385) 승보시에 동진사로 급제하여 공양왕 2년(1390)에 이미 우부대언(정3품)·병조판서를 지냈다. 황희는 태종 4년(1404)에야 좌부대언(정3품)이 되었으니, 박석명은 황희보다 품계가 무려 14년이나 빠르게 승차하였다. 그러던 박석명도 조선이 건국되자 공양왕의 아우 귀의군 왕우(王瑀)의 사위였던 관계로 7년간 은거하였다. 그러다 정종 1년(1399)에 고려의 구신들이 등용되자, 그도 좌산기상시(左散騎常侍, 정3품)로 기용되었고, 안주목사를 거쳐 이듬해 지신사가 되었다. 정종이 태종에게 선위하자 박석명이 그 교서를 가져가서 태종을 옹립하였다. 그 공으로 태종 1년(1401) 좌명공신 3등이 되고, 평양군에 봉해진 뒤 지신사에 오른 인물이다. 그야말로 박석명은 가문과 출셋길이 탄탄한 사람이었다.

박석명과 황희가 처음 관계를 맺은 곳은 정종 1년 문하부에 있을 때였다. 그때 박석명은 좌산기상시였으며, 황희는 보궐로 근무하였으므로 박석명은 나이는 어리지만 황희의 하늘 같은 상전이었다. 여기에서 황희는 박석명을 웃사람으로서 깍듯이 잘 모셨다. 그러던 중 정종 1년 그들이 '정종의 정사(政事)'에 반대하여 문하부 낭사(郎舍) 전체가 상소하자, 정종은 낭사 전체를 좌천 또는 파면하였다. 그 중 박석명은 안주목사로 좌천되었고, 황희는 파면되었다. 황희가 옛날처럼 어느 누구보다 강하게 간쟁하였기 때문인데, 이때 박석명은 황희의 소신 있는 행동을 높이 샀다.

박석명은 태종이 왕위에 오르기 전부터 서로 벗하며 친하게 지낸 사이인데, 그가 황희를 태종에게 추천한 것이다. 박석명은 황희의 인물됨을 일찍이 알아본 사람으로서, 황희의 출셋길을 열어준 사람이라 하겠다. 허봉(許篈, 1551~1588)의 『해동야언(海東野言)』에는 박석명이 황희를 천거한 이야기를 적고 있다.

> 삼재(三宰, 의정부의 좌우참찬) 지의정부사 박석명이 공정왕(恭靖王, 정종)과 같은 이불을 덮고 자는데, 박석명의 꿈에 누런 용이 옆에 있으므로 돌아다보니 상(태종)이었다. 이로 말미암아 기이하게 여겨 서로 벗하며 더욱 도탑게 지내게 되었다.
> 태종이 즉위하자 박석명을 총애함이 지극하여, 10년에 지신사(후 도승지)에서 지의정부사로 올리고, 판육조사(判六曹事)를 겸하게 하니, 근년의 신하로 비교할 사람이 없었다. 승지가 되었을 때에 태종이 이르기를, "누가 그대를 대신하여 승지가 될 만한가." 하니, 박공이 아뢰기를, "조정의 신하 중에는 적당한 사람이 없고, 오직 승추부사 황희가 참으로 괜찮은 사람입니다." 하였다. 태종이 드디어 황희를 등용하고 얼마 안 되어 박공을 대신하여 승지로 삼았는데, 나중에 유명한 정승이 되니, 세상 사람들이 말하기를, "박공은 사람을 알아본다." 하였다.

유교적 도덕 사상의 기본이 되는 다섯 가지 덕목 중 하나로 장유유서(長幼有序)가 사회질서의 근본이 되는 조선에서, 나이 어린 상관을 깍듯이 모시는 것은 생각보다 쉽지 않았을 것이다. 하지만 황희는 일에 있어서는 정대하게 행하였기 때문에 박석명과 같은 사람을 만날 수 있었다.

박석명의 추천으로 태종은 황희를 전적으로 신뢰하고 근신으로 삼았다. 태종 2년 황희의 부친이 죽었는데, 태종은 황희를 3년상을 다 치르도록 놔둘 수가 없었다. 그래서 승추부가 군무를 관장하고 또 국가에 사고가 많은 이유를 들어, 무관의 100일에 기복출사(起復出仕)시키는 제도를 따르게 하여, 황희를 대호군(종3품)에 임명하고 승추부 경력(종4품)으로 겸무하게 하였다. 태종이 황희를 얼마나 가까이 두고 싶었으면 이러한 편법을 이용하여 황희를 기복하게 하였겠는가! 뒤집어 생각하면 황희는 태종의 마음을 사로잡을 만큼 국사를 완벽하게 잘 처리하였다.

그 후 황희는 태종 4년 우사간 대부(정4품)로 승진되었다가, 얼마 안 있어 좌부대언(정3품)에 발탁되고, 태종 5년 마침내 박석명을 대신하여 지신사(정3품)에 임명되었다. 황희의 졸기에는 이 일을 다음과 같이 적고 있다.

> 마침내 박석명을 대신하여 지신사에 임명되었다. 후하게 대우함이 비할 데가 없어서 기밀 사무를 오로지 다하고 있으니, 비록 하루 이틀 동안이라도 임금을 뵙지 않는다면 반드시 불러서 뵙도록 하였다. (태종이) 일찍이 말하기를, "이 일은 나와 경[황희]만이 홀로 알고 있으니, 만약 누설된다면 경이 아니면 곧 내가 한 짓이다." 하였다.

태종이 알고 있는 것은 모두 황희가 알고 있을 정도의 근신이 된 것이다. 그래서 태종은 황희에게 집안일까지 상의하였다. 한번은 태종이 황희와 함께 네 아들(세자 이제·효령군 이보·충녕군 이도·성녕군 이종)을 불러 형제간에 화목하게 지낼 것을 타이르고, 말을 마치자 마침내 눈물을 주르르 흘렸다. 임금이 신하 앞에서 눈물을 흘린다는 것은 좀처럼 하기 힘든 모습이다. 하지만 황희는 항상 예스맨은 아니었다. 옳지 못한 일에는 임금 앞에서도 안 된다고 말하였다.

　　임금(태종)이 말하기를, "내가 처음에는 진전(眞殿)만 세워두고자 하였는데, 김첨이 말하기를, '불당이 있어야 마땅하다.' 하니, 아울러 짓게 하는 것이 가하다." 하니, 지신사 황희가 말하기를, "불당 하나를 짓는 것이 비록 폐가 없다고 하시지만, 다만 후세에 법을 남기는 것이면 옳지 못합니다." 하였다.
　　임금이 말하기를, "부처의 도(道)는 허실을 알기가 어렵다. 예전에 권중화가 말하기를, '오도자(吳道子)*가 그린 관음상에 광채가 났다.'고 하였는데, 내가 듣고 매우 이상하게 여겼다." 하니, 황희가 말하기를, "그렇다면, 오도자가 비술이 있어서 그러한 것이라 생각됩니다. 어찌 부처가 신령하고 기의한 때문이겠습니까?" 하였다.

---

* 중국 당의 화가 오도현의 자. 불화에 뛰어났음.

이후 황희는 태종 9년, 5년간의 지신사에서 참지의정부사(종2품)로 승진하였으며, 형조 판서(정2품)를 거쳐 이듬해 사헌부 대사헌에 제수되었다. 사헌부는 시정(時政)을 탄핵하고 문무백관을 규찰하며, 풍속을 바로잡고, 억울함을 밝히며, 분수에 넘치는 못된 짓을 금하는 일 등을 맡아보던 관서인데, 대사헌은 사헌부 장관이다. 태종의 근신이라 한 황희가 대사헌이 되었을 때에도 왕명을 그저 따르기만 하지 않았다. 목숨을 걸고 따질 것은 따졌다.

> 대사헌 황희가 대궐에 나오니, 임금이 상당군(이저)의 녹권(錄券)을 싸서 바치라고 명하였다.
> 황희가 대답하기를, "각위가 모두 모이기를 기다려야 합니다." 하니,
> 임금이 말하기를, "뭐, 기다릴 것이 있는가? 경이 나의 뜻을 잘 알지 않는가?" 하였다.
> 대답하기를, "비록 신이 주상의 뜻을 알기는 하오나, 이 일을 어떻게 신의 뜻으로 독단할 수 있겠습니까? 원컨대, 입대(入對)하여 면전에서 진달하고자 합니다." 하였다.

그러니 권별(權鼈,1589~1671)의 『해동잡록(海東雜錄)』에는 황희에 대해서 "대사헌이 되어서도 대체(大體)를 세워 하나 하나 까다롭게 굴지 않아도, 간악한 자들이 두려워하여 복종하고 조정의 기강이 진작되고 엄숙하였다."고 적고 있다.

3. 법이란 공공의 그릇이다

황희의 법사상은 현대적인 사고와 크게 다르지 않았다. 물론 유교적 계급 사회 속에서 법치를 논하는 것 자체가 모순이라고 생각할 수 있지만, 법의 테두리 안에서 법을 집행하려는 원칙에 있어서는 지금의 우리보다도 더 깊은 통찰을 가지고 있었다. 황희는 군주시대이지만 조선을 법치로 바로 세우기 위하여 많은 노력을 하였다. 황희는 "법이란 만세의 공공지기(公共之器)이니, 일시적 방법으로 가볍게 고칠 수 없다."고 생각하였다.

한번은 세종 14년 최치가 고성의 수령으로 있을 때에, 고을 창고의 미곡을 남용하고는 거짓으로 '창고지기가 도용하였다' 하고, 창고지기를 고문하여 자백 받아서 관찰사에게 보고하였다. 이에 관찰사 고약해는 강릉 판관 최안선과 흡곡 현감 연비로 하여금 문초하게 하였는데, 최안선 등이 받은 자백 또한 최치와 같았다. 그 후 고약해가 순시하는 길에 고성에 이르러 직접 문초하였으나 사실을 밝히지 못하였다. 그래서 그대로 형조에 보고하였는데 형조에서는 사건이 사리에 맞지 않는 것을 의심하여 다시 문초하라고 하였다. 이에 사재감 정 조극관·형조 정랑 김연지를 보내 다시 문초하였더니, 모두가 거짓으로 드러났다. 이에 세종대왕은 "전일에 날씨가 가물기에 도형 이하의 죄를 사면하였으니, 고약해 등은 다만 파면시키면 되겠는가?"라고 묻자, 황희는 법을 가볍게 변경할 수 없다고 대답하였다.

법이라는 것은 가볍게 변경할 수 없습니다. 지금 이미 도죄를 사면하였는데, 고약해 등의 죄는 도(徒)·유(流)에 지나지 않는 것이니, 어찌 임금의 말씀에 믿음성을 잃어 가면서 그들에게 죄를 주어야 하겠습니까? 또 고약해 등은 처음부터 고의로 한 것이 아니고 현명하지 않은 까닭으로 그렇게 된 것이니, 다만 파면시키는 데 그쳐야 하겠습니다.

황희는 법이란 믿음성이 있어야 하기 때문에 한 번 판결하였으면 변경해서는 안 된다고 하였다. 요즈음으로 말하면 '불가변력(不可變力)*'을 강조한 것이다.

세종 22년에도 황희는 "노비를 잘못 판결한 것을 고쳐 바루는 것이 타당한가, 않은가?"라는 세종대왕의 하문에, "『육전』에 기재된 것이 아주 엄밀한데 경솔하게 고쳐서 신의를 잃는 것은 불가합니다."라고 하여, 법집행의 신뢰성을 강조하였다.

재위 18년에 세종대왕이 "지금 사헌부에서 추문하고 있는 요망한 무당 7명은 능히 귀신을 공중으로 불러서 사람이 말하는 것과 같이 하여 사람들을 현혹시키니, 율문에 의거하면 교형(絞刑)에 해당한다. 그러나 앞서 금지하는 법을 세우지 아니하고 갑작스레 하루아침에 법으로 처치하는 것은 불가하므로 이들을 외방으로 쫓아내고, 또 금지하는 법을 세워 그 폐단을 막는 것이 어떻겠는가?"라고 황희에게

---

* 처분청이나 감독청이 직권으로 행정행위를 자유로이 취소, 변경, 철회할 수 없는 효력.

물었다. 그러면서 세종대왕은 "옛날 태종조에도 역시 요망한 무당이 있으므로 외방으로 쫓아내어 경성에서 섞여 살지 못하게 하였다. 이제 경들이 이미 '외방의 요망한 무당도 마땅히 관부에 정속(定屬)*시키고, 수령들로 하여금 검찰하게 하라.'고 했으니, 서울에 있는 요망한 무당들도 역시 이 예에 따라서 자원하는 각 관청에 나누어 두고 금지하는 것이 어찌 옳지 못하며, 또 미리 금지하는 법을 세우지 아니하고 갑작스레 죄로 결정하는 것은 내 마음에 미안하다."고 하였다. 세종대왕은 혹세무민한 무당들을 엄히 다스리고 싶지만 그동안 죄를 주지 않고 있다가 갑자기 처벌하면 문제가 있다고 생각하였다. 현대적 의미로 말하면 '형벌불소급의 원칙'에 위배된다고 생각한 것이다.

하지만 황희 등은 "만약에 율문대로 다스리지 않고 갑자기 놓아주면, 요망한 무당들이 그 죄가 중하다는 것을 알지 못할 것이오니, 율문에 따라 다스려서 그 죄를 알게 하고, 특별한 은혜로써 감등해서 죄를 결정하여 활인원에 유치시키면 어짊과 위엄이 함께 행해질 것이오며, 요망한 무당들은 자연히 없어질 것입니다."라며, 이미 율문에 규정되어 있기 때문에 법대로 처리하되 감형하기를 주청하였다. 이에 세종대왕은 헌부로 하여금 요망한 무당을 처치할 법과 금지하는 계책을 마련해서 아뢰게 하고, 요망한 무당들을 도성 밖으로 쫓아냈다.

역시 세종 18년 때 일이다. 홍천군의 죄수 이귀생이 장인 신득룡

---

* 물건이나 가축, 또는 사람을 일정한 관청이나 지방에 소속하게 하는 것.

을 때려 죽인 사건이 있었다. 이귀생은 정신병이 있었는데, 율(律)에 따르면 참형해야 했다. 그러자 세종대왕은 정부와 육조에 정신적 질환이 있는 죄인의 처벌에 대해서 논의하게 하였다. 이때 황희는 "'무릇 병이 심한 자로서 사람을 죽여, 당연히 사형해야 할 자에게는 의논하여 주문해서 임금의 재결을 취한다.'고 하였으니, 도둑이나 사람을 상하게 한 자도 또한 수속(收贖)하도록 하되, 사형에서 한 등을 감하게 하소서."라고 하였다. 이에 찬성 안순은 "이 사람은 오로지 미친병으로 인한 것이 아니고, 바로 노여움으로 인하여 때려 죽인 것이니, 풍속에 관계되는 것이오매, 만약에 그 딸에게 속전을 징수하여 그 아비에게 준다면 또한 정리에 어기는 일입니다. 그러니 사람을 죽인 자는 죽인다는 죄로 결정할 것입니다."라고 반대의견을 냈다.

그러나 세종대왕은 황희 등의 의논을 따랐다. 황희는 심신장애를 인정하여 감형하도록 한 것이다. 오늘날 형법 제10조에 '① 심신장애로 인하여 사물을 변별할 능력이 없거나 의사를 결정할 능력이 없는 자의 행위는 벌하지 아니한다.'와 '②심신장애로 인하여 전항의 능력이 미약한 자의 행위는 형을 감경한다.'라고 규정하고 있다. 황희의 법 감정은 현대적 사고와 차이가 없었다.

이보다 앞서 세종 11년에도 황희는 이와 비슷한 말을 하였다. 사헌부에서 "조안생은 꿈에 수강전을 보았다고 하면서, 또 전교(傳敎)의 말을 설명하는데 말이 심히 괴이하고 허탄하니, 형률에는 다스릴 조문이 없지마는, 왕의 명령을 거짓 전달한 죄에 견주어 마땅히 참형에 처해야 될 것입니다."라고 하니, 세종대왕이 다시 좌·우의정과 함께 의논하여 계하라고 명하였다. 이때 황희 등은 "조안생이 요망스런 말을 한 죄는 헌부에서야 물론 조지(詔旨, 임금의 명령)를 거짓 전한 것으로써 논죄하여 참형에 처하는 것이 당연한 일이겠지만, 조안생은 어리석고 미혹하여 사리를 알지 못하고 그렇게 된 것이니, 성상께서 살리기를 좋아하시는 마음으로 감등하여 죄를 과하게 하소서."라 하였다. 이에 명하여 2등을 감형하고 장 1백, 도 3년에 처하게 하였다. 역시 죄인의 심신장애를 감안하여 감형하도록 한 것이다.

황희는 영의정으로 있으면서 감옥의 죄수들이 사망할 경우 관련 관리들을 엄히 처벌하도 하였다. 세종 20년, 의정부는 감옥의 죄수를 보호하는 법이 있는데도 외방의 감옥 죄수들이 잇따라 사망하자, 감옥을 맡아서 지키는 관리의 승직하고 폄출(貶黜)하는 법이 서 있지 않으므로, 태만한 것이 아닐까 의심하였다. 따라서 감옥에서 죽은 자가 있으면 수령을 파면하는 등 처벌하도록 하는 규정을 만들었다.

❶ 만일 죽은 자가 있으면 관찰사가 정밀하게 살피고 검사하여, 혹시 고문하는 데에 법을 어겼다든가, 먹을 것을 주지 않았다든가, 의원의 치료를 하지 못하게 하여 죽게 한 것이면, 그 수령은 즉시 죄를 물어 파면한다.
❷ 만약 애매한 듯하여 결안(結案)을 보지 못하였으나, 1년에 2인 이상을 죽게 한 자는 근무평가할 때에 사실에 근거하여 자세히 따지고 검토한다.
❸ 의금부의 전옥이 죄수를 죽게 하였으면, 사헌부로 하여금

심문하게 한다.

❹ 지방의 옥졸들도 역시 이전 위수조(爲首條)에 의거하여 논죄하여 처결한다.

그해 12월 세종대왕은 "감옥의 죄수로서 죽는 자가 증가되고 줄어들지 아니한다. 내가 생각하건대 감옥의 죄수가 죽는 것은 오직 고문이 너무 심한 때문만이 아니고, 실제로는 감옥이 좁고 막혀서 모진 추위와 무더위의 장맛비에 신고(辛苦)를 면하지 못하기 때문이다. 이로 인하여 병이 나서 많이 죽게 되어 진실로 불쌍하다. 그러나 혹시 원장(垣墻)이 나지막하고 규찰을 허술하게 하면 넘어서 도망하는 자가 역시 적지 않을 것이다. 원장을 널찍하게 쌓고 방옥(房屋)*을 수축하고 수목을 심어서, 모진 추위와 심한 무더위를 임의대로 지나도록 하고, 또 바깥으로는 가시 수풀을 마련하고 중문(重門, 대문 안에 다시 세운 문)을 굳게 지켜서 넘어가지 못하도록 하라."고 하였다. 이에 의정부에서는 감옥을 수리하여 더위와 추위를 막을 수 있도록 하며, 죄수가 죽으면 해당 아전들을 처벌하고, 암행어사를 보내 규찰하게 하였다.

또한 세종 21년 황희는 한양의 경우 죄수가 옥에서 갇혀 죽은 것 드물지만, 외방의 죄수는 배꼽 아래에 붓는 종기[浮腫]로 가슴과 배가 답답하여 옥에 있다가 죽게 된 자가 잇따라 발생하니, 어찌 다 구휼

---

* 겨울에 외풍을 막기 위하여 방 안에 장지를 들여 조그맣게 막은 아랫방.

할 수 없는 것이겠는가 하고, 이는 필시 급하게 실정을 얻고자 하였다든가, 불법으로 형벌을 가하였다든가, 참혹하게 고문한 까닭에 그 독이 장부로 들어가 부종이 되어 죽은 것이 분명한 것이라고 하면서, 태장치고 신문하는 규정과 방법을 정하여 이를 어긴 경우 처벌하게 하였다.

의정부에서는 함부로 형벌을 가하는 경우 엄히 처벌하게 하였으며, 특히 사령으로 하여금 높은 소리로 호통치며 좌우로 나누어 서서 서로 번갈아 가며 장(杖)을 치지 못하도록 하였다. 이는 고문할 때 죄인을 죽이거나 장애를 주는 것을 금하여 보호하도록 한 것이다. 이처럼 황희는 영의정으로 있으면서 법의 입법과 집행, 그리고 죄인의 처벌과 옥사 등에 대해서도 백성을 보호하는 입장에서 개선하려고 노력하였다. 뿐만 아니라 법이 공평하게 집행되도록 하였다.

4. 왕의 외척이라도 잘못은 용서하지 않는다

역사는 흐른다. 민무구·민무질 형제(태종 비 원경왕후의 동생)가 살아 있었다면 세종대왕은 왕좌에 오르지 못했을 것이라는 생각이 든다. 정치적으로 분란한 시기에 태종은 외척세력으로부터 왕권강화의 필요성을 느꼈다. 여기서 지신사 황희는 민무구 형제의 제거에 주도적인 역할을 한다.

태종 7년 민무구·민무질 형제의 옥사사건이 시작된다. 영의정 이화 등이 상소문을 올려 1년여 전에 일어나 선위파동 때 민무구·민무질 형제가 세자를 앞세워 반역을 꾀하려 했다는 것이다. 이화 등은 '민무구 등이 태종의 선위에 기뻐했는데, 다시 복위한다는 말에 슬퍼하며 우의정 이무의 집에서 태종에게 불만의 뜻을 표시한 죄를 지었으며, 또한 민무구 등이 세자를 제외한 나머지 왕자들을 죽이려 했기 때문에 반역죄로 처벌할 것을 주청하였다.

지난해(태종 6년) 6월 태종은 세자 이제에게 전위한다고 선언했다. 그 이유는 '재이(災異)가 자주 보인다'는 것이다. 하지만 하륜을 비롯한 대소 신료들은 물론이고 종친들까지 그날로부터 8일 동안 매일 같이 '전위의 철회'를 주청하였으며, 이에 태종은 못이기는 척하면서 세자에게 전위한다는 명을 철회하였다.

그런데 1년여가 지난 태종 7년 7월에 영의정 이화 등이 상소하여 민무구·민무질 형제가 그때 반역의 불충을 저질렀으니 처벌해야 한다고 주청한 것이다. 이때 태종을 도와 민씨 형제를 함정에 빠뜨린 자는 이숙번이었다. 선위를 발표하기 전 해(태종 5년)의 겨울에 태종은 선위하려는 이유를 이숙번과 민무구에게 먼저 말하였다.

그러자 이숙번은 '주상이 이러한 뜻을 내신 것도 역시 하늘이 시킨 것입니다.'라며 선위를 찬성했지만, 민무구는 성을 내며 '이게 무슨 말씀이십니까? 이게 무슨 말씀이십니까? 주상이 만일 사위(辭位)하신다면 신도 또한 군무를 사임하기를 청합니다.'라고 하였다. 그러나 며칠 후 민무구는 "정승들이 모두 신에게 말하기를, '주상의 뜻이 이미 정하여졌으므로, 신 등이 감히 고집할 수 없으니, 미리 선위할 여러 일을 준비하여 주상의 명령을 따르고자 한다.'고 하였습니다." 하며 태종에게 고했는데, 막상 태종이 선위를 발표하니 찬성하였다는 대언들은 여전히 선위의 철회를 청하고 있었다. 민무구 혼자서만 선위에 찬성한 꼴이 되었다. 그리고 음모에 걸려든 민무구가 선위를 찬성하자 태종은 곧 선위를 철회하였다.

태종은 외척이며 공신이었던 민씨 일가를 경계하고 있었다. 정도전의 사병혁파 때 원경왕후(태종의 비)는 당시 대장군이던 동생 민무구를 통해 태종에게 사병을 원조했고, 장인 민제는 하륜을 태종에게 연결시켜 주었다. 하지만 태종은 자신의 즉위에 공을 세운 세족의 우두머리 민씨 일가를 경계하였다. 그들의 세력이 왕후를 중심으로 너무 커졌기 때문이다.

그런데 민무구는 태종과 이숙번의 음모에 빠져 선위를 가장한 태종의 충성도 시험에서 함정에 빠진 것이다. 태종은 세자를 이용해 조정을 좌우할 가능성이 엿보이는 민무구·민무질을 불충으로 보았으며, 이 사건을 통해 외척이자 공신인 민씨 일가를 제거하고자 하였다. 따라서 민무구·민무질의 옥사는 태종의 왕권 안정과 강화를 위해서 이루어졌다. 태종은 왕권에 도전할 만한 정치세력의 성장을 원초적으로 봉쇄한 것이다.

결국 사건 관련자들을 추국하고 대질시켜 '불충을 하였다'는 자백을 받아내, 이틀 후 민무구를 연안, 민무질을 장단, 신극례를 원주에 안치하였다. 하지만 대간에서 연명으로 민무구의 죄를 청하는 상소문을 올리자 태종은, "민무구 등 세 사람의 죄는 다시 중하게 논하지 말라. 결국에는 서울 안으로 소환하여 일을 맡기지 아니하고 천년(天年, 수명)을 마치게 할 것이니, 경들은 마땅히 이 뜻을 본받아 감히 다시는 논계하지 말라."고 명하였다. 그리고 이러한 주청은 보름 이상 계속되었으며, 그때마다 태종은 물리쳤다. 하지만 삼공신(三功臣)*이 대궐에 나와 그 상소에 대한 결단을 촉구하자 그때서야 태종은 그들의 죄를 결단하겠다고 하였다.

다음날 태종은 "민무구·민무질은 다만 공신 녹권만 거두고, 신극례는 다시 논하지 말라."고 하였다. 하지만 삼공신이 또 상소하여 신극례의 죄를 청하였으며, 형조 판서 이지 등이 민무구 등의 직첩을 회수하고 국문하기를 청하였다. 그러나 태종은 조금 마음을 바꾸는 태도로 "너희들은 민무구 등의 금장(今將, 반역을 품은 장수)의 마음이 이미 나타나 불충으로 논하여야 한다고 하면 마땅히 삼족을 멸하도록 청할 것이지, 지금 다만 직첩만 거두기를 청하는 것은 왜인가?"라고 하면서 물리쳤다. 그렇게 1년이 지났다. 이러한 와중에도 태종은 민무구·민무질에게 쌀·콩 40석을 내려 호의를 보였다.

그러던 중 여흥부원군 민제가 태종 8년(1408) 9월에 죽는다. 그리고 태종은 민제가 죽은지 한 달이 지난 10월 민무구 형제의 죄를 정식으로 인정하는 교서를 반포한다. 이를 계기로 하여 그들의 옥사는 악화일로를 걷게 되었다. 민씨 두 형제는 유배 중에도 대간 등의 논

---

* 조선 건국에 공을 세운 세 부류의 공신. 곧 개국·정사·좌명 공신을 말한다. 개국공신은 조선을 건국하는 데 공을 많이 세운 사람이며, 정사공신은 태조 7년(1398) 제1차 왕자의 난을 평정하는 데 공을 세운 사람이다. 그리고 좌명공신은 정종 2년(1400) 제2차 왕자의 난을 평정하는 데 공을 세운 사람에게 내린 칭호이다.

핵을 가중시킬 행동을 자주 하여, 사태를 더욱 불리한 지경으로 몰고 갔다. 이 교서의 내용은 크게 세 부분으로 나눌 수 있는데, 첫째는 민무구와 민무질이 왕의 은혜를 모르고 죄를 지었다는 것이고, 둘째는 민무구와 민무질은 극형에 처하는 것이 당연하지만 인정 때문에 앞으로 죽이지 않고 천수를 누리게 하겠다는 것이며, 셋째는 민무구·민무질과 다시 왕래하며 결탁하는 자는 법으로 엄히 처벌하겠다는 내용이다.

교서를 내린 지 15일 후 민씨 형제들이 유배지에서 부랑배들과 작당한다고 하여, 민무구를 옹진진에 안치하였다. 그리고 얼마 후 민무구 형제의 옥사를 최대로 악화시킨 사건이 발생하였다. 태종 9년 9월 우정승 이무의 옥사와 조호의 난언(亂言) 사건이 그것이었다. 이무는 "민무질의 일은 중간에서 잘못 전한 것이다. 내가 주상 앞에서 변명하고자 하나 감히 못하였다."라는 말 때문에 참형을 당하였고, 민무구 형제는 다시 제주도에 안치되었다. 그리고 태종 10년 3월 조호가 그 아내에게 "이무 정승은 신채가 매우 아름다우니, 왕이 될 만해!"라고 했기 때문이다. 이 조호의 말로 인해 성석린 등이 죄를 주청하자, 결국 태종은 제주에 있는 민무구·민무질에게 자결을 명하였다. 4년간 끌어온 민무구·민무질 형제의 옥사가 끝났다.

4년 동안 계속된 민씨 형제의 옥사로 정사·좌명공신 가운데 개국의 동조세력 계열 인사 9명이 연루되고, 그 가운데 7명이 옥사 중에 사망하거나 참형에 처해졌다. 그런데 이 민무구 형제의 옥사 사건에 지신사 황희가 깊숙이 개입되어 있었다. 다음 기사는 황희의 졸기에 있는 내용이며, 태종의 밀지를 받아 수행하였음을 알 수 있다.

> 민무구·민무질 등이 권세가 크게 성하여 종지(宗支, 종파와 지파)를 모해하니, 황희는 이숙번·이응·조영무·유양 등과 더불어 밀지를 받아 이들을 도모하였는데, 태종이 일찍이 이르기를, "만약 신중히 하여 빈틈이 없지 않으면 후회하여도 미칠 수 없을 것이다." 하였더니, 여러 민씨들이 마침내 실패하였다.

민씨 형제의 옥사 과정에서 주도적인 역할을 한 사람들로 황희를 비롯한 이숙번(정사 2등·좌명 1등)·이응(좌명 4등)·조영무(개국 3등·정사 1등·좌명 1등)·유량(좌명 4등) 등이라고 하였다. 태종은 이들에게 밀지를 내려 민씨 형제의 옥사 처리를 주도케 하였는데, 황희를 제외하고는 대부분 공신의 출신들이었다. 또한 옥사를 도운 이화·이서·조영무는 개국공신들로 그 세력을 대표하는 인물들이다. 유량은 개국공신은 아니지만, 태조를 잠저 때부터 시위한 공으로 원종공신에 참여하였다. 이숙번은 태조 2년(1393)에 등과한 신진으로 하륜을 매개로 이방원과 연결되었다. 이응은 태종의 휘하 인물이었다.

그런데 공신도 아닌 황희가 이 사건의 주도적인 인물이 된 것은, 태종이 누구보다 신뢰하였기 때문이다. 이화 등이 민무구 형제를 처벌하기를 상소한 두 달 보름 후, 태종은 은밀히 황희에게 허조가 민무구 등의 불충한 죄에 대해 침묵하고 있음을 질책하면서, 민무구 등의 술책에 빠지지 않도록 주의를 당부하였다.

"너와 박석명이 매양 허조가 쓸 만하다고 천거하였다. 지금 내가 비록 (민무구 형제를) 중궁의 친속이라 하여 사사로운 정에 끌려서 곧 과감하게 결단하지 못하나, 대소 신민이 분노하여 민무구 등의 불충한 죄를 분주하게 아뢰는데, 허조는 집의가 된 지 여러 날이 지난 후 떠나면서 못 들은 체 하고 침묵을 지키며 한마디 말도 하지 않았다.
 그 마음에는 반드시 민무구 등의 근거를 뿌리 뽑기 어려우며, 만약 그 죄를 말하였다가는 후환이 있을까 두려워한 것이다. 그 아부하는 것이 분명한데, 이것이 간사하지 아니한가! 너희들은 허조에게 뿐만 아니고, 마땅히 다른 사람도 그 사람의 충사(忠邪)를 살펴 천거해서 써야 한다. 나는 두렵건대, 당부하는 자가 많으면 마침내 민무구 등의 술책에 빠지게 될까 염려된다. 너희들은 마땅히 더욱 조심하라."

태종이 민무구 등의 근거를 뿌리 뽑겠다는 의지를 황희에게 보인 것이며, 민씨 형제에 대한 경계가 매우 컸음을 알 수 있다. 그리고 다음 글에서도 황희가 민무구 형제의 옥사를 주도하였음을 알 수 있다. 이는 태종이 황희를 자식같이 대하고 공신보다 더 가까이 하였으며, 태종이 '내가 죽는 날에 황희가 따라 죽기를 원할 것이다.'라고 생각할 정도로, 황희가 충성하여 태종을 보좌하였기 때문이다.

태종이 황희를 남원으로 유배를 보내면서 한 말이다.

> 황희는 오랫동안 지신사가 되어 민무구 등을 주멸하는 일을 주모하여 민씨 일족과 원수를 맺었다. … 내가 황희에게 대해서는 사람이 타인의 자식을 양육하는 것같이 하였고, 또 부모가 자식을 무육(撫育)하여 기르는 것같이 하였다. 대언에 구임(久任)하였다가 전직시켜 성재(省宰, 2품 이상의 벼슬)에 이르게 한 것은 공신으로 비할 바가 아니었다. 그리하여 일찍이 이르기를, '내가 죽는 날에 황희가 따라 죽기를 원할 것이다.'라고 하였다.

황희는 민무구 형제의 옥사를 거국적인 차원에서 결행하였다고 본다. 여기에는 태종이 황희를 전폭적으로 신임하여 모든 정사를 그와 같이 논의하였기 때문에 적극적으로 가담한 것이다. 사실 태종은 황희보다 네 살 아래이다. 그런데도 태종이 황희를 자식같이 돌보았다는 것은 군신의 예를 다한 황희의 관대함과 정대함이 있었기 때문이다.

II

쉽게 얻어지지 않는 올바름

1. 하륜에게 간사한 소인이라 비난받다

경승부윤(敬承府尹) 이현의 딸은 행수 이중무의 아내인데, 이지호가 그녀를 수양으로 삼았다. 이에 이현은 노비와 가재를 모두 이지호에게 전해 주었다. 그런데 태종 14년 9월에 이지호가 죽었다. 이지호를 시양(侍養)으로 삼은 전 칠원 감무(柒原監務) 장수(張脩)가 이지호의 노비를 자기의 노비라고 하며 이중무와 소송을 벌였다. 이현은 제때에 위에 보고하지 못하고, 나중에 거짓으로 꾸며 사헌부에 소장을 접수하였다. 사헌부는 이를 자세히 살피지 않고 호조 판서 박신에게 보내고, 방장 좌랑 하지명 등이 이중무의 손을 들어 주었다. 그러자 장수가 신문고를 울려 호조의 판결이 잘못이라고 주장하였다.

이에 태종은 그 소송을 육조에 내려 사건의 시시비비를 따져서 바로잡게 하였다. 하지만 육조의 판서들이 조사도 하지 않고 모두 장수가 거짓을 꾸민 것이라 하였으며, 또 소송 관련 문서가 있는데도 위조하였다고 여겨 노비를 모조리 관아에 귀속시켰다. 전 이조 판서 한상경과 현 이조 판서 황희 등은 마땅히 '기한 내에 신정(申呈)*하지 않은 것이므로 수리하지 못합니다.'고 아뢰었어야 했는데, 소송을 심리하지도 않고 기한 내에 소장이 접수된 것으로 처리한 것이다.

태종이 다시 승정원에 내려 사실을 조사하게 하였더니, 육조에서 교지(敎旨)를 따르지 않은 것이 드러났다. 한마디로 재심 청구된 노비 소송 사건을 보지도 않고 육조에서 잘못 판결한 것이다. 그래서 화가 난 태종은 "이 노비에 대한 일은 일찍이 의논에 참여하였는데, 어찌하여 정밀히 살피지 못하고 육조와 함께 통함이 이와 같았는가? 어찌 사슴을 가리켜 말이라고 한 자와 다르다 하겠느냐?" 하고 황희 등을 파직하였다.

하지만 태종은 한 달도 지나지 않아 황희를 행랑도감 제조로 삼았으며, 그해 11월에는 의정부 참찬에 제수하였다. 모든 국사를 정대하게 처리한 황희였지만, 원숭이가 나무에서 떨어진 격이었다.

이 사건이 있은 후 1년 정도 지난 태종 16년, 황희는 '근거 없는 노비를 사용하고 있다'는 무고를 당했다.

---

* 아래 관원이 위 관원에게 글을 써서 아뢰는 것.

전 전라도 수군도절제사 홍유룡의 첩 정향이 황희에 대해 헛소문을 낸 것이다. 이 사건은 사헌부에 정식으로 소장을 제출한 것도 아니요, 또한 신문고를 친 것도 아니었다. 다만 정향이 공공연하게 이조 판서 황희가 근각(根脚)*이 없는 노비를 사용한다고 말하였다. 이에 정향을 잡아들이고, 태종은 의금부에 내려 추국하게 하였는데 정향이 잘못을 자백하였다. 그러나 홍유룡은 오히려 이 사건을 임금이 알지 못한다고 주장하여, 그를 의금부로 보내 증거를 대며 묻자 거짓이었다고 자백하였다. 이 일로 태종은 홍유룡을 자원부처(自願付處)하게 하였다. 홍유룡의 죄는 장 1백대에 도 3년에 해당하지만 그가 태조의 원종공신**이었기 때문에 감형한 것이다.

이 두 노비 사건이 있은 후 하륜은 황희를 '간악한 소인'이라고 비방하였다. 훈구대신들은 태종의 총애를 받는 황희가 탐탁하지 않았다. 태종은 하륜을 매우 충직한 신하로 여겨, 그 덕의를 높여서 신하라고 일컫지 않고 항상 빈사(賓師)로서 대접하였다. 하륜은 이방원(태종)을 도와 왕위에 오르게 하여 좌명공신 1등에 책록되고, 왕권을 강화하기 위해 정치제도를 개편하는데 주도적인 역할을 하였다. 6조직계제(六曹直啓制)를 도입하여 각 판서들의 권한을 강화하고 왕에게 업무를 보고하게 만들었으며, 의정부의 권한을 축소하게 하여 왕권강화의 기틀을 다지는 데 공헌한 인물이다. 그런 하륜이 태종에게 실봉(實封, 밀봉)을 보내, 근신인 황희와 심온을 비방하므로 태종은 심기

---

* 죄를 범한 사람의 죄상·이름·생년월일·인상 및 그의 조상에 관한 사항을 기록한 표.
** 큰 공을 세운 정공신을 정할 때 그에 따라 작은 공을 세운 사람에게 준 공신 칭호.

가 매우 불편했다. 이에 태종은 지신사 조말생에게 "황희는 내가 일찍부터 한집안으로 대접해 왔고, 더군다나 심온은 충녕대군의 장인이다. 이 두 사람이 무슨 불초한 것이 있기에 비방하기를 이와 같이 심하게 하는가?" 하고 하륜의 집으로 가서 그 까닭을 물어오라고 명하였다.

하륜은 1년 전에 황희를 파직시킨 이중무의 노비 오결 사건과 황희를 무고한 홍유룡 첩의 노비 소송을 언급하면서, 그 외에도 소인배나 할 일을 많이 하였다고 말했다. 조말생이 이 말들을 태종에게 아뢰니, 하륜이 이미 무고로 밝혀진 노비 문제 등으로 황희를 비방하므로 태종이 그를 언짢게 생각하였다.

하륜이 황희를 비방한 이유는 세종 13년의 기사에서 볼 수 있다. 세종대왕이 지신사 안숭선과 나눈 대화이다.

안숭선: 정사를 의논하는데 있어 깊이 계교하고 멀리 생각하는 데는 황희와 같은 이가 없습니다.

세종: 경의 말이 옳도다. 지금의 대신으로는 황희와 같은 이가 많지 않다. 전에 지나간 대신들을 말하자면, 하륜·박은·이원 등은 모두 재물을 탐한다는 이름을 얻었는데, 하륜은 자기의 욕심을 채우기를 도모하는 신하이고, 박은은 임금의 뜻을 맞추려는 신하이며, 이원은 이익만 탐하고 의(義)를 모르는 신하였다.

안숭선: 참으로 하교와 같습니다.

세종: 태종께서 황희를 지신사로 삼고자 하여 하륜에게 의논하시니, 하륜이 말하기를, '황희는 간사한 소인이오니 신용할 수 없습니다.'고 하였으나, 태종께서는 듣지 아니하시고 마침내 제수하셨는데, 이로부터 하륜과 황희는 서로 사이가 나빠서 매양 단점을 말하였다. 조말생은 하륜의 편인데, 하륜이 집정하자 조말생에게 집의를 제수하매, 그때 황희가 대사헌으로 있어서 고신(告身)에 서경하지 아니하니, 하륜이 두 번이나 황희의 집에 가서 청하였으나, 황희가 듣지 아니하였다. 하륜이 항상 스스로 말하기를, '태종께서 황희를 지신사로 삼기를 의논하시기에 내가 헐어 말하였더니, 황희가 이 말을 듣고 짐짓 내 말을 이처럼 듣지 않는다.'고 하였다.

하륜은 태종 때 영의정이 되어 70세에 벼슬을 그만두었고, 세종 때에 박은은 좌의정을 지냈으며, 이원 역시 좌의정까지 지냈지만 말년에 많은 노비를 불법으로 차지하는 등 지나친 위세를 부려 사람들의 지탄을 받아 공신녹권까지 박탈당하고 귀양 생활을 하다가 죽은 인물이다. 하륜이 황희를 비방할 계제가 못된 것이다.

아무튼 이 사건이 있은 후 황희는 그 해에 또 한 번의 노비 소송에 휘말린다. 이 소송은 소사란 여인이 청구한 사건으로 처음엔 의금부·대간·대언에게 명하여 함께 심리하였는데, 소사가 오결이라고 주장하여 그 남편 학생 김경을 시켜 소장을 써서, 임금이 행차할 때

대가(大駕) 앞에서 "황희 판서의 단자(單子) 때문에 오결한 것입니다."라고 호소하였다. 이에 태종은 의정부·의금부·한성부·형조·도관·대언에 명하여 함께 핵실하게 하였다.

심리 결과 고소한 것은 본래 사실이 아니며, 황희의 단자 때문에 오결하였다는 것 또한 거짓이었다. 이에 태종은 김경에게 장 1백 대를 때리고, 그 아내 소사는 장 60대·도 3년에 처하여 원평(原平, 지금의 파주)의 관노로 보내는 벌을 내렸다. 이처럼 황희는 노비와 관련한 소송으로 구설수에 오르고, 훈구대신 하륜의 비방을 받는 등 곤욕을 치루기도 하였지만, 그와 직접적인 관련이 없는 사건들이었다.

2. 뇌물 사건에 혼자만 자수하다

황희는 태종 18년에 남원에 안치되었는데, 그의 나이 60세(세종 4년)에 세종대왕의 부름을 받고 올라와 의정부 참찬을 제수받았다. 그리고 예조 판서와 강원도 도관찰사를 거쳐 세종 6년 10월에 의정부 찬성(종1품)이 되었다. 또한 세종 7년 3월에는 찬성 겸 대사헌에 제수된다. 대사헌은 사헌부 수장으로 지금으로 말하면 감사원장에 해당한다. 황희는 이미 20년 전(태종 10년)에 1년 정도 대사헌을 지냈다. 그런데 세종대왕은 왜 황희의 품계보다 낮은 직책인 대사헌을 겸하게 하였을까? 그것은 황희가 조정의 기강을 바로잡아 관리들의 뇌물 등 부정부패를 막을 수 있는 적임자로 여겨졌기 때문이다.

그 당시 얼마나 뇌물이 성행하였으면 세종대왕이 "관리들이 관가의 물건을 공공연하게 뇌물로 주고도 태연하게 여기면서 조금도 괴이쩍게 생각하지 아니하고, 그 중에 주는 것을 받으려고 하지 아니하는 자는 도리어 기롱과 조소를 받는다."라고 말할 정도였다.

세종대왕은 뇌물이 성행한 원인이 관가의 소유물을 남에게 준 경우만 죄가 있고, 받은 사람은 처벌하지 않았기 때문이라고 생각하였다. 그래서 쌍벌죄를 적용하여 뇌물을 준 자와 받은 자 모두를 처벌하여 뇌물 풍토를 근절시키고자 하였다. 하지만 대신들의 생각은 전혀 달랐다. 영의정 유정현과 성산부원군 이직·좌의정 이원·대제학 변계량·이조 판서 허조·예조 참판 이명덕 등은 세종대왕이 구상하고 있는 뇌물 쌍벌죄에 대해 우습게 생각했다.

유정현(영의정): 이와 같은 일(뇌물 쌍벌죄)을 아뢰어서 법을 세우는 것이 유사의 직책입니다.

이원(좌의정): 이제 헌부에서 신더러 남이 준 뇌물을 받았다고 하므로, 신은 이 일에 대해서 감히 가부를 말하지 못하겠나이다.

유정현(영의정): (희롱하듯이) 나 같은 늙은 자가 음식이나 향포(香脯)를 받는 것이 무엇이 해로울 것이 있겠습니까?

변계량(대제학)·허조(이조 판서): 먹는 물건을 주고받는 것은 해로울 것이 없을 것 같은데 하필 모두 금할 것이 있겠사옵니까?

그 당시 뇌물에 익숙해진 대신들은 관의 물건으로 주는 육포 정도는 뇌물로 여기지 않은 것이다.

결국 사헌부에서는 세종대왕의 뜻에 따라 "지금부터는 뇌물을 일절 엄금하고, 외관(外官)이 주고 보내는 것도 역시 모두 엄금하되, 법을 어기고 주고받는 자는 모두 청렴하지 아니한 죄로 다스리게 하소서. 이제 전조의 습관이 아직도 다 개혁되지 아니하여, 경외(京外)의 관리들이 성문된 법을 지키지 아니하고 편지를 사사로이 왕래하여 관가의 소유물을 공공연하게 보내 주니 매우 미편한 일입니다. 지금부터는 일절 『육전』에 의하여 엄금하되, 금하는 것을 어기고 준 자나 받은 자를 모두 다 장물을 계산하여 율에 따라 죄를 판정하여, 선비의 풍습을 신칙하게 하소서." 하였다. 세종대왕은 곧바로 뇌물 쌍벌죄를 시행하도록 하면서, 사헌부에 뇌물을 준 자와 받은 자는 모두 벌주도록 엄중히 고시하라 하였다.

그 당시 조진·왕효건·최세온·이지실이 장물을 범한 죄로 탄핵당하였는데, 대신과 조정의 관원들 중에 그들로부터 뇌물을 받아 연루된 자가 매우 많았기 때문이다. 좌의정 이원도 최세온에게 표피(豹皮)와 이지실에게 표지(表紙)를 받았으므로 역시 헌부의 탄핵을 당하였다. 그러나 이원 등은 쌍벌죄를 시행하기 이전에 받은 것이기 때문에 처벌 받지는 않았다.

그래서 세종대왕은 이 법을 엄격하게 시행하기 위하여 청렴하고 공명정대한 황희를 대사헌에 제수한 것이다. 그런데 황희가 대사헌이 되기 전에 받은 뇌물 사건이 터졌다. 세종 7년 3월 1일 대사헌이 되었는데, 황희의 뇌물 사건은 3월 20일에 발각되었다. 뇌물 받은 다른 사람들은 은폐하고 모두 숨었는데, 황희만 남원 부사 이간이 보낸 유지 안롱(鞍籠)을 받았다고 자수하였다. 그때 사람들은 황희 혼자서만 어질다고 하였다.

사헌부에서는 이를 조사하여 이간의 뇌물을 받은 사람 중에서 먼저 대사성 황현과 양주 부사 이승직·한을기·황득수·장영실·구중덕·조맹발·기석손 등을 추고하고 법률에 따라 죄를 정하였는데, 장물이 관(貫)* 이하이므로 태 20대의 벌을 내렸다. 그리고 황희도 이간이 주는 뇌물을 받았기 때문에 찬성과 사헌부직에서 파면당하였다.

황희는 1년 전에 세종대왕이 제정한 뇌물 쌍벌죄를 적용받은 첫 사건의 당사자가 된 것이다. 주범 이간은 남원에 부임한 이후 관용 물자를 여러 곳에 뇌물로 주어, 범죄한 것을 것을 계산하니 총 24관(240냥)이었다. 법대로 하면 곤장 100대에, 2,500리 밖으로 귀양보내고 자자(刺字)**하는 형에 해당하지만, 세종대왕은 자자하는 것은 그만두고 형을 한 등 감하여 충주 경원 창직(倉直)으로 명하였다.

3. 양녕대군의 국문을 청하다

세종대왕은 즉위한지 나흘만에 폐세자된 양녕대군에게 환관을

---

* 무게의 단위. 한 관은 한 근의 열 배로 3.75kg에 해당한다.
** 죄인의 얼굴 등에 상처를 내고 먹물로 글자를 새겨 전과를 표시하는 일.

보내 술과 고기, 면포, 비단 각 10필과 베 100필을 내려주었다. 남다른 형제간의 우애를 보여 준 것이다. 그 후 양녕대군은 경기도 광주로 물러나 살았다. 하지만 양녕대군은 광주에 살 때도 버릇을 고치지 못하고 기생을 집에 들이기도 하고, 자정이 넘은 한밤중에 편지를 써 놓고 담을 넘어 도망간 경우도 있었다. 뿐만 아니라 매사냥을 하다가 광주 아전의 첩을 보고 빼앗으려 한 경우도 있었다. 이에 조정 신료들의 주청으로 양녕대군이 타고 다니는 말을 빼앗고, 사람을 시켜 파수를 보게 하여 집 밖으로 드나드는 것을 금지하였는데, 세종대왕은 이를 풀어 주고 싶어 영의정 유정현 등에게 부탁하곤 하였다. 형님에 대한 예우를 다 하고자 함이다.

> 양녕은 죄가 일신에 관계된 것뿐인데, 항상 사람을 시키어 파수를 보게 하여 그 드나드는 것도 금지하니, 내 마음에 미안하여 상왕께 아뢰었더니, 상왕께서도 역시 허락하시었다. 그 찬수를 공궤하는 것은 자기 집 노비를 시키어 장만하게 하고, 만일 출입할 일이 있으면, 자기 말을 타는 것을 허락하고, 또 자기 집 환관 한 사람을 시켜 그 돈과 재물을 맡게 하고, 구속하고 감시하지 아니하는 것이 어떠하냐?

하지만 양녕의 행실은 달라지지 않았다.

태종이 승하하자(세종 4년 5월 10일) 조정 대신들은 합심하여, 이때다 하고 양녕대군을 탄핵하였다. 탄핵 사유는 광주로 내쫓긴 이후에도 허물을 고치지 않고 담을 넘어 기녀를 범하고, 태종이 죽어 관이 빈소에 있는데도 사람을 청하여 농가를 부르게 하고, 종자에게 이르기를 '즐겁다.'라고 말한 것, 또한 장례를 마치자마자 들판을 달리면서 개를 놓아 짐승을 쫓게 하고, 틀을 설치하여 짐승을 잡았으며, 사람에게 술을 먹여 사망하게 한 것이다. 하지만 세종대왕은 대신들의 탄핵을 윤허하지 않았고, 대신 양녕대군의 거처를 좀 더 먼 청주로 옮기게 하였다.

양녕대군이 청주로 옮긴지 얼마 되지 않아, 세종대왕은 신하들의 반대에도 불구하고 그의 거처를 다시 경기도 이천으로 옮기도록 하였다. 그 후 정치적 반란의 가능성을 우려한 신하들은 양녕대군에게 조금의 잘못만 있어도 격렬하게 탄핵하였다. 그럼에도 불구하고 세종대왕은 그런 탄핵이나 난언에 휘둘리지 않았고, 1년에 한 번 정도 양녕대군을 궁궐에 불러 우애를 나누었다. 뿐만 아니라 좋은 것이 있으면 항상 나누어 주었다.

세종 9년 1월 임금이 좌의정 황희·우의정 맹사성 등을 불러 "내가 양녕대군을 보지 못한 지가 지금 5년이나 되었다. 오는 29일은 친척이 모이는 날인데, 내관을 이천에 보내 양녕을 불러 서로 만나 보고자 하니, 다같이 즐겁게 서로 만나 보는 예를 어떻게 하면 좋겠는가?"라고 물었다. 그러나 이직 등은 태종이 '내가 살아 있을 때는 이 제가 아직도 서울에 들어올 수 있지마는, 내가 죽은 뒤에는 서울에 들어올 수 없다.'고 한 유훈을 들면서 반대하였다. 하지만 세종대왕은 모두 물리치고, 1월 29일 동교(東郊)에 행차하여 양녕대군을 불러서 보고 연회를 베풀었다.

여러 신하들은 처음에는 우연한 행차인가 했을 뿐 이제(양녕대군)를 부른 것이라고는 미처 생각하지 못하였다. 다음날 양사(兩司)에서 그 일이 옳지 못하다고 하면서 다시는 이제를 접견하지 마시라고 청하였으며, 또 상참(常參)하는 날에 다시는 이제를 보지 말라고 극력하게 간하였다. 그때 우의정 맹사성과 형조 판서 신개는 입시(入侍)하면서도 묵묵히 한마디 말도 하지 않았다. 이후 대간들은 또다시 양녕대군이 내왕 하지 못하게 하라고 상소했지만, 세종대왕은 윤허하지 않았다. 그러자 좌의정 황희도 육조 판서들과 함께 나서서 양녕대군과 멀리할 것을 청하였다.

그동안 황희는 세종 4년 10월에 복직된 이후 양녕대군에 대한 일을 언급하거나 전면에 나서지 않았다. 남원 귀양에서 돌아온 후 실로 5년 만에 양녕대군의 일을 말한 것이다. 양녕대군의 폐세자 반대로 5년 동안 귀양을 간 황희로서, 또 다시 양녕대군에 대한 말을 하는 것이 쉽지 않았다. 양녕대군에 대한 트라우마가 그를 압박하고 있었다고 본다. 하지만 조정의 수장이 된 좌의정 황희는 더 이상 방관자로 좌시할 수만은 없었다. 그래서 세종대왕이 양녕대군을 가까이 하지 말기를 청한 것이다.

그리고 세종 10년 1월에 좌의정 황희는 호조 판서 안순 등과 함께 상소하여 양녕대군의 죄를 국문하기를 청하였다. 황희가 양녕대군에 대한 과거에서 완전히 벗어난 것이다. 물론 세종대왕은 윤허하지 않았다.

황희가 세종대왕에게 올린 상소이다.

양녕대군 이제는 종사와 군부에게 득죄하였는데도 특별히 전하의 우애하신 덕을 입어 생명을 보전하여, 가까이 경기 내에 거주하면서 자주 부름을 받았으니 그의 영광과 다행함이 지극합니다. 마땅히 조심하고 근신하여 성은의 만분의 일이라도 보답해야 될 것인데, 지금 잡인들과 사통하여 좌군비(左軍婢) 윤이를 불러 간통하고는 거리낌이 없었으니 그 죄가 이미 큰데도, 드디어 세자 때부터 간통하였다고 거짓으로 일컫고 그 역을 면제해 주기를 청하였으니, 성상을 속임이 또한 이미 극도에 달했습니다. 윤이의 모녀를 가두었다는 말을 듣고는 분이 나서 글을 올리매 언사가 패만(悖慢)하였으니, 신하가 되어 임금을 속이고 불경하였으므로 죄가 이보다 중한 것이 없습니다.
삼가 바라옵건대, 전하께서는 대의로써 결단하시어 이제를 유사에 내려 그 사유를 국문하고, 그 죄를 명백히 다스려서 만세의 군신의 분의(分義)를 엄하게 하소서.

이 상소는 황희가 조정의 수장으로서 그동안 넘지 못한 벽을 허문 것이다. 복귀 5년여 만에 그의 소신 있는 정사를 다시 찾은 계기가 되었다. 그러나 세종대왕이 윤허하지 않자, 황희는 양녕의 작록을 회수하고 먼 변방으로 내쫓으라고 또다시 상소하였다. 그 후로부터는 황희는 "대간이 양녕대군 이제의 죄를 정쟁(庭爭)하여 여러 달이 되었으나, 전하께서 굳이 거절하시고 듣지 않으시니, 신 등은 옳지 못하다고 생각합니다."라고 하는 등 양녕대군에 대한 조정의 뜻을 앞장서 강력하게 주장하였다.

물론 세종대왕은 조정의 뜻과는 상관없이 양녕대군과 형제간의 우애를 나누었다. 세종대왕은 오히려 양녕대군의 자리를 차지하였다는 생각에 늘 형을 가까이 두고 형제의 도리를 다하려고 하였다.

이후에도 양녕대군을 처벌하라는 상소와 대궐에 불러서는 안 된다는 상소가 계속되었지만, 세종대왕은 요지부동이었다. 세종대왕은 계속하여 양녕대군에게 잔치를 베풀며, 술과 고기 등 별식을 내려주기도 하였다.

하지만 세종 13년 10월 영의정에 제수된 황희는 그 뒤 더 이상 양녕대군의 일에 앞장서지 않았다. 다만 세종 17년 세종대왕이 "내가 그로 하여금 서울의 집에 들어와서 거주하기를 효령대군의 예와 같게 하고자 한다." 하니, 영의정 황희는 "양녕은 행하는 바가 광망하여 평상시에 접견하는 것도 진실로 옳지 못하온데, 무예를 연습할 때는 더욱 옳지 못합니다."라고 말하는 정도였다.

그리고 황희가 양녕대군에 대해서 마지막으로 언급한 말은 세종 17년 12월 세종대왕이 편치 못하여 문안드리고 나서, "양녕을 후하게 대접하여 금방(禁防)을 풀어 놓았으니, 비록 옛날의 순임금의 덕일지라도 이보다 더하지 못할 것입니다. 그러나 태종의 유명이 완연히 귀 옆에 있는 듯하니 접견하는 것도 오히려 옳지 못하거늘, 하물며 금방을 풀게 하는 명령을 내린 것이야 어떻겠습니까. 신 등은 삼가 교지를 내린 것을 듣고 실로 매우 분하게 여기오니, 원컨대, 전하께서는 태종의 유명을 어기지 마옵소서." 하는 당부였다. 황희는 세종대왕에게 애틋한 마음으로 그저 조심하시라는 정도였다. 황희가 세종대왕의 마음을 충분히 알고 있었기 때문이다.

4. 태석균 사건에 청탁하여 탄핵받고 파직당하다

태석균의 사건은 세종 12년 10월에 일어났다. 사재 주부(종6품) 태석균이 제주 감목관으로 있을 때 많은 말이 죽은 일이 있었다. 태석균은 죄를 벗고 녹봉을 받고자 하여 사헌부 관원에게 청탁하고, 또 총제 신장과 상호군 고득종에게 이야기하여 청탁해 주기를 부탁하였다. 이에 신장은 태석균의 말을 듣고 대사헌 유계문·장령 이치에게 청하여 속히 결재하여 주라 하였는데, 유계문과 이치가 신장의 청탁을 들어주었다. 집의 이심은 좌의정 황희의 청탁을 들었고, 장령 옥고와 지평 유한생은 유계문의 말에 따라서 죄를 처결하기도 전에 태석균의 고신(告身, 직첩)에 서명하였으며, 또 제 시기에 녹봉을 받기 위하여 밤에 죄 주기를 청하는 계본을 올렸다. 고득종은 태석균의 녹봉받는 문제를 대언사에 요청하였으나 아직 시행하기 전이었다. 이러한 사실을 추국한 의금부는 태석균·신장·유계문·이심·이치는 장 1백을, 옥고와 유한생은 장 80을, 고득종은 장 50을 벌주도록 청하였다. 그리고 사헌부에서는 황희의 죄를 청하는 상소를 올렸다.

태석균은 감목관 직책을 띠고 있으면서 그 책임을 다하지 못해 나라의 말 1천 마리를 죽게 하였다. 그 죄가 가볍지 않은데도 황희는 모든 관리의 우두머리 자리에 앉아서 공정해야 함에도 태석균을 빼내주려 하였다. 사헌부는 상소에서 '옳고 그른 것을 전도하여 국가의 법을 어지럽히고 있으니, 법에 의하여 죄를 다스려 국법을 바로잡으소서' 하며 황희의 죄를 청하였다.

하지만 세종대왕은 그 말은 옳다고 하면서도 '대신은 가볍게 죄를 주지 못한다'고 하였다. 그러자 사헌부는 또 다시 상소하며, '과오라면 용서해야 되겠으나, 고의로 저지른 죄는 용서할 수 없다'고 하고, 또한 전일에 사위인 서달의 죄를 청탁하여 이를 용서하여 주었는데, 지난 번에 책임을 묻지 않아 습관이 된 것이라며 거듭 죄를 청하였다. 이에 세종대왕은 "황희는 다만 속히 처결할 것을 청한 것이지, 법을 굽히려는 것은 아니다."라며 오히려 변명해 주었다.

그러나 사헌부의 탄핵 상소가 계속되자 세종 12년에 좌의정 황희는 파면당하고 만다.

사헌부에서 "전하께서 황희를 대우하심에 있어서 은혜가 지극히 우악하셨고 예가 극히 융숭하셨사오니, 마땅히 송구한 태도로 잘못을 고치어 전하께서 애써서 대우하시는 은혜에 보답해야 할 것인데 이를 돌아보지 아니하고, 또 태석균의 문제를 이심에게 부탁한 바, 이심은 황희의 말을 듣고 그것이 안 되는 줄 알면서도 거침 없이 말을 들어 주었으니, 이는 황희로 인하여 법을 굽힘이 환하게 나타났습니다. 이것은 전하께서는 대신으로 황희를 대우하셨는데, 황희는 대신의 도리로 전하께 보답하지 아니한 것입니다. 전하께서 아무리 관직에 머물러 있기를 명하시더라도 황희가 무슨 낯으로 조정에 서서 여러 사람들이 모두 우러러 보는 자리에 있겠습니까? 또한 대신의 권한을 잡은 사람의 청탁에 대하여, 만일 지사(志士)가 아닌 다음에 누가 감히 따르지 않겠습니까? … 바라옵건대, 전하께서는 그를 파면 추방하시고 다시는 등용하지 마시와 청탁과 법을 굽히는 징조를 막으시옵소서." 하니, 세종대왕이 황희의 관직을 파면하였다.

『연려실기술』에는 이 사건을 다음과 같이 기록하고 있다.

공(황희)이 좌상이 되었을 때에 사헌부에서 공이 감목 태석균의 죄를 완화시키려고 대관(臺官) 이심의 아들 백견에게 청탁하였다 하여, 파면시켜서 앞으로 청탁을 받고 법을 굽히는 일이 없도록 하기를 청하였다. 임금이 답하기를, "대신이란 가벼이 죄를 줄 수 없다." 하다가, 뒤에는 사헌부의 청을 윤허하여 그를 파면시켰다. 그러나 후임을 내지 않고 있다가 이틀날 다시 복직시켰다. 사간원에서 소를 올리기를, "황희는 일찍이 의정이 되어 대체를 돌보지 않고 친한 자를 사사로이 돌봐주기 위하여 사헌부에 청탁하였으니, 다만 그 직만 파면하였음은 황희로 보아서는 큰 다행입니다."

정대한 황희도 인정에 끌려 정사를 잘못 처리하였다.

황희는 1년 전(세종 11년)에도 비슷한 실수를 하였다. 평소 친분이 있는 호조 판서 안순의 아들 안숭신이 죄로 처벌받은 지 얼마 되지 않았는데 황희가 관직에 추천한 것이다. 안숭신은 북청부의 백성 세 사람이 기근으로 부종이 나고, 또한 함길도 내에 기근으로 인하여 굶어죽는 사람이 많이 있었는데, 관찰사 최견과 도사 안숭신이 즉시 계달하여 진제하지 않아 관직을 파면당하였다. 그런데 그해 10월 이조에서 전 사직(정5품) 안숭신을 천거하여 경기좌도 찰방을 삼았다. 세종대왕이 "무릇 죄를 범한 관리는 반드시 먼저 계달한 뒤에야 쓰게 되어 있거늘, 안숭신은 죄를 받은 지가 오래지 않은데, 어째서 아뢰지도 않고 갑자기 추천했는가?" 하고 물으니, 안순이 황희와 더불어 친분이 있는데, 황희가 정승이 되면서부터 안순의 아들과 사위를 천재라고 칭찬하였고, 안숭신이 함길 도사로서 죄를 범한 지 겨우 한 달을 지났으므로 천거해서 쓸 수 없는 것을 황희가 억지로 추천한 것이다.

공명정대한 황희에게 작은 오점이라 할 수 있다. 세종대왕은 "황희의 일은 모두 애매하여 나타나지 아니하였으니, 의리로 끊을 수는 없다. 그리고 하물며 나라를 다스리는 대신을 어찌 작은 과실로 가볍게 끊을 것이랴."고 하면서, 황희를 감쌌다. 그리고 세종대왕은 그럼에도 불구하고 그를 영의정에 제수한다.

매사에 정대한 황희도 수차례 국사를 잘못 처리한 일이 있다. 윗사람은 세종대왕처럼 아랫사람의 작은 허물을 덮어 줄 수 있어야 한다.

III

저울추 같은 신념

1. 나라를 다스리는 데 이 사람이 없을 수 없다

　세종대왕은 재위 4년에 5년 동안 유배 중이던 황희를 한양으로 불러 직첩을 돌려주었다. 상왕 태종은 황희가 오자마자 궁으로 불렀다. 이때 황희는 통이 높은 갓을 쓰고, 푸른 색의 거친 베로 만든 단령(團領)*을 입고 남색 조알(條兒)**을 띠고 승정원에 들어왔는데, 막 시골에서 왔으므로 몸체만 큼직할 따름이지 벼슬아치의 기품은 없었다.

　태종은 세종대왕에게 황희를 두고 "나라를 다스리는 데는 이 사람이 없을 수 없다."라고 하였다. 그 당시 상황에 대해 역관 조신(曺伸)

---

*　관원이 평소 집무복으로 착용한 옷.
**　실로 땋아 만들어 매던 띠, 녹사나 별감 등의 낮은 구실아치가 매었다.

의 『소문쇄록(謏聞鎖錄)』에는 다음과 같이 기록하고 있다.

> 태종이 양녕대군을 세자에서 폐위하려는데 황희만이 유독 불가하다고 고집하다가, 마침내 좌천되어 외방에서 6년이나 적거(謫居)하고 있었다. 임금(태종)이 하루는 황희를 불렀다. 황희는 통이 높직한 갓을 쓰고, 벽색(碧色) 굵은 베로 된 단령을 입고서 막 전야에서 왔으므로 모습이 더부룩할 뿐, 조정 벼슬아치의 모습이 없었으나, 사람들은 그다지 기이하게 여기지 않았다. 태종은 "황희가 전날에는 잘못이 있지만, 나라를 다스리는 데는 이 사람이 없을 수 없다." 하고, 즉시 예조판서로 임명하였다.

다음은 황희가 그때의 기쁜 마음을 시조로 읊은 것으로 『가곡원류(歌曲源流)』에 남아 있다.

> 청조(青鳥)야 오도고야, 반갑다 님의 소식
> 약수삼천리(弱水三千里)를 네 어이 건너온다.
> 우리님 만단정회(萬端情懷)를 네 다 알가 하노라.

여기서 님은 태종이다. 태종으로부터 한양으로 돌아오라는 소식을 듣고 기쁨을 참지 못하는 그 심정이 나타나 있다. 그동안 갈 수 없고 올 수도 없는 먼 거리 남원에서, 황희는 이 날만을 기다렸을 것이다.

황희의 복직은 천우신조라 할 수 있었다. 황희가 돌아온 지 3개월 후인 세종 4년(1422) 5월 10일에 태상왕으로 있던 태종이 56세의 나이로 승하했기 때문이다. 만약 태종이 죽기 전에 복직되지 않았다면, 황희는 끝 떨어진 뒤웅박 신세가 되었을 것이다. 태종의 사람으로 쓰임을 받았지만 세종과는 인연은 그리 좋지 않았기 때문이다. 뿐만 아니라 세종대왕이 즉위하고 나서 그를 죽이자는 사람은 많았지만, 복직시켜야 한다고 말한 사람은 한 사람도 없었다. 그러니 황희가 복직되지 못하고 태종이 죽었다면 그의 인생은 그대로 끝날 수도 있었다. 태종은 황희에 대한 이러한 현실을 인지하고 있었다. 그래서 황희를 돌아오게 한 것이다. 태종이 죽기 1개월 전에 한 말이다.

이제 도형·유형으로 안치된 사람들은 나의 백 년 뒤가 되면, 주상이 반드시 부왕 때의 죄인이라 하여 놓아주지 아니할 것이다. 그러므로 일찍이 황희와 이직을 불러 서울로 돌아오게 한 것이다.

태종은 황희의 믿음과 충성심을 저버리지 않았다. 그래서 태종이 세종대왕에게 이르기를, "황희의 전날 일은 어쩌다가 그릇된 것이니, 이 사람을 끝내 버릴 수 없다. 나라를 다스리려면 이 사람이 없어서는 안 된다."고 하였다. 태종이 세종대왕에게 황희를 중용할 것을 종용한 것이다. 태종이 천거한 이유는 황희의 강직한 성품과 충직성, 그리고 사리를 분별하고 판단하는 정확한 판단력 등을 높이 산 것도 있었겠지만, 무엇보다도 그의 일에 대한 의욕과 능력, 그리고 관후 정대한 성품에서 찾아야 할 것이다. 그는 새로운 직책에 임명되면 반드시 그 업무의 전후 사정을 소상히 파악하여 담당업무에 정통해졌고, 필요한 사업을 찾아 적절히 수행하는 추진력도 있었다. 또한 각 조(曹)의 판서(장관직)를 역임하는 동안 수많은 중요한 업무규범을 마련하였고, 새로운 정책을 입안해 관련 부서에 건의하고 시행하였다. 태종은 황희의 이와 같은 업무처리 능력을 높이 평가하였다.

그 결과 세종대왕은 황희를 중용하여 곁에 두고 평생의 치세에 함께 하였다. 나이 어린 세종대왕은 부왕 태종보다 나이가 많은 황희를, 멘토이자 반려자로 삼아 함께하여 위대한 업적을 쌓은 것이다. 태종은 세종대왕을 왕좌에 올리고, 그 왕좌를 보조할 사람까지 천거하여 태평성대를 누리게 하였다. 사람의 선택이 얼마나 중요한 일인지를 보여준 것이다.

하지만 황희를 불러 서울에 돌아오게 하자마자, 사간원 지사간 허성 등은 때를 기다렸다는 듯이 "황희는 일찍이 재보(宰輔)가 되어 난역의 죄를 거짓으로 가볍게 다루었고, 또 위에서 묻는 데 대하여 사실대로 대답하지 아니하였으니, 그가 충성하지 못하고 정직하지 못한 마음을 품어 말과 행동에 나타난 것이 명백합니다. 형에 처하지 않고 다만 외방에 내쫓기만 하여 그 목숨을 보전하게 하니, 온 나라 신민이 실망하지 않는 이가 없었습니다. 지금 특별히 용서하여 서울로 불러 돌아오게 하니, 다만 사람들의 보고 듣는 데만 놀라울 뿐 아니라 실로 종사의 큰 계책에 어긋남이 있습니다. 삼가 바라옵건대, 전하께서 황희를 형에 처하여 신하가 충성하지 못하고 정직하지 못한 자의 경계를 삼을 것입니다."라고 상소하여 다시금 황희의 죄를 청하였다.

이에 세종대왕은 "황희의 죄는 처음부터 명칭해서 말할 만한 것이 없고 태상왕께서 스스로 결단한 것뿐인데, 경들이 어찌 이를 아느냐?" 하면서, "황희의 죄를 충성하지 못하다고는 논할 수 없으며, 또 이미 서울에 돌아왔으니 이를 고칠 수 없다."라고 물리쳤다.

그러자 사헌부에서는 재차 황희와 함께 하는 세상에서 살 수 없다는 과격한 표현을 쓰면서, 법대로 처결할 것을 주청하였지만 세종대왕은 궁중에 두고 비답을 내리지 아니하였다.

60세에 돌아와 세종대왕과 새로 시작한 관직 생활은 쉽지 않았다. 그것도 끝까지 방패가 되어줄 수 있었던 태종마저 오자마자 승하했으니······.

2. 5년 만에 세종대왕의 마음을 사로잡다

세종 9년 1월 좌의정에 제수된 황희는 그해 6월 사위 서달의 사건으로 좌의정에서 파직되었지만, 7월 다시 좌의정에 복직되었다. 그리고 얼마 안 되어 모친상을 당했다. 이때 세종대왕은 부의로 쌀과 콩 50석과 종이 1백 권을 내렸다.

다음 시는 세종 때 영의정을 지낸 이직(李稷, 1362~1431)의 『형재시집

(亨齋詩集)』에 있는 칠언율시(七言律詩) 〈좌상 황공 모친 만사(左相黃公母氏 挽詞)〉이다. 이 시에 황희의 어머니라고 명시되어 있지는 않지만 이직이 세종 13년에 사망하였으며, 조선 초기 재상을 지낸 황씨 인물로 볼 때 황희의 어머니에 대한 시이다.

    나이 든 아들은 높은 반열의 조정의 대신
    하늘이 내린 운수에 응해 충신이 나왔네
    높은 문 만들고 경사스러운 일 어찌 우공뿐이랴*
    성대한 덕으로 이웃을 고른 맹자 어머니 칭찬들 하네**
    여러 자손들 벼슬길에서 입신양명하였고
    수절하신 굳은 절개에 시인을 감동시킨다네
    황천에서 조금도 유감없으리라는 것을 알겠으니
    인생의 슬픔과 영광 팔십을 넘기셨도다
    老子崇班聳搢紳
    天敎應數出忠臣
    高門豈獨于公慶
    盛德皆稱孟母隣
    通籍諸孫揚宦路

---

* 우공은 한나라 때 재상을 지낸 우정국의 아버지인데, 그는 집의 대문을 수리하면서 훗날 자손들이 잘될 것이니 높은 수레가 드나들 수 있도록 문을 높게 만들라고 지시하였다. 과연 그의 말대로 훗날 그의 아들 우정국은 승상이 되었고 손자 역시 제후에 봉해졌다.

** 맹자의 어머니는 자식의 교육을 위해 어려운 형편에서도 세 번이나 이사했는데, 여기에서는 황희의 모친이 자식들의 교육을 훌륭히 해내 자손들이 잘된 것을 기리는 말이다.

兩髦全節動詩人
定知無憾重泉下
終始哀榮過八旬

이직과 황희는 특별한 관계였다. 이직은 황희와 함께 충녕대군의 세자책봉을 반대하여 성주에 안치된 인물이다. 그리고 세종 4년 황희와 같이 풀려나 세종 6년에 영의정에 제수되었고, 세종 8년 좌의정에 전직되어 이듬해 사직하였다. 이 시에서 그는 황희를 충신이라 하였으며, 팔순까지 25년을 혼자 사신 황희의 어머니를 맹자의 어머니에 견주어 칭송하였다.

황희는 어머니의 상을 당하자 좌의정을 사직하였다. 조선시대에는 부모가 상을 당하면 3년 동안 벼슬에서 물러나는 것이 법이었다. 그런데 세종대왕은 황희의 후임을 두지 않고 있다가 두어 달이 지나 기복(起復)하게 하였다. 황희가 기복할 무렵 세자가 명나라에 조근(朝覲)하게 되어 있어서, 황희를 수행시키도록 하기 위해서다. 이 기복은 세종대왕이 하루빨리 황희를 곁에 두고 싶어 행한 편법이었다. 그만큼 황희는 세종대왕과 함께한 지 5년 만에 왕의 마음을 사로잡은 것이다. 세종대왕은 부왕 태종처럼 황희의 성품과 자질에 매료되었다. 황희는 두 번이나 전(箋)*을 올려 간곡히 사직하려 했으나 허락하지 않았다.

---

* 흉사가 있을 때 신하가 임금께 올리는 글.

신이 이전 임오년(태종 2)에 부친상을 입었을 때 겨우 삼시(三時)에 이르러 탈정하여 종사하게 되어 복제를 마치지 못하였습니다. 그때에는 사세가 궁박하여 사피(辭避)함이 용납되지 않았으므로 자식의 직분을 폐지하였으나, 지금 와서 돌이켜 생각하면 슬픈 감정이 마음속에 얽혀있습니다. 이제 또 죄가 중하여 화를 이루어 어미가 세상을 버리어 이 애통망극한 일을 당하오매 오직 힘써 상제대로 따라 망극한 정을 조금이나마 풀어 볼까 생각하옵더니, 겨우 석 달을 넘기자 문득 기복의 명을 받잡게 되오니 천지에 부끄럽고 두려움이 그지없습니다.

탈정(奪情) 기복이란 것은 진실로 좋은 법이 아닙니다. 전쟁으로 위급하고 어려울 때에 국가의 안위를 책임지고 좌우하는 사람이라면 부득이하여 임시로 그렇게 할 수도 있겠으나, 요즈음처럼 무사태평한 때에 어찌 부득이하다 하여 권도로 행하는 제도에다 보잘것없는 몸을 적용하여 고금의 대전을 무너뜨릴 수 있겠습니까?

또한 동궁을 모시고 중국에 들어가 황제를 뵈옵는 일은 어찌 신과 같이 우매한 사람이 능히 맡을 수 있는 일이겠습니까? 반드시 순정하고 강명(剛明)하며, 지식이 전고(典故)에 통달하여 안에 있어서는 행실에 실수가 없고, 밖으로는 기롱과 비방을 받음이 없는 자를 택한 연후라야 물망에 부합하고, 그 직분에 누가 되지 않을 것입니다. 신은 본디 용렬하고 비루한 자질로 다행히 성은을 입사와 재보의 직을 받자오니 항상 복속(覆餗)*의 부끄러움을 품었사온데, 더군다나 지금 슬픔을 잊고 성총을 무릅써 최복(衰服, 상복)을 벗고 길복을 입는다면, 이는 도의와 행실을 먼저 허물고 염치도 모두 상실하여 명분과 교화에 죄를 짓고 공론에 기롱을 받게 될 것입니다.

위 글에서도 알 수 있듯이 황희는 부친상으로 태종 2년에도 기복되었다. 그때도 태종은 황희를 빨리 곁에 두고 싶어 편법적으로 기복시켰다. 중요한 것은 세종대왕이 황희의 기복 철회를 거절한 비답의 내용이다. 여기서 세종대왕이 평소에 황희를 어떻게 생각하고 평가하였는지를 알 수 있다.

오직 경은 정성스럽고 순일하여 화사하지 않으며, 깊고 무거우며 지혜가 있어 진실로 희대의 온식(蘊識, 많은 지식을 쌓은 사람)이며 세상을 보필할 큰 인재라! 일찍이 태종께 조우하여 오랫동안 후설(喉舌)의 신하가 되었고, 박덕한 나를 도움에 있어서는 바야흐로 고굉(股肱)이 되어 꾀하는 것마다 경세제민(經世濟民)이 아닌 것이 없었다. 이미 여망(輿望)에 합하였으니 마땅히 앞으로 모두가 우러러보는 자리에 합당할 것이다.

---

* 솥에 든 음식을 덮어 버린다는 뜻이며, 이는 재상이 중임을 견디지 못함에 비유해서 사용되었다.

이전의 탈정 기복에도 오히려 면함을 얻지 못하였거든 어찌 오늘 이 명령에 굳이 사양하는가? 경은 슬픔이 깊기 때문에 그렇겠지만 내가 그대를 믿고 의지하는 간절한 심정을 어찌 가볍게 여길 수 있겠는가? 임금과 어버이는 오륜에 있어 다만 이름과 자리만 다를 따름이요, 충과 효는 두 가지 도가 아니고 시행하는 것은 모두 한 가지이다. 전쟁이 있을 때는 비록 안위에 관계된다 하여도 어찌 이보다 더 큰 것이 되겠는가. 최복(衰服) 중에라도 굽혀 따라 통변(通變)하는 것은 대체로 그러한 사람이 따로 있는 것이다. 그러므로 상(喪)을 만나 돌아간 뒤로 이제까지 자리를 비워 두고 기다린 것이다.

세종대왕은 황희를 '세상을 보필할 큰 인재'라고 하면서, "박덕한 나를 도움에 있어서는 바야흐로 임금이 가장 신임하는 중신이 되어, 꾀하는 것마다 경세제민이 아닌 것이 없었다."라고 하였다. 곁에서 보좌하는 신하를 이같이 평하는 것은 최고의 찬사이며, 황희가 세상을 다스리고 백성을 구할 그러한 인물임에 틀림이 없다는 것이다. 황희와 함께 국사를 논한 지가 불과 5년여밖에 안 되었는데, 세종대왕은 황희 없이는 국정을 이끌기 힘들다고 생각한 것이다. 그래서 황희가 상을 당하여 돌아간 뒤에도 좌의정 자리를 비워 두고 기다렸다. 이보다 더 신뢰할 수는 없다. 하지만 황희는 또다시 다음과 같이 전을 올려 사양했다.

신은 어미가 살았을 때 조석으로 보살피는 일과 좋은 음식으로 봉양함을 다하지 못하여 자식의 직분을 못하였사오니, 예제에 비추어 본다면 마땅히 끊어버리셨어야 할 것이옵거늘 도리어 성은을 입사와 지위가 백관의 으뜸으로 모든 사람이 쳐다보는 바가 되었습니다. 만약 이제 영화를 탐하여 상기(喪期)를 줄여 성인의 법을 무너뜨린다면, 이는 제 스스로 행실을 그르침이오니 장차 무슨 도리로 풍속을 장려하겠습니까? 더군다나 이제 전하께서는 사직과 생민(生民, 백성)을 위하여 특별히 세자로 하여금 명나라에 들어가 황제께 뵈옵게 하심에 오히려 만리의 노고를 생각하지 아니하옵시거든, 신이 비록 노둔하오나 외람되게 재보에 있어서 하찮은 몸을 어찌 감히 아껴 행역(行役)을 꺼리겠나이까?

그래도 세종대왕은 윤허하지 않았다. 사실 조정 관리가 기복되는 것은 쉬운 일이 아니다. 왕과 조정이 한마음이 되어야 기복을 받을 수 있다. 기복에는 까다로운 절차가 요구되었는데, 먼저 예조에서 해당자와 사유를 임금에게 상주해, 임금의 윤허가 승정원을 통해 내려오면, 대간에 서경을 요청하였다. 대간에서 적격자라는 회답이 있어야 만이 비로소 해당자에게 복직 명령서를 발부하게 된다. 황희도 태조 6년에 선공감 정난의 기복에 서명하지 않아 태조로부터 문책을 받은 적이 있다. 조선시대를 통틀어 기복받은 경우는 몇 사람에 되지 않는다. 태조 때의 남재, 세종 때의 황희·김종서, 세조 때의 최항·허종, 선조 때의 김명원·이덕형·곽재우, 인조 때의 구굉·김상헌 등이 기복의 명을 받았다. 그런데 황희는 이러한 기복을 두 번씩이나 받았다.

　그리고 기복된 후 명나라 조정에서 '세자가 조근할 필요가 없다'는 칙명이 있자, 황희는 곧 바로 세자가 이미 조근하지 않게 되었고 또 국가가 무사하니 3년상을 마치게 해달라고 사직을 호소하였다. 세종은 대신이 기복하는 전례는 조종이 이미 정한 법이라고 하며 허락하지 않고, 이어 하교하기를, "옛적에 60세면 비록 부모 상중에 있더라도 육식(肉食)을 허락하였다. 지금 황희는 이미 기복을 했고 나이도 60을 넘었으니, 어찌 소식해야 되겠느냐? 내가 친히 개소(開素)하는 것을 보려고 했으나 마침 몸이 불편하니, 승정원이 그를 초치(招致)하여 육물을 권하도록 하라." 하였다. 황희가 빈청에 나아가니, 지신사 정흠지가 임금의 뜻을 전달하며 고기를 전하였다. 황희는 머리를 조아리며, "신이 아무런 병도 없는데 어떻게 감히 육식을 하겠습니까?" 하고, 정흠지에게 임금께 잘 말씀드려 주기를 청하였으나, 정흠지는 감히 그러지 못하겠다고 대답하였다. 황희는 이에 머리를 조아리고 울고서 자리에 나아가 고기를 먹었다. 이 얼마나 따뜻한 군신관계인가!

　황희는 좌의정에 기복한 후 한 달이 지나 "노질이 얽혀서 체력이 쇠약하고, 아울러 겸하여 귀도 먹고 눈도 어두워, 듣고 살피기가 어렵습니다."라고 핑계를 대면서 다시 사직의 글을 올렸지만, 세종대왕은 윤허하지 않았다.

3. 왕을 비난한 하위지 답안을 장원으로 뽑다

재위 17년, 세종대왕은 홍천사의 사리각이 기울고 위태하므로 수리를 명했다. 홍천사는 조선 왕조를 건국한 태조 이성계가 계비인 신덕왕후 강씨의 명복을 빌기 위해 태조 5년에 짓도록 하여, 다음 해에 완성된 절이다. 그 다음해 절의 북쪽에 사리전을 세웠다. 그러나 불교를 배척한 태종은 절 주위에 들어선 각종 건물들을 헐어내면서도, 생전에 이성계가 남긴 말에 따라 이 절만은 보호해 주었다. 사실상 왕실의 절이었던 것이다.

그런데 세종대왕이 홍천사 사리각의 수리를 명하자 집현전 부제학 안지(安止)는 "지금 이 역사를 하게 된다면 사방 사람들이 앞을 다투어서 공경하고 믿을 뿐 아니라, 퇴폐한 절과 무너진 탑이 모두 다시 새로워져서, 역시 후세의 자손으로 하여금 이를 빙자해서 더욱 숭봉(崇奉)하게 할 것"이라며 왕명의 철회를 주청하였다. 이에 세종대왕은 사리각의 수리의 필요성과 당위성을 유시하였다.

❶ 사리각이 해가 오래 되어 기울어져서 위태하니, 조종께서 창설한 바라 차마 모르는 체 경솔하게 버릴 수 없는 것이며, 또 넘어지면 인명을 상할까 걱정되므로, 선공감에게 명하여 철거할 기계를 준비하라 했더니, 이제 집현전에서 글을 올려 내가 탑전을 중수한다고 하니, 어디서 중수한다는 말을 들었는가?

❷ 기우(祈雨)한 뒤에 중들에게 상을 주는 일은 이번이 처음인 것도 아니며, 또 비를 내리게 한 것이 어찌 중들의 기우한 소치이겠느냐. 신을 받들지 않은 것이 없는데, 중을 모아 기우하여 최후에 내린 비가 마침 그 때에 당했으므로, 상을 주어서 비가 내린 것을 기뻐하는 뜻을 보였을 뿐이었다.

❸ 사람들이 말하기를, '탑전에 서기가 있고 흥복사 지붕에도 서기가 있다.'고 하여, 숭배하고 믿는 자가 여럿이므로, 내가 승지에게 명하여 환관과 함께 가서 이를 보도록 하고, 그것이 거짓임을 분변하여 백성들의 의심을 풀게 했으니, 내 어찌 숭신(崇信)하여 그리하였겠느냐?

❹ 인왕동에 새로 세운 나한당은 내가 당초에 알지 못했으나, 지금 당장 철거하도록 명령했고, 이어서 말하기를, '국사에 기록하게 되면 후세에 어떻게 생각하겠는가?' 하였으나, 이러한 술수는 모두 내가 한 바가 아니니, 곧 뜬소문과 농하는 글을 올려서 국사에 기록하게 하는 것이 옳겠는가? 집현전으로 하여금 나의 이 뜻을 알게 하라.

세종대왕은 불교를 숭상하기 위해서 그리한 것이 아니라고 강조하였다. 사실 세종대왕은 한 달 전쯤 '흥복사 지붕에도 서기(瑞氣)가 있다'는 풍문을 바로잡게 하였다. 그때 흥천사 사리각 위에서 연기 같은 것이 공중에 떠올랐는데 무려 세 군데나 되었다. 길이가 2척 남짓

하였고, 사흘이나 사라지지 않았다. 성안 사람들은 모두 부처의 신령한 기운으로 여겨 향을 피워 절을 하고, 꿇어앉아 우러러보며 빌었다. 그 뒤에 흥복사의 옥상에서도 연기 같은 것이 올라, 온 성안 사람이 그리로 쏠려 갔다. 세종대왕은 우부승지 김돈에게 명하여 알아보니 하루살이[蜉蝣]들이 떼를 지어 아래위로 날고 있었는데, 이것이 마치 연기와 같았다. 이에 사헌부로 하여금 모여서 보는 것을 금지하게 하였다.

결국 흥천사 사리각의 수리는 3년여의 준비를 걸쳐 세종 20년부터 공사에 들어갔다. 공사는 승군 6백 명을 사역시키고, 방패·보충군을 배정하여 행하였는데, 중으로 자원하여 30일 동안 노역한 자는 도첩을 주고, 양식을 가지고 온 자는 15일만 노역하여도 도첩을 주도록 하였는데, 전국의 중들이 노소를 물론하고 모두 도성에 모여 들었다. 세종대왕은 공사가 시작되자 책임자들에게 사치하고 화려하게 할 것이 아니라 튼튼하게 하라고 명하였다. 할아버지 태조가 세운 사리각을 무너지게 할 수 없어 수리하게 하였다는 것을 강조한 것이다. 세종대왕으로서는 유교를 으뜸으로 하는 신료들에게 불교를 옹호한다는 비난을 받지 않기 위하여 자세를 낮춘 것이다. 그래서인지 그 후 사리각 수리에 대한 신료들의 반대는 사그라들었다.

하지만 문제는 그 해 4월에 실시된 과거시험에서 일어났다. 영의정 황희는 그 과거시험의 시관(試官) 수장이었으며, 시험 문제는 대간의 자질에 관한 문제였다.

대간이란 임금의 이목이며, 조정의 중한 청선(淸選)이다. 그러므로 반드시 어진 이를 택하여 이를 제수하고 서열의 구애없이 천전(遷轉)되는 것은, 당직(讜直)한 언로를 개방하고 그들의 풍채와 기절을 권장하려는 것이었다. 근래에는 으레 자격을 따라 하고 보통 관원과 다름이 없어, 혹자는 말하기를, '이렇게 하게 되면 대간이 한자리에 오래 머물게 되어 격려하는 뜻도 없으려니와, 언로가 장차 막히게 되어 정직한 진언자가 적을 것이라.'고도 하는데, 그 말이 과연 그러한가, 그렇지 않은가?

이 과거시험에서 하위지(河緯地, 1412~1456)가 쓴 답안이 장원에 뽑혔다. 하위지는 사리각 수리가 잘못되었음을 지적하면서, 그 당시 조정의 대간들이 이를 막지 못함으로서 그 직책을 다하지 못하였음을 직접적으로 비판하였다. 홍천사 사리각을 세운 세종대왕의 실정을 막지 못한 것은 대간의 책임이란 것이다.

하위지는 고래로부터 전해오는 간관의 직언에 대한 유명한 글인 한유의 『쟁신론(諍臣論)』과 구양수의 『상범사간서(上范司諫書)』를 인용하면서 당대 간관의 역할을 비판하였다. 이때 판예조사(종1품) 허조가 하위지의 대책문을 읽고 한참 동안 감탄하면서, 시험장에서 감독하고 있는 헌납(정5품) 조자와 감찰(정6품) 이호문을 돌아보고 "언관의 책임에 있는 사람들이 이를 보면 부끄러울 것이다. 이 한 조목은 간관들의 병통을 적중히 찌른 말이다."라고 말었다. 황희는 이러한 하위

하위지의 과거 시험 답안

　대간이란 구중(九重, 궁궐)의 이목이며, 백관의 승묵(繩墨, 법도)으로서 조정의 중선(重選)입니다. 그러기에 인주(人主, 임금)의 좌우에 서서 인주와 더불어 시비를 다투며, 인주는 '행할 만하다.'고 하는데도, 대간은 '결코 행할 수 없다.' 하고, 인주는 '마땅히 죽여야 한다.'고 하는데도, 대간은, '결코 죽여서는 안 된다.'고 하며, 진노에 부딪치면서도 천안(天顔, 용안)에 항거하는 것이니, 그 임무가 또한 무겁지 않습니까. 그러므로 이 세상에 나서 벼슬을 않는다면 모르거니와, 벼슬을 한다면 반드시 대간이 되어 임금과 가까이 하려는 것은, 족히 그 말씀을 듣고 계책을 행하게 할 수 있기 때문입니다. 그러나 임무가 중한 자는 책임이 따르는 법이니, 수놓아 만든 병풍과 비단 휘장 속에 쌓여 전후에서 옹위해 인도하는 것이 호화롭긴 호화로우나, 말할 만한 때를 만나고 말할 만한 책임을 맡고 있으면서도, 한번 정직한 말을 토출(吐出, 속에 품은 뜻을 털어놓고 말함)하지 않아서 무거운 중망(衆望, 여러 사람에게서 받는 촉망)을 저버리게 되면, 비등하는 사론(士論, 선비들의 공론)에 어찌하겠습니까.

　재상 이하 모든 백성에 이르기까지 그 직책을 그르친 자는 대간에게 문책을 받고, 대간으로서 그 직책을 다하지 못한 자는 군자로부터 기롱(譏弄, 실없는 말로 놀림)을 받는 법인데, 유사의 탄핵은 일시에 그치고 말 것이나 군자의 평론이란 만대를 전하는 것으로서, 이 직책에 처한 자는 마땅히 주야로 두려워하고 면려하여 그 허물을 짓지 않을 것을 생각하며, 그 급히 할 것을 먼저 하고 더디 할 일은 뒤에 해야 할 것인데, 저 명예에만 급급한 자는 이익에 급급한 것과 똑같다는 것입니다. 옛날에 언책을 맡은 자는 부월(斧鉞, 도끼)은 앞에 놓고 정확(鼎鑊, 죄인을 삶아 죽이던 가마솥)은 뒤에 두어, 어떤 위협 속에서도 그 일신을 돌아보지 않고서 기탄없이 말하였던 것이니, 어느 해가에 자격이 적체되어 있다거나, 작록이 오르지 않음을 계교하여 일신의 사모(私謀)

를 운운하겠습니까. 혹자의 말이란 어찌 그다지도 대간을 소홀히 대한단 말입니까. 만약 오래 엄체(淹滯, 낮은 지위에 머물러 있는 사람)되었다 하여 스스로 격려하는 의지도 없다면, 이는 이록(利祿)만을 동경하는 관원일 것입니다. 어찌 더불어 임금을 섬기겠습니까.

바야흐로 지금은 밝으신 임금님과 어진 신하가 서로 만나고 있어, 모든 일이 잘 다스려지고 백관들의 일이 모두 훌륭히 되니 진실로 말할 만한 일이 없습니다. 그러나 타인이 말한다면 말할 만한 일이 없다고 일러도 가할 것이나, 대간으로서도 역시 들어 말할 만한 일이 없다고 이른다면 너무나 무관심한 태도가 아니겠습니까. 제가 처음 서울에 와서 길에서 얻어들으니, 흥천사 중수 공사에 승도 1,000여 명이 동원되었고, 자재의 소비가 그 얼마임을 알 수 없으며, 급식에 따른 양곡이 하루 수십 석 이상이 소요되며, 대가(大家)와 거상들이 속임수와 꾀는 수작을 그대로 믿고 앞을 다투어 미곡·포목 등을 희사하며, 혹시나 절호의 이 기회를 잃을까 두려워한다 하며, 그 공역의 따른 비용이 실로 만(萬)으로 헤인다 합니다. 이는 곧 정사년(세종 19) 구황 당시 한 고을 수만 재민의 반년 식량에 해당하는 것으로서, 이 만 명의 군중이 반년간이나 연명할 물자를 한낱 무용한 비용에 헛되게 버리는 결과가 되는 것이니, 그 비용이 비록 민간에서 나온다 하더라도 국가의 손실은 마찬가지입니다.

옛날 한나라 문제(文帝)는 한 누대의 비용을 아낌으로 해서 양곡 축적에 많은 공효를 거둔 바 있거니와, 이제 각 군의 의창은 저축이 모두 고갈되었고, 전년에 수납한 환상곡도 10분의 2, 3이 되지 않는다 하니, 만약 요(堯)의 9년의 수해나 탕(湯)의 7년의 한재와 같은 우환이 발생한다면 장차 어찌 이를 막겠습니까. 지금이야말로 조정이 재해의 구제와 흉년에 대비할 시기라 하겠거늘, 어찌하여 큰 공사를 일으켜서 백성에게 손실을 가져온단 말입니까. 석씨(釋氏, 석가)는 옳은 것 같으나 참을 어지럽게 하는 해가 있으니 여기

> 에서는 논하지 않겠습니다. 이 공사를 일으킨 것이 국가 계책에 손실이 없는 것이 아닐 터인데, 어전에 나아가 성상의 옷깃을 끌며 그 폐해를 극구 진달하는 자를 듣지 못함은, 이 어찌 공론의 아쉬운 바가 아니겠습니까. 옛날 한문공(韓文公, 한유)은 쟁신론(諍臣論)을 지어 양성(陽城, 당나라 사람)을 풍자한 바 있으며, 구양공(歐陽公, 구양수)이 범사간(范司諫, 사간 범중엄)에게 글을 올린 것 등은, 모두 그 간곡한 뜻을 피력한 것입니다. 감히 집사(執事, 행사관)의 하문으로 말미암아 허다한 군소리를 개진한 바이오니, 미치광이로만 여기지는 마십시오.

지의 답안을 1등으로 선발하였다. 왕의 실정을 비판한 내용이 있기 때문에 황희의 공명정대함이 없었다면 행할 수 없는 처사였다.

그러자 대간 여럿이 발끈하여 자신들의 행태를 비웃어 권위가 떨어졌다고 야단법석을 하면서, 상소를 올려 단체로 사직을 청하였다. 세종대왕은 하위지의 대책과 시험관이 물은 것을 들어보고, "대저 과거를 설시하여 대책을 시험하는 것은 그 직언을 구할 따름인데, 이제 하위지의 책문은 강직하게 답하고 조금도 은휘(隱諱)하지 않았으니 매우 취할 만한 것이다. 또 그의 논한 바는 무릇 간관의 과실을 말한 것뿐인데, 경 등이 어찌 이것을 가지고 혐의한단 말인가. 더욱이 이 흥천사 불탑은 바로 조종께옵서 창건하신 것으로서, 해가 오래되어 쓰러지게 되었으므로 내가 조종을 위하여 이 역사를 일으킨 것인즉, 본시 지나친 거조(擧措)도 아니려니와 대간도 역시 말하지 않은 것이 아니겠는가?" 하면서 모든 사직 상소를 도로 내어 주었다.

　그러자 사헌부의 관리들은 다 물러갔는데, 사간원에서는 하지위의 대책문을 장원으로 뽑은 황희를 국문해야 한다고 청하였다. 그동안 황희는 영의정으로 있으면서 사리각 수리에 아무런 반대가 없다가, 이 공사를 막지 못한 책임이 대간에 있다는 하위지의 글을 장원으로 뽑아, 자신들을 웃음거리로 만들었다는 것이다. 그러자 세종대왕은 화를 내며 그들을 힐문하였다.

　세종대왕은 황희가 하위지의 답안을 장원으로 한 것은 대간이나 왕을 비난하고자 한 것보다는, 문제에 충실히 답한 하위지를 높이 평가한 것이라고 생각하였다. 하위지가 대책문에서 '대간이 간언하지 못해 왕이 실정한 것을 보고만 있었으니 잘못하였다'라고 한 말은, 사실 세종대왕 자신의 실정을 우회적으로 비난한 것이라고 생각할 수도 있지만, 전혀 그르치게 생각하지 않은 것이다. 대간들은 겉으로는 하위지의 비난 때문에 자리를 감당할 수 없어 사직하겠다고 하면서 황희를 국문하기를 청한 것은, 하위지의 비난을 면피하려는 것도 있었다고 세종대왕은 생각한 것이다.

　그러자 황희는 늙고 병든 것을 핑계로 사직을 청하였다. 하지만 세종대왕은 황희의 사직 상소를 윤허하지 않고, 오히려 사간원에서 하위지의 일을 잘못으로 돌려 후일의 직언하는 길을 막게 하고, 심지어는 고시를 관장한 대신까지 그 죄를 청하였으니, 형조에 전지하여 국문하여 명백히 밝힐 것을 명하였다. 세종대왕은 황희의 심기를 보듬어 준 것이다. 그러면서 장원한 하위지를 집현전 부수찬(종6품)에 제수하였다.

형조에서는 "선비를 취하는 법이란 오로지 정직하게 말하고 은휘하지 않는 것을 귀히 여기는 바입니다. 금번 하위지의 대책에 그 말이 매우 사리에 절실하여, 장시관(掌試官, 시험관)이 이를 상위에 둔 것은 실로 공의에 합당한 일인데도, 임종선·이맹상·배강·윤사균 등이 한갓 하위지의 대간을 풍자한 것을 마음속에 원한을 품고는 공연히 황희가 본래 한마디 반박의 발언도 없이 하위지의 대책을 칭송 탄미하였다 하여, 이를 비추어 입으로는 말하지 않고 마음속으로는 그르게 생각하는 것은 심히 부당하오며, 조자는 그 책시(策試)에 시관으로 참석하여 같은 소리로 격찬 탄미하여 이를 상위에 놓고는, 황희의 탄핵을 청할 때에 다시 임종선 등과 함께 그들과 같은 말로 합동 계달하여, 전후에 한 일이 스스로 모순을 가져왔습니다. 청하옵건대, 모두 율에 의하여 죄를 결단케 하옵소서." 하였다.

세종대왕은 임종선 등을 좌천시키고, 조자는 파직시켰다. 세종대왕과 황희가 함께 하여 국정을 이끌어가는 이유라 할 수 있다. 세종대왕은 옳은 것을 옳다고 말하고, 틀린 것을 틀리다고 말하여 양심에 거리낌 없이 행하는 것을 최고로 여겼다.

4. 세자 위임의 반대에서 한발짝 물러서다

재위 19년 세종대왕은 승정원에 "앞으로 작은 일들은 세자로 하여금 처결하도록 하려고 하니 교지를 지어서 올리라."고 명하였다. 세종대왕은 자신의 몸이 편치 못할 때가 많아, 중요한 일 이외에는 세자에게 위임하여 국사를 처결하게 하려는 것이었다.

하지만 승지들은 "전하께서 춘추가 바야흐로 성하시어 일하시기 좋은 때이온데, 어찌하여 만기를 세자에게 위임하려 하십니까? 이렇게 하시면 정사가 여러 곳에서 나오게 되어 진실로 불가하옵고, 더군다나 금년은 큰 흉년이 들어서 백성들이 살아갈 수 없고, 게다가 천재지변이 여러 번 생겼으니, 이 같은 큰일은 경솔히 거행할 것이 아닙니다."라고 반대하였다. 이에 대해 세종대왕은 작은 일들을 맡기는 것뿐인데, 경들이 이 일을 가지고 큰 일로 여긴다 하면서 "일의 행하고 행하지 않는 것을 지금은 결정할 수가 없으니, 우선 집현전으로 하여금 예전 제도를 상고하여 아뢰라."고 하였다. 이 후에도 세종대왕은 여러 차례 세자에게 작은 일에 대해서 위임하고자 하였으나 대신들의 반대로 뜻을 이루지 못하였다.

신하들은 이때 태종의 빈번한 선위 사건의 악몽을 떠올렸을지도 모른다. 태종은 선위를 이용해 신권을 견제하였고, 신하와 세자의 충성도를 시험하였으며, 민씨 형제를 제거할 명분을 만들어 그들을 숙청하였다. 그때 민무구 형제를 제거하는데 주도적인 역할을 한 사람이 황희였다.

그러나 세종대왕은 선위라기보다는 작은 일들은 세자로 하여금 처결하도록 하여, 업무를 원활히 수행코자 한 위임정치를 생각한 것이다. 세종대왕은 이미 지난해(세종 18년)에, 태조 때 실시되었다가 태종이 폐지한 '의정부서사제'를 복원하여, 의정부의 재상들에게 많은 권한을 위임하여 업무를 처리하도록 하였다.

그래서 세종대왕은 의정부에 "옛날 의정부에서 정사에 서명할 때에 다만 좌·우의정만이 도맡아 다스리게 되고 영의정은 참예하지 않으므로, 옛날의 삼공(三公)에게 전임하는 본의에 틀리니, 이제부터 영의정 이하가 함께 가부를 논의해서 시행하게 하라."고 하였다. 한마디로 영의정에 있는 황희에게 국정의 총괄 책임을 주어 정사를 처리하도록 위임한 것이다. 세자에게 국사를 위임하고자 한 것도 이 뜻과 같았다.

이듬해(세종 20년) 세종대왕은 또 다시 세자로 하여금 섭행(攝行)해 다스리게 하려는 의지를 보였다. 몸에 병이 있어 일이 너무 번다하여 이를 듣고 결단하기가 어려운 사세에 놓여 있기 때문이다. 하지만 조정 대신들은 역시 모두 '불가하다'고 하였다.

세종대왕은 물을 자주 마시는 병이 있고, 또 등에 부종(浮腫)을 앓는 병이 있는데, 이 두 가지 병이 낫지 않은데다 또 임질(淋疾)*에 걸렸다. 기억력이 전보다 많이 감퇴하여 무슨 일을 말하려고 사람을 불러서 오면 문득 말하려던 것을 잊어버리곤 하며, 모든 일이 다 전과 같지 않았다.

이때 황희도 "아직 긴급한 일은 없사오니, 전례에 의하여 이행하는 일 같은 것이야 혹 잠시 지체한다 하더라도 무슨 지장이 있겠습니

---

* 그 당시에는 성병이 아닌 스트레스나 과로로 인해 소변 배출에 문제가 생기는 증상을 말함.

까? 그 동안은 계사(啓事)를 그치는 것이 마땅하여 동궁으로 하여금 섭행해 다스리게 할 수는 없습니다."라고 반대하였다.

그리고 세종 21년에는 강무를 세자에게 위임하고자 하였는데, 의정부에서는 반대하였다. 이때 세종대왕은 다음과 같이 말하여 신료들을 설득시키려 하였다.

내가 즉위하던 처음에는 나이가 젊었기 때문에 능히 나라를 다스릴 수 있을 것으로 생각하였고, 여러 신하들도 더불어 나라를 다스릴 수 있다고 생각하였다. 기해년(세종 1)에 오른편 다리가 아팠으나 의원 치료를 하여 조금 나았고, 매년 등에 또 부종이 나서 몸을 움직이지 못하다가 계축년(세종 15)에 온천에 목욕하여 조금 나았고, 그 뒤 한두 해 동안 부종이 있기는 하였으나, 아픈 것이 3분의 2는 감하였고, 또 소갈병을 앓아서 하루에 마시는 물이 어찌 한 동이만 되었겠는가. 내가 염려하기를 만일 3년 만 지나면 기부(肌膚, 피부)가 피곤하여질 것이라 하였더니, 지금 완쾌한 지가 2, 3년쯤 되었다. 전년에는 임질을 앓아서 오랫동안 정사를 보지 못하였다.

모든 일이 위에서 행하면 아래에서 본받는 것은 상리(常理)이니, 게으른 버릇이 나로부터 시작될까 두렵다. 간 가을에 제릉(齊陵)에 거둥하였고, 올봄에 평강에서 강무한 뒤에 임질이 다시 도졌다가 3일 만에 그치었고, 지금 또 눈병이 나서 오래 일을 보지 못하니, 온갖 정사가 해이함이 없겠는가? 그러나 내 나이 아직 늙지는 않았다. 지난번에 내가 큰 일은 총찰하여 다스리고, 세자로 하여금 작은 일은 익혀 다스리도록 하려고 하였는데, 지금 다시 생각하니 내가 경이하게 말을 낸 것을 후회한다. 오직 강무만은 조종의 성이요, 나라의 큰 일이니 폐할 수 없는 것이다.

이후 황희 등 대신들의 반대는 계속 이어졌고, 세종대왕도 의지를 굽히지 않았다. 재위 24년 6월 세종대왕은 세자에게 위임하는 일을 더 이상 지체할 수 없다고 생각하였다. "나의 병세를 보건대 쉽게 낫지 않을 것 같으므로 휴가를 얻어 정신을 화락하게 하고 병을 휴양하기를 원하는 것이 나의 진정이니, 신하의 마음도 또한 어찌 나로 하여금 병을 참아가면서 정치에 부지런히 근무하여 병이 더 심한 데에 이르게 하려고 하겠는가?" 하면서, 세자에게 위임할 것을 선포하였다.

그리고 세자의 업무 처리를 도울 관리를 선발하도록 하고, 세자가 직무를 수행할 첨사원(詹事院)을 설치하도록 하였다. 이에 대해 조정에서는 대대적인 반대가 일어났고, 이후로도 세종대왕과 신하들 간의 논쟁은 연일 계속되었다. 그해 8월에는 사헌부와 이사철·정갑손·허사문·백효문 등이 첨사원 설치를 반대하는 상소문을 올렸다.

세종대왕은 신하들이 지적한 폐단들에 대한 보완책을 제시함에도 불구하고 끊임없는 반대 상소가 이어지자, 대화를 통한 해결을 중단하였다. 그리고 군사훈련인 강무(講武)를 세자에게 대행시킬 것을 선언하면서, 병조에 명을 내렸다. 같은 날 의정부에는 첨사원의 제도에 대한 개정안을 올리도록 하고, 시행토록 하였다. 물론 신하들의 반대는 계속되었지만, "지금은 부득이한 까닭이 있어서 이렇게 시행하는 것이다."라고 하며 강행하였다. 황희는 더 이상 반대에 앞장서지 않았다.

세종대왕은 신하들의 대대적인 반대 속에서도 자신의 의지를 관철시켜, 결국 첨사원을 설치하고 국정의 일부를 세자가 대행하도록 하였다. 이에 세자는 첨사원을 통해 정무를 보았으며, 이 시기에 세종대왕은 훈민정음의 창제(세종 25년), 공법의 입법(세종 26년) 등 국가의 중대한 프로젝트를 완성하였다. 세종대왕은 자신의 건강 악화가 국정에 혼란을 주게 되면, 선대 왕조가 창업하고 자신이 수성(守成)한 조선의 미래가 불안해질 수 있기 때문에 세자에게 국정을 위임한 이유도 있었지만, 보다 시간적인 여유를 가지고 자신이 계획한 중대한 국가 프로젝트를 마무리하려는 목적도 있었다. 황희는 이러한 세종대왕의 뜻을 알고 있었다.

그 후 세종 31년 7월에 대간과 집현전에서 보공재(報供齋)*의 정지를 누차 간하므로, 임금이 불쾌하여 임영대군(臨瀛大君, 세종의 넷째 아들)의 집으로 거처를 옮겼다. 그러자 황희 등이 "서무는 동궁이 모두 이미 재결하고 있습니다. 다만 남은 것은 2품 이상을 제수하고 과죄(科罪)하는 것과, 행향사(行香使)**를 낙점하는 등의 일이온데, 2품 이상은 범

---

* 부처의 은혜에 보답하기 위하여 공양하는 재.
** 임금의 명을 받들고 종묘나 능소에 향을 가지고 가서 분향하던 사신.

죄한 사람이 많지 않아서 계달하는 때가 적고, 또 과죄하면 반드시 파출된 자가 있을 터이온데, 이미 제수한 것은 알고 파출된 것을 알지 못하면 가하겠습니까? 행향사의 낙점하는 것도 역시 많지 않사오니 동궁에게 위임하심이 불가합니다." 하니, 세종대왕은 "노대신이 더위를 무릅쓰고 간곡히 청하니 내 우선 따를 것이요, 후에 다시 상량하여 정하겠다."라고 말하였다.

얼마 남지 않은 영의정 황희에 대한 최대한의 예우를 보여준 것이다. 이러한 군신관계 덕에 세종대의 태평성대와 더불어 우리 역사에 찬란한 문화의 꽃을 피운 것이라 하겠다.

IV 소신 있는 반대

1. '부익부 빈익빈'의 이유로 공법을 반대하다

고려 말은 홍건적(紅巾賊)*의 침략과 계속되는 왜구의 침입, 그리고 홍수와 가뭄이 연이어 일어나서 백성들의 얼굴에는 핏기가 없었고, 들판에는 굶어 죽은 시체가 나뒹굴었다. 벼슬자리에 있는 자들은 탐오하여 공전과 사전을 빼앗아 토지를 겸병(兼倂)하니, 한 집이 가진 기름진 옥토가 몇 고을에 걸쳤다. 더욱이 한 토지의 땅 주인이 2~3명씩 되어 제각각 세금을 징수하는 폐단이 발생하는 등 고려 말에

---

* 고려 공민왕 4년(1355) 이후 홍건적은 여러 차례 고려를 침범해 들어와 수도인 개경을 함락시키는 등 많은 피해를 입혔으며, 홍건적을 물리치는 과정에서 최영·이성계 등이 정치적으로 크게 부각되었다.

는 조세의 문란이 극에 달하였다. 백성들은 토지를 경작하여 적으면 그 수확의 절반, 많으면 8~9할을 조세로 징수당하니, 해를 넘기지 못하고 식량이 떨어져 유랑민이 온 나라에 넘쳐났다. 그래서 정권을 장악한 이성계는 공양왕 3년 5월에 도평의사사에서 과전법을 제정하고, 조세법을 '답험손실법(踏驗損實法)'으로 개혁하였다. 토지제도와 조세법을 혁신한 것이다.

태조 이성계는 조선을 건국한 다음에도 답험손실법을 기본으로 하여 조세를 징수하게 하였다. 하지만 답험손실법은 이론적으로는

답험손실법의 주요 내용

❶ 10분의 비율로 계산하여 수확량 감소가 만일 1할이면 조세 1할을 감해 준다.
❷ 감소된 수확량이 2할이면 2할의 조세를 감해 준다.
❸ 이러한 기준에 따라서 조세를 감해 주되, 수확량 감소가 8할에 이르면 그 조세를 전부 감해 준다.
❹ 답험을 그 고을의 수령이 자세히 검사하여 손실(損實)을 정하여 관찰사에게 보고하고, 관찰사는 위관을 파견하여 다시 심사하여 산정하고, 관찰사의 수령관이 또 한번 심사한다.
❺ 만일 답험이 사실과 같지 않으면 그렇게 한 관원에게 죄를 주게 한다.
❻ 각 관리가 받은 과전(科田)의 손실은 그 밭주인으로 하여금 자신이 직접 심사하여 조세를 받도록 한다.

『고려사』 식화1, 전제, 답험손실

좋은 세법이지만, 현실적으로 관리의 부정부패를 조장한 법이었다. 조세를 징수하는 관리들의 재량권이 너무 커, 조세 비리가 끊이지 않았다.

그래서 세종대왕은 조세의 징수를 법대로 철저히 관리하게 하였다. 조세를 핑계로 백성의 식량을 수탈하는 부정부패가 일어나지 않도록 조치한 것이다. 그러나 답험손실법에서 부정이 발생하지 않도록 하는 것은, 고양이에게 생선을 맡기는 격이었다. 애시당초 관리의 재량권에 의해 수세액이 결정되는 답험손실법으로 공평과세를 기대하는 것은 어려웠다. 이에 세종대왕은 답험손실법을 '중국식 공법'으로 바꾸는 혁신을 단행하고자 하였다. 중국식 공법은 중국 고대 하나라에서 시행했던 제도로, 풍흉에 관계없이 여러 해의 수확량을 평균하여 매년 동일한 일정액의 조세를 징수는 방법이다. 때문에 관리의 재량권이 개입할 수 있는 여지가 없었다. 세종대왕은 백성이 풍요롭고 편안하게 살도록 조세제도를 공법으로 혁신하고자 한 것이다.

하지만 조세 문제는 치국의 요체이기 때문에 소홀히 결정할 수 없었다. 또한 대부분의 토지를 소유하고 있는 정치 세력인 양반관리들의 동의를 얻어야 했고, 정치에 참여할 수는 없지만 조세의 부담자인 백성의 뜻을 살펴서, 그들을 편하게 해주어야 했기 때문에 쉽지가 않은 문제였다. 그러나 세종대왕은 조세로 백성들이 고통당하는 것을 더 이상 용납할 수 없었다. 그래서 기존의 답험손실법과는 완전히 다른 중국식 공법을 도입하여 조세제도를 혁신하고자 한 것이다.

태조가 편찬한 『경제육전』에 규정되어 시행되고 있는 답험손실법을 폐지하고 공법으로 개정하는 것은, 조종성헌존중의 원칙을 어기는 중대한 사건이므로 쉬운 결정은 아니었다. 때문에 세종대왕은 조정에서 공법에 대한 논의를 시작하였다.

첫 번째로 논의한 상대가 세종 10년에 좌의정 황희와 호조 판서 안순이었다. 이때 세종대왕은 "공법이 비록 아름답다고 하지만은, 수손급손법(답험손실법)은 조종께서 이미 이루어 놓으신 법으로 경솔히 고칠 수 없는 것이다. 만약 공법을 한 번 시행하게 되면 풍년에는 많이 취하는 걱정은 비록 면할 수 있겠지마는, 흉년에는 반드시 근심과 원망을 면할 수 없을 것이니 어찌하면 옳겠는가?"라고 물었다.

세종대왕은 조심스럽게 지난해 과거시험(세종 9년 문과 중시)에서 지적한 답험손실법의 폐단을 언급하면서, 황희와 안순에게 공법에 대한 의견을 물은 것이다. 이때 좌의정 황희는 다음과 같이 대답하였다. 안순도 황희의 의견에 동의하였다.

> 신이 일찍이 조계생에게서 들으니, '수손급손법을 시행하게 되어, 전세의 경중고하가 한결같이 위관과 서원의 손에 달렸다면 대단히 공평하지 못하다.'고 하니, 신은 원컨대 공법을 본떠서 많고 적은 중간을 비교하여, 전지 몇 부(負)에 쌀 몇 말(斗)의 수량을 미리 정하여, 추수기마다 각 도의 각 고을로 하여금 농사의 풍흉을 살펴서 3등(等)으로 나누어 아뢰게 하고, 이에 따라 세를 징수하는 것이 옳을 것입니다.

황희는 세종대왕이 제안한 공법을 반대하면서, 현 제도에 연분3등제로 조세를 징수하는 의견을 냈다. 세종대왕은 지난해 신진 관리들이 응시한 중시(重試) 과거시험의 답안을 통하여 공법에 대한 방책을 충분히 들었다. 그런데 조정 대신들의 의견을 다시 물었다. 황희는 세종대왕이 생각하고 있는 고대 중국에서 실시한 공법을 반대하였다.

  세종대왕은 처음엔 1결당 10말 또는 15말의 단일세율인 정액공법을 생각하고 있었다. 세종 12년 호조에서 "이제부터는 공법에 의거하여 전답 1결마다 조세 10말을 거두게 하되, 다만 평안도와 함길도만은 1결에 7말을 거두게 합니다."라고 하는 공법안을 상정하니, 세종대왕은 이에 대한 전국적인 여론조사를 명하였다. 호조는 그해 8월 10일에 공법의 대한 여론조사 결과와 함께 전국 관리들의 의견을 모아 보고했는데, 좌의정 황희는 우의정 맹사성·찬성 허조·참찬 오승·이맹균 등과 함께 역시 공법을 반대하였다.

  황희는 "경전(『맹자』)에 이르기를, '전지를 다스리는 데는 조법(助法)보다 더 좋은 것이 없으며, 공법보다 더 나쁜 것이 없다.'고 하였사오나, 우리 조선이 개국한 이래 조세를 거둘 적에 수손급손법을 제정하니, 이는 실로 고금을 참작한 만대라도 시행할 만한 좋은 법인지라 경솔히 고칠 수 없는 것입니다."라고 하면서, 호조의 '1결 10말 공법'을 반대였다. 황희가 반대한 이유는 다음과 같다.

  전지를 계정(計定)할 때에 모든 창고와 공수(公須)·아록·

참역 등의 전토를 참작해 헤아려서 숫자를 정한 것이온데, 이제 만약 조세를 감한다면 반드시 그 2배를 더 주어야만 원액(元額)을 충당할 수 있을 것이니, 그렇게 되면 군자전이 아마도 남지 않을 것입니다.

대저 비옥한 전토를 점유하고 있는 자는 거의가 부강한 사람들이며, 척박한 전토를 점거하고 있는 자는 거의가 모두 빈한한 사람들이온데, 만약 호조에서 신청한 공법에 의해 시행한다면, 이는 부자에게 행(幸)일 뿐, 가난한 자에게는 불행한 일이 되고 말 것입니다.

더욱이 함길·평안도의 전지의 조세는 다른 도의 수량보다 이미 감한 것인데, 이에서 또 감한다면, 만약 군병의 동원이나 큰 흉년이 있을 경우 이를 감당할 도리가 없을 것입니다.

황희 등이 '1결 10말 공법'을 반대한 이유에는 합리성과 타당성이 있었다. 첫째는 세수 부족에 따른 국고재정의 문제였다. 그동안 답험손실법으로 1결에 30말을 기준하여 수손급손하여 조세를 징수했는데, 1결에 10말의 정액세를 징수할 경우 세수가 절반 이하로 줄어든다. 때문에 각 관아에 지급할 특정한 목적을 가진 전답이 두 배로 늘어날 수밖에 없다는 것이다.

둘째는 조세의 불공평성이다. '1결 10말'의 공법으로 매년 똑같이 모든 토지에서 조세를 징수할 경우 공평과세를 해치는 결과가 발생한다는 말이다. 농사는 물과 직결된다. 비가 충분히 오면 비옥한 전답과 척박한 전답의 수확량은 차이가 없다. 하지만 가뭄이 들 경우 저수지나 하천 가까이에 있는 비옥한 전답에서는 곡식을 수확할 수 있지만, 산비탈이나 산언덕에 있는 척박한 밭은 수확을 거의 할 수 없다. 따라서, 매년 풍흉을 고려하지 않고 1결당 동일한 정액세로 과세하는 것은 불공평하다. 특히 산이 많은 우리나라에서 부자 양반들은 비옥한 전답을 소유하고, 가난한 대부분 백성들은 척박한 전답을 소유한 현실에서 중국식 공법을 시행할 경우 '부익부 빈익빈(富益富貧益貧)' 현상이 심해질 수밖에 없다는 것이다.

셋째는 함길도와 평안도의 경우 국경 지역으로 군역의 부담이 크나 대부분 산간지역으로 수확량이 적다. 때문에 1결에 7말의 공법을 시행할 경우 세액이 너무 부족하다는 주장이다.

황희의 이러한 주장은 매우 실질적이고 현실적인 문제를 고려한 것이다. 세법 개정으로 나라의 재정을 위해 세수가 부족해서는 안 된다는 경제적인 원칙을 말한 것이다. 또한 공법을 시행하면 '부자에게 행(幸), 가난한 자에게 불행한 일'이라는 말은, 부익부 빈익빈 현상이 심화될 수 있다는 뜻이다. 이는 조세의 중립성을 말한 것이다. 황희는 조세의 중립성을 논할 만큼 재정적 지식이 해박하였다. 부익부 빈익빈의 현상이 발생하면 힘없고 가난한 백성들의 경제적 생활은 힘들게 된다. 황희는 '1결 10말 공법'의 시행에 따른 이러한 폐단을 배제하여 백성을 보호하고자 하였다. 그러면서 다음과 같은 기존 답험손실법을 보완하는 대안을 제시하였다.

❶ 손실경차관은 그의 임무가 심히 중한 것인데, 근래에 와서는 용렬하고 경험 없는 자를 임명해 보내어 중정을 잃는 결과를 초래하니, 실로 온당치 않은 일입니다. 이제부터 대간을 제외하고는 시임(時任)·산직(散職)에 구애 없이 명망 있는 자를 선발하여 임명해 보내소서.

❷ 경차관을 파견하면 관찰사가 자기의 임무가 아니라 해서 혹은 전념하지 않고, 경차관을 보내지 않으면 관찰사는 사무가 번다한 탓으로 정밀하게 살펴보지 못하는 실정입니다. 이제부터는 반드시 경차관을 파견하거든 관찰사와 함께 이를 상의하여 처리하게 합니다. 답험은 복잡한 일이 아니오니 각 고을의 수령은 모든 잡무를 없애고, 오로지 답험하는데 힘을 기울이게 하고, 관찰사와 경차관은 순행하며 이를 고찰하도록 하소서.

❸ '손실위관은 일찍이 현명한 벼슬을 지낸 자로서 선발하여 임명한다'고 『경제육전』에 실려 있는데, 근래에 와서는 시골의 미천한 무리들로 임명해 충당하기 때문에, 과거 현명한 벼슬을 지낸 사람들이 위관 되는 것을 수치로 알고 여러모로 이를 회피하고 있습니다. 이제부터는 그 위관을 답험관이라 개칭하고 반드시 3품 이하의 현명한 벼슬을 지낸 자나, 국가고시에 합격한 자로 선택하여 선발하되, 경기도는 일찍이 현명한 벼슬을 지낸 자로 시골에 물러와 사는 자가 희소하니, 이조에서 성중관(成衆官, 궁궐 숙위의 일을

맡은 관리)이나 수전패(受田牌, 토지를 지급받고 군역을 수행한 군인)로서 감당할 만한 자를 선택하여 임명하도록 하소서.

답험을 위해 지방에 파견하는 경차관과 답험관을 선발할 때 보다 유능하고 청렴하며, 자질이 풍부한 자를 임명하도록 개선하자는 것이다. 황희가 이러한 대안을 제시한 것은 무조건적인 반대가 아니지만, 현실성이 떨어지는 해결책이라 할 수 있다. 답험하는 관리를 잘 임명하여 보내는 것이 쉽지 않았기 때문이다. 그렇지만 세종대왕은 황희가 논한 재정수입 문제와 조세의 중립성 및 공평과세 문제에 대해서 충분히 인식하고 수용하였다. 그래서 여론조사 결과는 찬성이 더 많았지만 '황희 등의 의논에 따르라'고 명하여, '1결 10말 공법'의 시행은 철회되었다.

2. 흉년으로 1차 시험공법을 정지시키다

세종대왕은 재위 18년에 영의정 황희·찬성 안순·참찬 신개·형조 판서 하연·호조 판서 심도원 등을 불러, 공법 여론조사 후 6년 동안 진행하지 못한 공법 문제를 다시 의논하게 하였다. 황희는 "각 도 안에 혹은 좌·우도로 나누어지기도 하고, 혹은 경계를 나눈 우두머리 고을에는 토지의 품질이 비옥하기도 하고 척박하기도 하여 전연 다르니, 마땅히 도행장(導行帳)을 상고해서 지난해의 손실(損實)에 따라 어느 고을은 상등(上等)으로 하고, 어느 고을은 중·하등으로 하여 조세 받는 수를 작정하게 하소서." 하며, 각 고을을 상·중·하로 나누어 조세를 거두는 방안을 제안하였다.

세종대왕은 다음날 다시 황희 등을 불러 공법의 절목을 의논하게 하였다. 하루 만에 황희는 어제 주장한 방안을 좀 더 구체화시켰다. 전국 8도를 비옥도에 따라 상·중·하 3등급으로 나누고, 각 전답의 상전·중전·하전 등의 전품에 따라 세액을 정하여 과세하는 방법이다. 3등도 3등전의 공법을 제안한 것으로 세종대왕은 이를 그대로 시행하도록 하였다.

세종대왕은 황희 등이 제시한 공법의 시행 절차를 구체화하기 위하여 '공법상정소'를 설치하였다. 그리고 그해 10월 의정부에서는 공법안을 상정하여, 황희 등이 주장한 3등도 3등전법의 세율을 정하였다. 세율은 1결당 10말부터 18말까지 총 9단계이며, 상등도의 과세를 강화한 것이 특징이다.

1차 시험공법의 도별 세율(3등도 3등전법) (단위: 말)

		상등도 (경상·전라·충청)	중등도 (경기·강원·황해)	하등도 (함길·평안)
상전	수전	조미 18	조미 15	조미 14
	한전	황두 18	황두 15	황두 14
중전	수전	조미 15	조미 14	조미 13
	한전	황두 15	황두 14	황두 13
하전	수전	조미 13	조미 13	조미 10
	한전	황두 13	황두 13	황두 10

의정부에서는 1~2년 동안 시험해 보도록 건의하여 세종 19년부터 이 1차 시험공법을 전국적으로 시행하도록 하였다. 이 논의 과정에서 의정부 참찬 하연이 도단위 연분9등법을 다시 제안하였는데, 영의정 황희 등은 반대하였다. 황희 등은 비록 논밭 토질의 상하와 부수(負數)의 많고 적음을 이미 분등하였다고는 하나 큰 차이가 없고, 다만 5~6척(尺) 정도 가감하였을 뿐이며, 중전의 소출이 상전에 미치지 못하고, 하전에서의 소출이 중전에 미치지 못하는데도, 등급을 나누지 않고 한가지 예로 세금을 부과하여 거두게 되면 소득의 많고 적음이 고르지 못할 것이며, 세정이 중정을 잃게 될 것이라는 것이다. 만약 그해의 풍흉을 보아 조세를 거두고 등급을 매겨 매년 이를 고치게 되면, 정실에 흘러 임의로 가감한다는 원망이 답힘할 때와 다름이 없게 되어, 그 이름만 고쳤을뿐 옛 그대로 되고 말 것이라는 것이다.

그러나 세종 19년 4월에 의정부에서는 자신들이 제안한 공법의 세율에 미진함이 있으니, 호조로 하여금 다시 검토할 것을 건의하였다. 세종대왕은 영의정 황희가 중심이 되어 다시 논의하는 것을 허락하였다. 그리고 그해 7월 세종대왕은 공법 시행에 필요한 사목들을 세밀하게 마련해서 아뢰도록 하였다. 이에 호조에서는 이미 정한 3등도 3등전법의 세율을 1결당 약 2말씩 늘리도록 하였다. 공법 시행에 따른 세수 부족을 우려한 것이다.

하지만 세종 19년은 가뭄과 재해로 농사가 흉년이 들어, 확정된 공법의 시행이 어려웠다. 이에 황희와 이조 판서 하연 등은 그해의 조세를 답험손실법으로 징수할 것을 간청하였다. 다음날 세종대왕은 "각도의 조세는 공법을 버리고 예전대로 손실법에 의하여 민생에게 좋도록 하게 하라."고 명하였다. 이번에도 황희의 의견을 수용한 것이다.

다음해인 세종 20년 7월 세종대왕은 의정부와 육조에 "나는 경상·전라 양도의 인민들 가운데 공법의 시행을 희망하는 자가 3분의 2가 되면 우선 이를 양도에 시행하려니와, 3분의 2에 미달한다면 기어이 강행할 필요는 없다고 본다. 만약 이 법을 시행하여 어떤 폐단이 생기게 되면 즉시 이를 개정하곤 하면, 거의 그 폐단도 없게 될 것이다. 그러나 내 마음은 반드시 이 법을 시행하려는 것도 아니니, 경들은 이 법의 이해(利害)를 잘 알아서 속히 의논하여 아뢰도록 하라."고 명하였다. 시행이 정지된 공법에 대한 논의를 다시 시작하도록 한 것이다. 이 논의에서 황희 등의 의견은 너무나 제각각이었다.

> **영의정 황희(영의정)·이맹균(우찬성)**: 경상·전라 양도의 인민들은 토지가 비옥하고도 풍요하여 공법을 편리하게 여기는 자가 않으나, 강원·황해의 인민들은 작년에 공법을 시행한다는 영을 듣고 이를 불편하게 여기는 자가 많았던 까닭에, 드디어 정침하고 시행하지 않았던 것입니다. 만일 이를 시험하시려면 먼저 강원·황해 양도에 시행하여서, 인민들이 즐겨 따르게 하면 하삼도(下三道)에서 시행하여도 무엇이 어려울 게 있겠습니까? 다시

지방 인민에게 물어 볼 필요가 없는 것입니다.

허조(우의정): 공법은 경상·전라도의 백성은 비록 행하는 것을 희망하오나, 타도의 백성들은 원하지 않는 자가 많으므로 결단코 행할 수가 없사옵니다. 전대로 손실법(損實法)을 써서 힘써 중정(中正)을 얻도록 하게 하옵소서.

신개(좌찬성): 타도의 백성들이 공법의 시행을 원하지 않는다면 이를 양도에만 강행할 수는 없사옵니다. 만일 공법을 양도에 쓰게 되면 타도에도 손실법을 쓸 수는 없을 것입니다. 의당 각도로 하여금 그 편리 여부를 물어서 일체로 이를 시험하여야 할 것입니다.

우승범(호조 참판): 손실답험(損實踏驗)은 많은 착오를 가져왔기 때문에, 공법의 편리 여부를 일찍이 인민들에게 물어서 논의 결정한 것이오니, 마땅히 경상·전라 양도에 이 공법을 세우고 수년간 시험하여 민정의 반응을 보도록 하옵소서.

황희 등은 공법의 시험 실시를 먼저 강원도와 황해도에 시행하자고 주장하였다. 척박한 땅이 많은 강원도와 황해도 백성은 공법을 싫어하기 때문에 두 곳에 먼저 시험 실시를 하여 의견을 물어야 한다는 것이다. 이는 세종대왕이 경상·전라 양도에 공법을 시험하고자 한 것과 반대다. 세종대왕은 "그 공법을 행할 수 없다고 이르는 자는 다시 더 말할 것이 없거니와, 시행할 만하다고 이르는 자도 혹은 지방 인민에게 물은 연후에 행해야 한다고 하고, 혹은 물어 볼 필요가 없다고 하여 논의가 일치되지 않으니, 모름지기 다시 귀일(歸一)을 본 연후에 결정할 것이다. 내일 다시 의논하도록 하라."고 하였다. 다음 날 안순·신개·조계생·하연 등을 불러 다시 의논하게 하니, 안순과 신개 등은 "공법에 대한 편리 여부는 이미 현지 인민에게 물은 바 있사오니, 우선 경상·전라 양도에 그 편익 여부를 시험하게 하옵소서."라고 하고, 우승범·안숭선 등은 "대사를 도모하는 자는 여러 사람과 더불어 모의하지 않는다 하옵니다. 우선 앞서 정한 법을 전라·경상 양도에 시험하게 하옵소서."라고 하여, 드디어 이로써 논의를 확정짓고, 경상·전라 양도에 공법을 시험 실시하게 하였다. 이날 황희는 회의에 참석하지 않았던 것으로 보인다.

3. 재상감면을 두고 세종대왕과 충돌하다

세종 20년부터 경상·전라 두 곳에 3등도 3등전의 시험공법이 실시되었다. 그러나 그해 전라도와 경상도에 큰 장마로 수확이 어렵게 되자, 두 도의 관찰사와 백성들은 재상(災傷)에 따른 조세의 감면을 요구하였다. 이에 세종대왕은 그 대책을 정부와 의논하였다. 이때 영의정 황희 등은 재상에 따라 조세를 감면해야 한다고 주장하였다.

공법의 좋지 아니함이 이러합니다. 윗 항목의 썩어 손상된 땅은 불가불 면세해야 할 것이오니, 만약 면세하지 아니하면 민생이 반드시 곤란할 것입니다. 우리나라는 산천이 매우 많아서 중국의 넓고 평탄한 것과는 같지 아니합니다. 한 집에서 경작한 것이 온통 손상된 자가 반드시 많을 것이오나, 가령 10무(畝)를 경작하는 자가 9무가 썩어 손상되었으면 1무는 비록 거두었어도 1년 생활에 반드시 부족할 것이니, 9무의 조세를 어찌 하겠습니까. 신 등은 생각하옵기를, 여럿이 다 아는 물에 잠긴 땅이라면 면세하는 것이 마땅히 유익할 것입니다.

이러한 주장은 세종대왕의 뜻과 완전히 맞지 않았다. 공법을 시행하면서 개별적으로 재상에 따라 면세하는 문제는 간단한 일이 아니었기 때문이다. 공법은 원칙적으로 재상에 따른 감면을 일체 인정하지 않는 것인데, 그렇다고 재상에 따른 감면을 실시하지 않으면 그동안 답험손실법에 익숙해진 백성들의 불평은 커질 수밖에 없었다. 따라서 재상 문제는 공법이 완성된 후에도 많은 논쟁이 일어났고, 개정되었다.

때문에 세종대왕은 이 문제를 호조에 명하여 대책을 의논하게 하였다. 호조에서는 개별적인 재상은 인정할 수 없지만 10결 이상의 넓은 지역이 재상을 입을 경우 면세하자는 방안을 건의하였다. 세종대왕은 이를 시행하도록 하였다. 하지만 황희와 허조는 이 방안에 반대하면서, 감면하는 재해 면적을 3~4결로 낮출 것을 주장하였다. 가난한 백성들은 10결 이상의 전답을 소유한 경우가 없는데, 10결이 잇따라 재해를 입은 경우에 면세하는 것은 '부익부 빈익빈'의 현상이 초래할 수 있기 때문이다.

이때 황희 등의 주장은 받아들여지지 않았지만 최종 공법이 완성된 후에도 영향을 미쳐, 세종 28년에 온 전답이 재상을 당한 경우 감면하도록 개정되었으며, 세조 때에는 각 전답의 50% 이상이 재해를 입으면 재해율에 따라 감면하도록 『경국대전』에 규정하였다. 황희는 백성들을 넉넉하게 하는 정치란 백성으로부터 너그럽게 징수하는 것이지, 곡식을 풀어서 백성들을 진휼하는 데에는 있지 않다고 하였다. 구휼도 중요하겠지만 조세제도를 바르게 하여, 백성들이 굶주림의 고통에 빠지지 않도록 사전에 예방하는 정책이 더 중요하다고 한 것이다.

이처럼 황희가 재해 감면의 폭을 확대할 것을 주장한 것은 백성을 위한 정치이다. 그렇다고 공법에서 감면을 최소화하려는 세종대왕이 위민(爲民)하지 않는 것은 아니다. 세종대왕은 일일이 재해의 감면을 인정하게 되면 답험손실법의 폐단이 다시 되살아나고, 관리들의 재량권이 확대되어 필요 없는 조세비용 부담이 늘어나, 힘없는 백성들은 고통당할 수밖에 없다고 확신하였다. 결과적으로 황희가 주장하는 개인별 조세공평을 완전히 추구하여 백성을 편하고 넉넉하게 하느냐, 세종대왕이 목표하는 재량권 없는 공법으로 조세를 징수하여 관리들의 부정부패를 근절시켜 백성들의 생활을 편하게 하느냐의 문제였다. 그 당시의 상황에서는 황희의 주장은 이상적이고, 세종대왕의 주장은 보다 합리적이고 현실적인 것이다.

결국 전라도와 경상도에 공법이 시험 실시된지 2년 후, 영의정 황희는 다음과 같이 또 다시 공법 시행을 반대하면서 답험손실법으로 할 것을 주장한다. 그 자리는 의정부에서 시험 실시한 공법안의 개선책을 논할 때였다.

> 공법을 시험한 지도 지금 3년인데, 그 도의 백성으로서 좋아함과 싫어함이 같지 않은 중에도 싫어하는 자가 많은 편입니다. 지금 비록 상등도라 하더라도 모두 상등 조세를 거두는 것이 아니며, 각각 3등급으로 조세를 거두고 있는데 땅의 품질이 같지 않다는 말로써 핑계하는 것은, 감히 배척하는 말을 못하는 것뿐이고 바로 공법을 시행하지 않으려는 것입니다. 땅의 품질이 3등인 삼도의 백성도 오히려 싫어하니, 하물며 경험하지 못한 경기·강원·황해의 백성의 좋아하고 싫어할 것도 알 수 있습니다. 신은 그윽이 생각하건대, 이 법을 마침내는 시행하기가 어려울 것이니, 바라옵건대, 위관이 전답의 손실을 정확하게 조사하는 제도를 엄하게 하고, 인하여 조종 때부터 마련한 답험손실법의 『경제육전』 대로 하는 것이 어떠합니까?

4. 경무법에 따른 전분5등·연분9등을 반대하다

　황희는 마음이 넓고 모가 나지 않았으며, 윗사람이나 아랫사람에게 한결같이 예의로써 대하였지만, 국사를 의논할 때에는 전례를 잘 지켜 고치고 바꾸는 것을 좋아하지 않았다. 그런 성품 때문에 국가의 가장 중요한 정책이라 할 수 있는 세법을 개정하는 경우에 세종대왕과 맞섰다.

　세종대왕이 황희에게 백성이 원망하는 것과 백성을 기쁘게 할 일을 각각 다 말해보라고 하자, 황희는 때를 만난 듯 공법을 혁파하고 답험손실법의 시행을 주장하였다. 공법이 완성되기 1년 전(세종 25년)으로 그는 16년 동안 세종대왕이 혼신을 다해 추진하고 있는 핵심 국가정책인 공법을 반대한 것이다.

　세종대왕은 "공법을 설정한 것은 백성에게 편하게 하려 함이었는데, 황희는 혁파하기를 청하고, 신개는 실행하기를 청한다. 이 두 신료의 의논이 같지 아니하므로 좇을 바를 알지 못하여, 나도 역시 결단할 것을 알지 못하겠다."고 하소연하면서, 승정원에 공법에 대한 의견을 허심탄회하게 말하라고 하였다. 황희의 반대가 얼마나 거셌는지 짐작할 수 있다. 그리고 황희의 반대를 16년째 듣고 있는 세종대왕도 대단하다.

　이처럼 조정에서 공법에 대한 논쟁은 끝이 보이지 않았다. 세종대왕은 공법의 문제에 대해서 더 이상 시험과 논의만 할 수 없었다. 더욱이 재위 25년부터는 세종대왕의 건강이 좋지 못하였다. 신하들의 반대에도 불구하고 건강을 이유로 세종 24년부터는 세자에게 일부 정사를 처결하도록 위임한 상태에서, 국가정책 중 가장 중요한 공법의 제정을 마무리 짓지 않으면 안 되었다.

세종 25년은 공법 제정의 분기점이었다. 그해 여름은 가물고, 가을에는 장마로 흉년을 당하였다. 공법의 치명적인 약점은 흉년에도 감면 없이 동일하게 조세를 징수하는 것이다. 그래서 사간원에서는 공법의 폐지를 주장하였다. 결국 세종대왕은 새로운 방안을 구상하지 않으면 안 되었다. 기존에 하삼도에 시행하고 있는 시험공법을 강행하기에는 그 타당성과 합리성 면에서 대신들을 설득하기 어려웠고, 전국적인 백성들의 지지를 받을 수 없었다. 세종대왕은 고심 끝에 독자적으로 경무법(頃畝法)*에 따른 전분5등과 연분9등의 공법을 제안하였다.

세종대왕이 우리나라의 전통적인 결부법을 버리고 경무법을 제안한 이유는 정확히 알 수 없다. 다만, 새로운 공법을 시행하기 위해서는 전국적인 양전이 필요하기 때문에, 복잡하고 시간이 많이 소요되는 결부법보다는 측량이 간편한 경무법을 제안한 것으로 보인다. 또한 양전하는 방법을 바꾸어 오랫동안 쌓인 양반 관리들의 은결(隱結)과 누결(漏結) 등을 보다 쉽게 파악하고자 한 의도도 있었다.

그 자리에는 황희·신개·하연·황보인·권제·정인지 등 공법에 관

---

* 경무법은 중국에서 쓰던 토지의 면적계산 단위법으로 주척 5자 평방을 1보, 240보를 1무, 100무를 1경으로 하였다. 결부법과는 달리 토지의 생산량과는 관계없이 절대적인 면적으로 측량한다.

련된 핵심 인물들이 참석하였다. 세종대왕이 제안한 전분5등과 연분9등의 공법은 지난 16년 동안 논의된 모든 방책을 종합한 것이다. 조세를 징수하기 위하여 전품을 나누는 것은 중국식 공법에서도 볼 수 있지만, 연분등제를 공법에 도입한 것은 세종대왕의 새로운 결단이다. 세종대왕은 답험손실법으로의 회귀는 곧 조세의 부정부패를 용인하는 것으로 생각하였다. 답험손실법을 다시 시행할 경우 양반관리들은 부당한 방법으로 부를 축적할 수 있지만, 가난한 백성은 굶주림의 고통에서 벗어날 수 없다고 확신하고, 풍흉에 따른 백성들의 조세 불만을 해소하기 위하여 답험손실법의 원리를 반영한 광역단위(군·현단위) 연분법을 도입한 것이다. 전분5등제는 세종 23년에 신개가 주장하였으며, 군현단위 연분9등제는 세종 22년에 하연이 주장하였다.

이 제안은 그동안 논의된 여러 방안을 고려하였지만, 세종 10년부터 조정에서 공법을 논의한 후 이처럼 세종대왕이 직접 구체적으로 공법안을 제시한 경우는 처음이다. 이에 여러 신료들은 불가할 것이 없다고 찬성하였다.

각 전답의 개별적인 수확량 조사는 관리와 땅 주인이 협잡하여 탈세와 부정이 일어날 여지가 많기 때문에, 세종대왕은 조정에서 군현단위로 연분을 결정한다면 이전의 시험공법보다는 조세의 공평성과 편의성이 훨씬 높아질 수 있다고 생각하였다. 하지만 그 자리에 있던 안순 등 몇몇 조정 대신들은 해(年)를 9등으로 나누는 것은 옳지 않다고 하면서, 3등 혹은 5등으로 나누는 것을 주장하였다.

그러나 세종대왕은 그해 11월 2일 경무법에 따른 전분5등·연분 9등의 공법을 시행하기 위한 3가지 지침을 다음과 같이 상세하게 지시하였다.

첫째, 종전에는 3등 전척(田尺)의 장단과 3등전 방면(方面)이 그 차가 고르기는 하나 실지 면적의 차는 고르지 못했다. 밭을 계산하는 수지척과 결부법은 옛 제도대로 하지 않는다. 종전 그대로 하는 것이 불편하니 마땅히 주척을 써서 고쳐 측량하여야 할 것이나, 1~2년 내에는 고쳐 측량하기가 쉽지 않으니 우선 구 전안(田案)을 가지고 먼저 5등의 전품으로 나누고, 결(結)·복(卜)·속(束)·파(把)를 고쳐 경(頃)·묘(畝)·보(步)의 법으로 만들어 5등의 조세를 거둔다.

둘째, 지난날에 도를 3등으로 나누고, 고을을 3등으로 나누며, 전답을 3등으로 나누었는데 실은 정밀하지가 못하였다. 대개 수전은 하삼도에 비옥한 것이 많고 경기·황해도가 다음이고, 강원·함길·평안도가 그 다음이다. 한전은 비옥하고 척박한 것이 8도가 거의 한결같고, 또 한전의 소출이 수전에 미치지 못한다. 이제 마땅히 수전과 한전을 각각 5등을 나누어 한전 1등은 수전 2등에 준하고, 한전 5등은 수전 5등의 아래에 있게 하여, 각 도 각 고을을 등급 지어 나누지 말고, 팔도의 전지를 합하여 다만 전품을 보아서 등급을 나눌 것이다.

셋째, 지금 상·중·하 3등의 세율을 각각 3등으로 나누어 합해 9등으로 만들어야 할 것이다. 단지 3등으로만 나누면 상하 사이의 조세의 경중이 너무 두드러지게 다를 것이니, 만일 9등으로 나누면 비록 맞지 않더라도 심히 서로 멀지는 않을 것이다. 매년 9월에 각 고을의 수령이 화곡의 결실 상황을 살피어, 그해의 등급을 관찰사에게 보고하고, 관찰사는 다시 검토를 가하여 수전과 한전을 각각 따로 등급을 나누어 계문하되, 만일 각 고을의 화곡이 크게 판이하면 각 고을의 등급을 나누어 보고하라.

세종대왕은 의정부와 육조에 명을 내려 공법을 시행할 수 있도록, 호조는 지방 관아에 이를 자세히 알리라고 하였다. 그리고 3일 후, 세종 25년 11월 5일에 경차관 스무 명을 전라·충청·경상도에 나누어 보내 전품의 등급을 나누게 하니, 호조에서 전품을 나누는 사목을 상정하였다. 경무법에 따른 전분5등·연분9등의 공법을 실시하기 위한 행정적인 절차가 진행된 것이다. 더욱이 공법 시행을 차질 없이 진행하기 위하여 전담 특별기구인 '전제상정소(田制詳定所)'를 설치하고, 진양대군(훗날 세조) 이유(李瑈)를 도제조를 삼고, 의정부 좌찬성 하연·호조 판서 박종우·지중추원사 정인지를 제조로 삼아 공법에 대한 업무를 수행하도록 하였다. 세종대왕의 이러한 행보는 이전에는 볼 수 없었다. 세종대왕은 재위 25년 10월 27일에 전분5등·연분9등제를 결정하고 불과 8일만에 공법 시행에 필요한 모든 후속 조치를 신속하게 처리하였다.

이렇게 경무법에 따른 전분5등과 연분9등의 공법을 시행하기 위한 준비 작업은 수개월 동안 진행되었다. 그러나 다음 해인 세종 26년 6월 신하들과 함께 폐단이 없는 공법의 시행 방도에 대해 다시 한 번 논의할 때, 전제상정소는 "경무법으로 나누는 것은 비록 옛 제도라 하나, 큰 이해가 백성에게 없는 데도 보고 듣는 데에 해괴하며, 또 전분5등과 연분9등은 총계가 50여 건으로 계산하기가 번거롭고 복잡하며, 간사한 아전들이 이로 인연하여 도둑질하게 됩니다."라고 부정적인 의견을 내었다. 영의정 황희 역시 "경무법은 한갓 보고 듣는 자로 놀라게 할 뿐이오며, 연분9등은 절목이 또한 복잡하오니, 마땅히 결부법에 의해서 한결같이 이미 행한 공법을 따를 것이오며, 만일 미진한 데가 있으면 다시 상정하게 하소서." 하며 경무법을 반대하였다.

 그동안 진행해 온 세종대왕이 제안한 공법안을 단칼에 반대한 것이다. 이에 세종대왕은 호조 판서 박종우 등을 불러서 "근일에 대신들 여럿이 의논하여 이르기를, '이제 상정한 전품의 1~2등은 옛날에 비해서 더 많다.' 하니, 나는 생각하기를 새 법은 쓸 수 없고 옛날대로 공법을 쓰는 것이 편리하기는 하나 공법도 역시 간혹 민폐가 있으니, 어찌하면 세법이 적당하게 되어 백성들이 원망하지 않겠느냐? 다시 잘 의논해서 아뢰라." 하면서 한발 물러섰다. 그리고 "경무법을 고쳐서 예전대로 결부법으로 하고, 5등전의 1~2등을 추이하여 6등으로 하며, 그 6등의 전지는 모두 주척으로 측량하고 토지의 넓고 좁은 것을 따라 동과로 조세를 거두는 것이 어떻겠는가?" 하면서 최종 공법안을 제안하니 모두 찬성하였다. 세종대왕은 황희 등의 뜻을 받아들여, 경무법을 결부법, 전분5등을 전분6등으로 수정한 공법을 제안하여 확정하였다. 황희 등의 경무법에 대한 비판을 수용한 것이다. 이로써 전분6등·연분9등의 공법이 최종 확정되었다.

그러나 끝난 줄 알았던 공법의 시행에 대한 반대가 그해 흉년으로 다시 일어났다. 결국 세종대왕은 "근일에는 공법을 시행하고자 하니, 모든 신민(臣民)들이 또 모두 불가하다고 하므로 내가 상세하고 명확하게 설명했으나, 아직도 오히려 깨닫지 못하니 내 공법의 시행을 정지하고자 한다."고, 또 다시 한발 물러섰다. 배수진을 친 것이다.

그리나 김종서 등이 "공법은 폐지할 수 없습니다."라고 주청하니, 세종대왕은 "옛날의 임금들은 일에 있어서 날카로운 의사로 강행하여도 사람들이 이의가 없었는데, 이 법을 세움에 대하여는 여러 번 자세히 설득했으나, 그 취지를 알지 못하므로 내가 정지하고자 하는 것이다. 그러나 큰일을 이미 결정하였다가 중도에서 폐지하는 것은 옳지 못하다."고 하면서 다시 진행하도록 하였다. 세종대왕은 답험손실법에 따른 폐단을 절대로 용납할 수 없기 때문에, 공법만이 최선이라는 생각을 끝까지 관철시켰다.

세종대왕의 뜻에 따라 결부법에 따른 전분6등(田分六等)·연분9등(年分九等) 공법의 세부지침을 마련하기 위해 현장 중심의 실무적인 검토와 통계적 조사 과정을 거쳐, 세종 26년 11월 13일에 전제상정소는 공법을 상정하여 최종 확정하였다. 세종대왕이 공법으로 조세를 개혁하고자 한 대장정이 마무리된 것이다.

세종대왕은 공법을 혁신의 대업으로 생각하였다. 그것은 오직 백성들의 넉넉함과 편의를 위해서였다. 하지만 황희는 이러한 세종대왕의 조세 혁신을 거의 18년 동안이나 일인지하 만인지상인 영의정 자리에 있으면서 앞장서서 반대하였다. 공법을 반대한 황희 때문에 세종대왕은 결단을 내리지 못할 만큼 힘들어 하였다. 하지만 세종대왕은 황희의 반대 의견을 항상 수용하여, 더 좋은 공평한 공법을 만드는 밑거름으로 삼았다. 황희를 혁신의 걸림돌이나 정적으로 본 것이 아니라, 그의 분경하려 하지 않는 성품을 포용하면서, 좀 더 나은 공법을 만들기 위한 동반자로 여긴 것이다.

　황희는 비록 왕명이라 할지라도 법과 제도의 개정이 백성의 입장에서 미흡한 것이 있다면 결코 물러서지 않았다. 그 결과 세종대왕이 처음에 시행하고자 한 중국식 공법이 우리나라에 맞는 연분9등·전분6등의 공법으로 변환되어 시행된 것이다. 황희의 정대함이 없었다면 도저히 불가능한 일이었다.

제3편

청렴

　청백리는 대신이나 대간 등의 추천을 받아 나라에서 공식적으로 선정한 청렴한 관리이다. 조선왕조 500년 동안 청백리는 228명이다. 청백리들이 지켰던 공직윤리는 수기치인(修己治人)의 덕목이며, 청렴·검소·도덕·경효·인의 등을 매우 중요시하였다. 이들은 국가에 대한 사명감, 충성심, 백성을 위한 봉사정신 등을 공직자의 윤리관으로 확립하였다. 이런 청백리 정신에서 가장 중요시한 것은 탐욕의 억제였다. 그래서 청백리 정신은 선비사상과 함께 이상적인 관료상이 되었다.

　조선시대 청백리 중 대표적인 인물은 세종 때의 황희와 맹사성, 명종 때의 박수량과 이원익을 손꼽는다. 이외에도 최만리·이현보·이황·김장생·이항복 등도 이름난 청백리이다. 맹사성은 황희와 함께 조선 전기의 문화 창달에 크게 기여한 명재상으로 입신양명했으며, 청백한 선비로 호는 고불·동포이다. 맹사성은 조선조 500년 동안 청백리의 사표가 될 만큼 성품이 청렴하고 검소하였다. 황희 또한 재상 중 으뜸 청백리였다.

조선 말기의 문신 이유원(李裕元, 1814~1888)이 편찬한 『임하필기(林下筆記)』에는 상신을 지낸 청백리 18명을 다음과 같이 수록하였다. 상신은 정승으로 우의정·좌의정·영의정을 뜻한다.

이원, 황희, 유관, 맹사성, 정문형, 허침,
구치관, 김전, 안현, 이준경, 이원익, 심수경,
이항복, 유성룡, 김상헌, 이시백, 홍명하, 이상진

여기에는 황희를 포함한 맹사성, 이원익, 이항복, 유성룡, 김상헌 등 우리가 익히 들어본 인물들이 포함되어 있다. 황희가 청렴결백한 관리였던 것은 누구도 부인할 수 없는 사실이다. 물론 황희의 졸기에 "청렴 결백한 지조가 모자라서 정권을 오랫동안 잡고 있었으므로, 자못 청렴하지 못하다는 비난이 있었다."고 적고 있지만, 이는 뜬소문에 불과한 것임을 확인할 수 있다. 황희가 청렴한 관리였던 것은 다음 글에서도 확인할 수 있다.

고 상신 황희가 정부의 모임에 갈 때 탁지관이 그가 추울까 걱정하여 율무죽을 드리자, 황희가 말하기를, "탁지가 어찌 재상의 아문에 음식을 지급하는가? 장차 논계(論啓)*하여 정배(定配)하겠다." 하였다 합니다. 한 그릇 율무죽이 탁지부

---

* 대간에서 신하가 임금에게 신하들의 잘못을 논박하여 보고함.

의 재용에 있어서 그야말로 있으나 없으나 한 것인데도, 이를 물리쳐 거절하는 것으로 부족하여 정배하겠다는 말까지 하였으니, 어찌 보면 지나치게 청렴한 것이고 어찌 보면 너무 편협한 것이라 할 수도 있을 것입니다.

(『홍재전서』 제134권, 고식(故寔) 6 국조고사)

황희가 자신을 생각해 준 율무죽 한 그릇에도 나라의 재정을 축내었다고, 죽을 준 관리를 야단 치고 유배를 보내겠다고 호통을 쳤다. 그가 평소에 청렴하지 않았다면 도저히 하기 어려운 행동이다. 황희가 청렴하지 않고 보통 사람 같았다면 60년의 관직 생활을 할 수 없었을 것이며, 24년의 상신 중 18년을 세종대왕과 함께 영의정으로 정사를 도모할 수도 없었을 것이다. 또한 감히 세종대왕 앞에서 "검소를 숭상하고 사치를 억제하는 일은 정치하는 데 먼저 할 일입니다."라고 말은 할 수 없었을 것이다.

그리고 성종 8년, 숭록대부(종1품)를 지낸 그 첫째 아들 황치신이 80세로 아직도 살아 있는데도 "세종조에 황희는 정승 노릇을 30년간 하였지만 가산을 돌보지 아니하여, 그 집이 텅 비었습니다."라고 말하고 있으니, 황희가 청렴 검소한 사람임에 틀림이 없다.

황희의 졸기에는 "집을 검소하게 다스렸다.[治家儉素]"라고 평가하고 있다. 노년의 삶을 행복하게 보내기 위해서는 평소에 청렴하고 검소함이 습관을 가져야 한다. 청백리로 유명한 영의정을 지낸 이원익도 쓰러져 가는 초가집에서 가난하게 87세까지 살았다.

이원익은 늙어서 직무를 맡을 수 없게 되자 바로 치사하였다. 그리고 금천에 돌아가 비바람도 가리지 못하는 몇 칸의 초가집에 살면서, 떨어진 갓에 베옷을 입고 쓸쓸히 혼자 지내니 사람들이 그가 재상인 줄 알지 못하였다.

다음 시는 탁광무(卓光茂, 1330?~1410?)가 어느 추운 겨울에 황희의 청빈한 생활을 걱정하며 안부를 묻는 시이다. 탁광무는 고려 말 간의대부(중서문하성의 정4품)를 지낸 인물로, 공민왕 때 우사의(右司儀)로서 신돈에 아부하여 행패를 부리는 홍영통을 탄핵하였다가 파직되기도 한 인물이다.

> 단아한 얼굴 본 지도 여러 해가 되었고
> 자네 소식 들은 지도 두어 달이 지났네
> 마음껏 놀기란 결국 쉽지 않아
> 생활에 시달려 숱한 괴로움만 겪네
> 나를 돌아 보건데 내 한 몸 안위만 생각하고 있으니
> 자네의 너그러운 덕의에 부끄럽기만 하다오
> 찬바람 불고 눈 내리는 밤 어찌 지내는지 알지 못하여
> 춥고 배고픈 사정 생각나서 안부를 묻고 싶네.
> 雅面多年別
> 佳音隔月看
> 優游終不易
> 契潤久經難

顧我安危係
羨君德義寬
莫知風雪夜
思欲問飢寒

　이 시는 탁씨의 가승(家乘)*에 있다. 탁광무는 황희의 덕성과 신의를 칭찬하면서, 추운 겨울 춥고 배고플 그를 걱정하고 있다.
　탁광무는 조선이 개국되고 나서는 벼슬길에 오르지 않았다. 그는 황희보다 36살이 많지만 두 사람은 안부를 주고받을 정도로 꽤 친하였다. 탁광무의 곧은 성품이 황희와 비슷하여, 두 사람은 나이 차이에도 불구하고 가까이 지낸 것이다.
　다음의 시는 황희가 탁광무에게 회신한 차운(次韻)이다.

산위의 밝은 달빛 발(簾) 틈으로 들어오니
당신의 소식이 달빛에 실려 온 것 같습니다.
도(道)를 늘 걱정하면 한가로움도 낙(樂)이지만
쉽게 안 것은 잊기도 또한 어려운 것인가 봅니다.
이별한 후로 편안하기를 바라는 꿈만 꿉니다.
언제 다시 만나 조용히 이야기 할까요.
휘날리는 눈보라가 비록 덮쳐 들어올지라도

---

* 혈통적 근원 내지 내력을 직계조상을 중심으로 하여 밝힌 가계기록.

방이 따뜻하니 추위는 가히 견딜만 합니다.

入簾山月白

消息瞥然看

憂道閑猶樂

易知忘亦難

共離成夢穩

相訪詩人寬

風雪雖侵內

溫房可耐寒

I

참다운 인생을 만든 검소함

1. 욕심 없는 유배 생활과 남원 광한루

황희는 56세에 고향인 남원으로 귀양을 갔다. 황희 선조의 원 고향은 전라도 장수현이었는데, 고려시대 이의방(?~1174)을 피해 남원으로 옮겨 대대로 살았다. 그래서 태종은 황희를 남원으로 안치한 것이다. 그 당시 60세까지 사는 사람이 많지 않았기 때문에 56세면 적은 나이가 아니었다. 우여곡절이 많아서인지 그 나이에는 정승 정도는 할 나이였다. 세종 즉위년에 영의정인 한상경은 황희보다 세 살이 위였고, 우의정 이원은 다섯 살 아래였다. 황희로서는 정승 한번 못해보고 관직 생활이 끝날 수도 있다는 아쉬움도 있었을 것이다.

그런데도 태종 18년 형조와 대간에서는 상소를 올려 "충직은 인신의 큰 절개이니, 남의 신하가 되어서 충직한 마음이 없는 자는 하루라도 천지 사이에 구차스레 용납할 수가 없습니다. 황희가 다행히 성상의 은혜를 받아 지위가 재보(宰輔)에 이르렀으니, 진실로 마음을 다하여 성상의 은혜에 만의 하나라도 보답하기를 생각하여야 마땅합니다. 난적 구종수는 대저 사람들이 함께 주멸(誅滅)해야 할 바인데, 황희는 이에 가볍게 논하여 상달하였고, 또 주상이 친문할 때를 당하여 바른 대로 대답하지 아니하였으니, 그가 충직한 마음이 없는 것을 결단코 알 수가 있습니다. 전하가 특별히 차마 죄 주지 못하는 마음으로 다만 직첩만을 거두고 폐하여 서인으로 만드니, 그 악을 징계하고 선을 권하는 의리에 있어서 어찌 되겠습니까? 엎드려 바라건대, 전하는 황희의 불충하고 곧지 못한 죄를, 명하여 유사에 내려 안율(按律)하여 시행하소서." 하며, 죽이기를 간청하였으니 목숨이 풍전등화였다.

뿐만 아니라 세종대왕이 즉위하자 의정부를 비롯한 육조와 사헌부 등에서는 잇따라 상소하여, 황희는 군부(君父)의 원수이므로 법에 따라 처벌할 것을 더욱 강력히 주청하였다. 황희가 태종의 큰 은혜를 잊고 이에 두 마음을 품었으니 불충하고 정직하지 않다는 것이다. 다음은 세종 즉위년 사헌부에서 상소한 내용이다.

> 황희는 다만 물음에 대답할 즈음에만 정직하지 못함이 있을 뿐만 아니라, 구종수를 보기를 난적으로 여기지 않고, 경한 죄로 논하여 아뢰었으니, 그 참람한 마음은 이숙번과 같

지 않음이 없습니다. 엎드려 바라옵건대, 전하께서는 유의하시고 밝게 살피셔서, 공의로써 결단하여 반역 불충한 사람들을 밝게 법에 처하시면, 종사 매우 다행할까 하나이다."

그나마 다행인 것은 태종과 세종대왕이 이러한 주청을 모두 물리쳤다는 것이다. 특히 남원으로 귀양간 처음 1년여 동안 조정에서는 계속하여 황희의 중벌을 주청하였지만, 태종과 세종대왕은 윤허하지 않았다. 그리고 상왕 태종은 "황희는 그 죄가 더 가볍다. 황희가 만일 옛날에 친문(親問)할 때에 실지대로만 대답했으면 옳을 것인데, 그대로 숨겨 둔 것은 바르지 않은 것이므로 본향인 남원에 안치한 것이니, 그 처자를 거기에 보내어 편안히 생활하게 함이 가하다."고 하였다.

태종이 황희의 죄를 가볍게 여기고 더 이상 윤허하지 않자, 대간들은 세종대왕에게 "만세로 내려가며 용서하지 못할 것이니, 원컨대 전하는 즉위한 처음에 부왕을 위하여 불충한 자를 베어서 강상을 바르게 하소서."라며 중벌을 청했다. 하지만 세종대왕 역시 "무릇 큰 일이 있으면, 반드시 부왕의 명을 받아서 했으니, 내 어찌 베고 죽이는 것을 마음대로 할 수 있으리오."라며 부왕인 태종을 핑계하여 더 이상 황희에 대해서 말하지 말라고 선을 그었다.

이러한 태종에 대한 믿음에서였을까 황희의 귀양생활은 절망이 아니라 근신과 앞날에 대한 대비로 일관하였다. 이미 60세를 바라보는 나이의 귀양살이는 체념과 원망의 세월일 수 있었으나, 황희는 귀양지에서 초당의 문을 닫아걸고 손님이든 친구든 일체의 방문객을 사절하고는 단정히 앉아 『예부운략(禮部韻略)』이라는 운서 한 질을 벗 삼아 공부에만 전념하였다. 그래서 그 뒤에 비록 나이가 들어도, 자서(字書)의 음과 뜻, 편방(偏傍)과 점획(點劃)에 대해서 백에 하나라도 틀리는 것이 없을 정도 였다. 『예부운략』은 중국 송나라 때 편찬된, 시부(詩賦)를 지을 적에 운을 찾기 위하여 만든 운서로 사전의 일종이며, 주로 과거에 응시하는 선비들의 필독서였다.

  황희의 남원 유배 생활에 대한 기록은 거의 없다. 다만, 남원 유배 생활을 짐작케 하는 시조가 『가곡원류』에 2편이 남아 있다. 첫 번째 시조에서는 황희의 답답한 마음을 엿볼 수 있는데, 특히 종장의 촉백성중(蜀魄聲中)은 저 옛날 중국 촉나라 황제가 억울하게 죽은 뒤에 그 넋이 소쩍새(두견새)가 되어 운다는 전설에서 유래한 말이다.

      청계상(淸溪上) 초당외(草堂外)에 봄은 어이 늦었는고
      이화(梨花) 백설향(白雪香)에 유색황금눈(柳色黃金嫩)이로다
      만학운(萬壑雲) 촉백성중(蜀魄聲中)에 춘사(春思) 망연(茫然) 하여라

  이미 바깥세상은 봄이 왔건만 황희가 거처하는 초가집에는 봄이 올 기미가 보이지 않는다는 말은, 어쩌면 억울한 귀양살이에서 벗어나지 못한 심정을 드러낸 것이다.

  그리고 다음의 시조도 남원에서 귀양 중에 쓴 것으로 보인다. 황희는 90 평생에 60년 동안 관직에 있었기 때문에, 남원 유배 생활만

큼 시골의 향취에 묻어 있을 시간이 없었다.

　　　　대쵸볼 불근 골에 밤은 어이 뜻드르며
　　　　벼 뷘 그루에 게는 아이 나리난고
　　　　술 익자 체 장수 돌아가니 아니 먹고 어이리.

　대추가 붉게 익고 밤이 떨어지는 가을, 벼를 벤 논에는 게들이 떨어진 이삭을 찾아 분주하게 움직이는 가을날의 정취를 흠뻑 담고 있다. 하지만 이러한 가을의 풍경 속에서도 황희의 마음은 여러 가지 생각에 갈피를 못 잡는 듯하다.
　시간적 배경을 보면 앞의 시조는 봄이요, 뒤의 시조는 가을이다. 봄에서 가을까지 기다렸지만 한양에서 오라는 소식은 오지 않고 체장수가 오니, 마음을 달래러 새 체로 술을 걸러 한잔 하겠다는 심사이다. 황희는 그의 생을 귀양지에서 그대로 끝내고 싶지는 않았을 것이다. 나이 60이 된 황희지만 자나 깨나 조정에서 자신을 불러주기를 학수고대하고 근신하며 살았다.
　그런데 황희는 남원의 유배 생활에서 '광한루(廣寒樓)'를 남겼다. 황희는 세종 1년(1419) 남원에서 남쪽으로 2km쯤 떨어진 곳, 지대가 높고 평평하며 풍광이 아름다운 터에 조그마한 누각을 지어놓고 이름을 '광통루(廣通樓)'라고 하였다.
　이러한 사실은 황희의 아들 황수신이 우찬성(종1품)일 때인 세조 4년에 이곳을 방문하여 누각에 올라 지은 '누정기(樓亭記)'에 실려 있다.

황수신은 "황희가 세자 양녕대군의 폐출 불가론을 주장하다 태종의 노여움을 사 교하(交河, 지금의 파주)에 유배되었다가, 다시 남원으로 이배(移配)되어 조그마한 누각을 세워 '광통루'라 하였다."고 적고 있다. 또 "아, 호남의 경치 좋은 곳으로 우리 고을보다 나은 곳이 없고, 내 고장 경치 좋은 곳 중에 광한루보다 나은 곳이 없다."고 하였다.

이 광통루를 세종 16년(1434)에 남원부사 민여공이 주변을 고치고 새로 누각을 중수하였다. 그리고 세종 25년(1443) 전라도 관찰사 정인지가 광통루를 거닐다가 아름다운 경치에 취하여, 이곳을 달나라 미인 항아가 사는 월궁 속의 광한청허부(廣寒淸虛府)라 하였는데, 이후 '광한루'라 부르게 되었다. 지금 있는 광한루 건물은 정유재란 때 불에 탄 것을 인조 16년(1638)에 다시 지은 것이고, 부속 건물은 정조 때 세운 것이다. 『임하필기』에는 다음과 같이 기록하고 있다.

전라북도 남원에 있는 광한루.

> 광한루는 남원루 남쪽 2리에 있는데, 옛 이름은 광통루인
> 바 세월이 오래되어 무너져서 황폐해졌다. 그래서 세종 갑인
> 년(1434, 세종 16)에 부사 민공(閔恭)이 다시 고쳐 짓고, 정인지가
> 지금의 이름으로 바꾸었으며 황수신이 그 기문(記文)을 지었
> 다. 그 뒤 선조 정유년(1597, 선조 30)의 왜란 때에 불타 버렸는
> 데, 기해년(1599, 선조 32)에 부사 원신이 간략하게 작은 누각을
> 지었으며, 인조 병인년(1626, 인조 4)에 부사 신감이 비로소 중건
> 하였다.
>
> (『임하필기』 제13권, 문헌지장편)

남원 광한루 하면 성춘향과 이몽룡의 사랑 이야기가 떠오르지만, 황희가 검소하게 수신(修身)한 곳이다.

2. 거친 베옷과 해진 도포 한 벌도 괜찮다

세종대의 청백리에는 황희를 비롯한 맹사성과 최만리 등이 있다. 그 중 황희의 청렴하고 검소한 이야기는 후대에서도 자주 회자되었다. 황희의 집은 가난하여 비만 오면 물이 줄줄 샜다. 그래서 황희의 검소와 절약은 언제나 벼슬아치의 모범이 되었다. 그의 검소한 생활은 한 쪽 눈을 가리고 번갈아 책을 읽으며 시력까지 아낄 정도였다.
하루는 세종대왕이 민가에 사치스러운 풍습이 있음을 걱정하며

황희에게 말하였다. 이에 황희는 자신부터 이를 바로잡은 뒤에 대답을 드리겠다고 한다. 그러고는 대포(옷을 만드는 거친 베)로 장복과 속옷을 만들어 입고 들어와서 "신이 백관을 통솔하는 자리에 있기 때문에 신이 먼저 실천하였습니다. 이와 같이 신이 먼저 실천한다면 백관들이 어찌 감히 과다한 사치를 할 수 있겠습니까?" 하였다. 그러자 사치스런 풍조가 크게 고쳐졌다.

중종 28년에 대사헌 심언광(沈彦光, 1487~1540)은 "지금은 사치가 습속이 되어서 항간에서 잔치를 베풀 경우는 수만금을 허비하여 산해의 진미를 갖춘 뒤에야 잔치를 베풉니다. 선왕조에서는 술 마시는 자가 잔(盞)을 사용하지 않고 다만 종지로 서로 술을 권하되 약간 얼근하면 곧 그만두었는데, 지금은 술 그릇에 금은을 사용하기까지 하고 종지를 쓰는 자는 볼 수가 없습니다. 궁실로 살펴보면 세종조의 황희와 허조, 성종조의 어세겸이 살던 집은 극히 검박하였는데, 지금은 비록 유생이라 할지라도 조금만 부유하면 저처럼 검박하게 살려는 자가 누구이겠습니까? 대체로 지금의 풍속이 이와 같습니다. 대간과 시종이 매번 왕자의 저택이 제도에 지나치다고 논하지만, 능히 성상의 마음을 감동시키지 못하는 것은, 그 사람 자신이 먼저 사치를 하기 때문입니다. 그러나 이런 폐단을 개혁하려면 반드시 위에서 먼저 사치를 막는 것으로 모범을 보인 뒤에야 아랫사람들이 본받을 것입니다. 또 세종조에서는 비록 녹사가 수령이 된다 하더라도 관물을 가질 마음을 갖지 않았는데, 지금은 사대부로서 수령이 된 자라도 관물을 꺼림없이 실어가며 보물 그릇을 공공연히 자랑하면서 부끄러워하지 않으니, 지금과 같은 풍속은 모름지기 기강을 혁신시킨 뒤에야 다스릴 수가 있는 것입니다."라고 하였다.

그리고 정조 때에는 사치 풍조가 더욱 심해져 황희의 이러한 청렴을 본받자고 이구동성으로 이야기를 하였다. 『홍재전서(弘齋全書)』에서도 "지난날 황희가 거친 베옷과 해진 도포를 입고 정부에 나와 공무를 보자, 이튿날 비단옷을 입은 자들이 모두 바꿔 입고 나왔다는 말이 지금까지도 전해지고 있다. 오늘날 재상 중에 어느 누가 이렇게 할 수 있겠는가. 생각하면 개탄스러울 뿐이다."라고 하였다. 그리고 정조 2년 사직 윤면동은 "고 상신 황희가 통나무집에 남루한 갓과 실띠를 매었던 검소함을 묘당(廟堂, 조정)에서부터 시작할 수는 없겠습니까?"라고 말하였다.

또한 정조 3년 민경세는 궁궐의 의복과 물건을 검소하게 할 것을 청하면서 "신이 듣건대, 세종장헌대왕께서 일찍이 풍속이 사치한 것을 근심하여 연석에 나아가 탄식하시니, 고 상신 황희가 아뢰기를, '오늘부터 비롯하여 전하께서 허름한 옷을 입는 덕을 힘쓰시기 바랍니다. 신도 무명 이불을 덮는 검약으로 백관을 이끌겠습니다.' 하였는데, 뒷날 조연(朝宴)에서 세종대왕께서 몸소 빤 옷을 입으시고, 고 상신도 폐포(弊袍)를 입으니, 그래서 조정의 백관이 다투어 본받아 감히 화려한 복식으로 반행(班行)에 출입하지 않아서 풍속이 일변하였다 하니, 아! 성대합니다."라고 하였다. 이 모두 황희의 검약함을 본받자 하였으니, 그의 검소함은 조선의 모범이 되었다.

황희의 검소함에 관해 다음과 같은 설화가 전해져 온다.

어느 겨울 밤, 퇴궐한 영의정 황희가 부인에게 말하였다.

"부인, 서둘러 옷을 뜯어서 빨아주시오. 밤새 말리고 꿰매면 내일 아침 입궐할 때 입을 수 있을 것이오."

황희는 겨울옷이 한 벌밖에 없었다. 그래서 빨랫감을 부인에게 내어주고 속옷차림으로 책을 읽고 있었다. 그런데 그때였다.

"대감 마님, 속히 입궐하라는 어명이십니다."

부인은 당황해 하며 말하였다.

"에구머니, 이 일을 어쩐단 말입니까? 어서 입궐하셔야 하는데 무얼 입고 들어가신단 말입니까?"

황희는 잠시 생각하다가 말하였다.

"하는 수 없소. 그 솜이라도 가져오시오."

"솜이라니요?"

"바지저고리를 뜯어 빨았으면 솜이라도 있지 않겠소?"

"대감도 참 딱하십니다. 어떻게 솜만 꿰매 입고서 입궐하시겠단 말씀입니까?"

"그럼 어쩌겠소? 어명이니 입궐하지 않을 수도 없고, 그렇다고 벌거벗은 채 관복만 걸칠 수는 없는 일이니, 어서 솜을 가져오시오."

황희는 부인이 가져온 솜을 몸에 둘렀다.

"부인, 굵은 실로 좀 누비시오."

부인이 바지 솜과 저고리 솜을 실로 얼기설기 이어 주자,

황희는 그 위에 관복을 덧입고 서둘러 입궐하였다.

대궐에 들어섰을 때는 이미 세종대왕이 여러 신하들과 경상도에 침입한 왜구를 물리칠 대책을 강구하고 있었다. 그런데 희미한 촛불 사이로 세종대왕의 눈에 황희의 관복 밑으로 비죽이 나온 하얀 것이 얼핏 보였다.

세종대왕은 그게 수달피인 줄 알고 속으로 생각하였다.

'그것 참 이상하도다. 청렴하고 검소하기로 소문난 황 정승이 수달피로 옷을 해 입다니!'

회의가 끝나고 세종대왕은 황희를 가까이 오라고 일렀다.

"과인이 듣기로 경의 청렴결백이야말로 모든 이의 귀감이 되고 있는 것으로 아는데, 어찌 오늘은 수달피 옷을 입으시었소?"

황희는 당황하여 가까스로 대답하였다.

"전하, 아뢰옵기 황송하오나, 실은 저어……. 이것은 수달피가 아니오라 솜이옵니다."

"솜? 솜이라니? 왜 솜을 걸치고 다니시오?"

"예, 전하, 신은 겨울옷이 한 벌뿐이라……, 오늘은 마침 일찍 퇴궐했기에 그 옷을 뜯어서……."

"이리 좀 더 다가오시오, 이럴 수가!"

세종대왕은 황희의 옷 밑으로 삐져나온 솜을 만져보았다.

"아무리 청빈한 생활을 한다 해도 어찌 단벌로 겨울을 날 수 있겠소. 여봐라! 황 대감에게 당장 비단 10필을 내리도록 하라!"

황희는 정색을 하며 아뢰었다.

"전하, 아뢰옵기 황송하오나 방금 내리신 어명을 거두어 주시옵소서. 지금 이 나라 백성은 계속된 흉년으로 헐벗고 굶주리는 자가 많사옵니다. 이런 때 어찌 영상인 신의 몸에 비단을 걸치겠습니까? 솜옷 한 벌로도 과분하오니, 통촉하여 주시옵소서."

"오! 과연 경다운 말이오. 과인이 용포를 걸치고 있음이 부끄럽소이다."

결국 세종대왕은 비단을 하사하라는 명을 거두었다.

황희는 87세에 영의정에서 물러나 반구정(伴鷗亭)에서 3년을 보내면서 여생을 마무리하였다. 그는 그곳에서 갈매기와 함께 어울려 살며 세상의 벼슬을 뜬구름처럼 여겼다. 임진강이 내려다 보이는 반구정 가까이에 후손이 살고 있었지만, 그가 죽은 지 200년 후 집은 허물어져 소가 쟁기를 끄는 밭이 되어 버렸다.

황희의 집은 30년이 안 되어 텅 비었으니, 100년이 흐르고 200년이 흐른 후에 집터가 밭이 된들 이상할 것이 없었다. 그는 죽어서도 청빈하였는데, 자손 역시 검소함을 이어갔다. 후손들은 가난하여 황희 무덤조차 돌보지 못하였다. 황희를 이어 세조 13년에는 셋째 아들 황수신이 영의정에 올랐고, 첫째 아들은 종1품에 그 자식들은 다섯 명이나 과거에 급제하였지만, 그 후손들은 재물을 모으지 않았다.

반구정기

반구정은 그 옛날 태평 시대의 정승 익성공 황희의 정자이다. 상국이 죽은 지 근 300년인데, 정자가 허물어져 소가 쟁기를 끄는 땅이 된 지도 100년이 다 되었다. 이제 황생(黃生)은 상국의 자손으로 강가에 집을 짓고 살며 반구정이라 이름 붙여서 옛 이름을 없애지 않았으니, 그 또한 어질다고 하겠다. 상국의 업적과 공렬에 대해서는 지금까지 무지한 촌부들조차 모두 칭송하고 있다. 상국은 나아가 조정에 벼슬할 때에는 세종대왕을 잘 보좌하여 나라를 다스리는 강령을 확립하고 백관을 바로잡았으며, 현명하고 유능한 사람들에게 직책을 주어 사방에는 우환이 없고 백성들이 생업을 즐겼으며, 물러나 강호에서 노년을 보낼 때에는 화락하게 갈매기와 함께 어울려 살며 세상의 벼슬을 뜬구름처럼 여겼으니, 대장부의 일은 그 탁월함이 의당 이러하여야 한다.

미수 허목

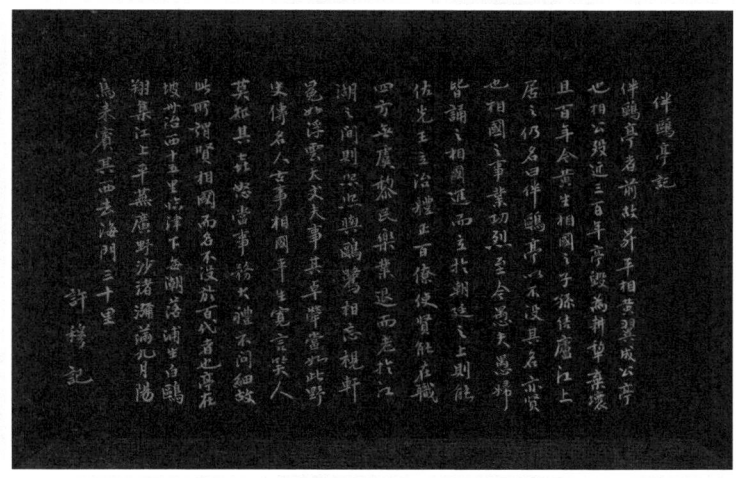

정조 23년 경기관찰사 서정수(徐鼎修)는 "익성공 황희의 무덤을 쓴 산이 파주 오리곶면에 있는데, 지금 그 후손이 매우 가난하여 지키고 보호하는 일이 허술하고, 무덤을 지키는 종 하나로는 나무를 잘라가는 것을 금할 수 없습니다."라고 장계를 올렸다. 이에 정조는 서정수에게 "이 판부를 가지고 그 집안의 문장(門長)을 불러 일러주고, 아울러 지방관을 엄중히 신칙하여, 옛날의 어진이를 추모하는 생각을 잊지 말도록 하라"고 명하였다.

3. 나의 장례를 허식 없이 하라

황희는 90세로 한양의 석정동(石井洞)* 자택에서 세상을 떠났다. 이때 문종은 조회를 3일 동안 폐지하고 관청에서 장사를 다스렸다. 조정과 민간에서는 놀라 탄식하여 서로 조문하지 않는 이가 없었으며, 이서(吏胥)와 여러 관사의 복례(僕隷, 노복)들도 모두 전(奠, 제물)을 베풀어 제사를 지냈으니, 전고에 없었던 일이었다. 그런데 황희는 죽기 전에 다음과 같이 장례 절차에 대한 유서를 자손들에게 주었다.

> 내가 죽은 후에는 상장(喪葬)의 예절은 한결같이 『가례』에 의거하되, 우리나라에서 시행하기 어려운 일을 억지로 따라 할 필요는 없다. 능력과 분수의 미치는 대로 집의 형세에

---

* 지금의 서울 중구 을지로1가·소공동·태평로2가에 걸쳐 있던 마을.

따라 알맞게 할 뿐이며, 허식의 일은 일체 행하지 말라. 『가례』의 음식에 관한 절차는 질병을 초래할까 염려되니, 존장의 명령을 기다리지 않고 억지로 죽을 먹도록 하라. 이미 시행한 가법에 따라 불사는 행하지 말고, 빈소에 있은 지 7일 동안은 요전(澆奠, 잔 드리고 제향을 올리는 것)하는 것은 『가례』에 없는 바인데, 부처에게 아첨하는 사람이 꾀를 내어 사사로이 하는 것이니 행할 수 없다.

황희의 유언은 크게 두 가지로 나누어 살펴볼 수 있다.

첫째, 장례는 『가례』에 의거하되 허식의 일은 일체 행하지 말라는 것이다. 『가례』는 송나라의 학자 주희가 관혼상제 예절을 엮은 책이다. 조선시대에는 『가례』가 국가와 사대부가의 생활의 근간이 되어 왔는데, 풍속과 관념이 중국과 달라서 시행상에 많은 문제가 있었다. 그래서 황희는 시행하기 어려운 일은 억지로 따라 할 필요는 없다고 하면서, 능력과 분수대로 형편에 따라 알맞게 하라고 한 것이다. 특히 장례에 따른 "허례허식의 일은 일체 행하지 말라."고 하여, 죽어서까지 검소함을 잃지 않았다. 그 당시 황희만한 지위에 있는 사람이 장례에 허식을 하지 말라고 유언한 사람은 거의 없었을 것이다.

황희의 이러한 상례에 대한 마음은 다른 일화에서도 볼 수 있다. 어느 날 이웃집 농부가 찾아와 여쭈기를 "오늘이 저의 아버지 제삿날인데 암소가 송아지를 낳았습니다. 그래도 선친 제사는 지내야겠지요?" 하니, 황희는 "지내는 것이 좋다."라고 하였다. 얼마 후 또 다른 이웃집 농부가 와서는 여쭈기를 "아버지 제삿날에 암소가 송아지를 낳았습니다. 그러니 제사를 안 지내는 것이 옳지 않습니까?" 하고 물었다. 이번엔 "안 지내는 것이 옳다."라고 대답하였다. 옆에서 듣던 부인이 묻기를 "똑같은 일인데 왜 한 사람에게는 지내는 것이 좋다고 하고, 한 사람에게는 안 지내는 것이 좋다고 대답하십니까?" 하였다. 황희가 "부인의 말도 옳소." 하고 설명하기를, 앞 사람은 제사를 지내고 싶어 하였기에 지내는 것이 좋다고 대답하였고, 뒷 사람은 제사를 지내고 싶은 마음이 없어 안 지내는 것이 옳다고 하였다는 것이다. 제사를 모시는 것은 각자의 마음가짐과 성의가 문제라고 말하였다. 제사는 형식보다 드리는 사람의 마음이 중요하다는 것이다.

둘째, 손님을 대접하는 음식은 죽을 먹도록 하라고 하였다. 그것도 음식으로 인해 문상객의 질병을 초래할까 염려하여 간단한 죽으로 대접하도록 한 것이다. 그 당시 죽은 가난한 사람들이 양을 불리고 배를 채우기 위해 주로 먹었기 때문에, 조문객에 대한 대접이 소홀하다고 생각할 수 있다. 정승집 상가이니 술과 고기가 푸짐하게 차려진 손님상을 기대할 수도 있었다. 하지만 황희는 평소의 소신대로 검약하게 문상객을 대접하도록 하였다. 집안이 가난했기 때문이라고 볼 수도 있다. 박사호(朴思浩,1784~1854)의 『심전고(心田稿)』에는 그가 얼마나 가난했는지 알 수 있는 글이 있다.

우리나라의 방촌(황희)이 지위가 수상에 이르렀으나 집안이 매우 청빈하여, 부인이 탄식하여 말하기를 "대감이 돌아간 뒤에는 식구들이 먹을 것이 없으니 장차 무엇으로써 살길을 꾀하겠습니까?" 하였더니, 방촌이 웃으면서, "공작은 거미를 먹고 살아가지 않소?"하였다.

　　공이 죽은 뒤에 공작 한 쌍이 중국으로부터 왔는데, 먹지를 않고 죽으려고 하였다. 주상(문종)이 방촌의 집에 물으매 부인이 그 말로써 대답하였더니, 주상이 그 청빈함에 감탄하여 그 집에 두텁게 은혜를 베풀어 구휼(救恤)하였다 한다.

거두절미하고 황희는 만물에 박학다식한 사람이었으며, 그 집안은 그가 죽은 후에 먹을 양식을 걱정해야 할 만큼 가난하였다는 것이다. 그 가난한 이유는 신숙주가 쓴 황희의 묘지명에서 찾아볼 수 있다. 신숙주는 "종족 가운데 외롭거나 가난하여 생계를 스스로 유지할 수 없는 이가 있으면 으레 가재를 털어 구조하고 혼수를 마련하여 혼인을 시키되 실기(失期)하는 일이 없도록 적극 도와주었다. 집에 있을 때는 청렴·검소하고 예의로써 몸을 지켜 그 처사가 다 본받을 만하고 수상으로 있으면서도 가세가 쓸쓸하여 마치 포의지사(布衣之士)와 같았다."라고 적었다. 그리고 그가 쓴 황희의 신도비에 "신분의 귀천을 막론하고 저마다 달려와 애통해 하고 아쉬워하였다."고 칭송하였다.

때문에 황희의 부음이 알려지자 문종은 매우 탄식하며 정사를 보지 않고 조문과 제전을 드리게 하는 한편, 부의와 '익성(翼成)'이란 시호를 내리고 바로 세종대왕 사당에 배향을 명하였다. 그러니 위로는

신숙주가 쓴 황희의 신도비문

공을 안장하는 날에는 신분의 귀천을 막론하고 저마다 달려와 애통해 하고 아쉬워하였으며 각 부처의 서리는 물론, 노복까지도 제각기 앞을 다투어 포화(布貨)를 내어 제전을 드리되, 무척 호화스럽게 하여 그 경비를 꺼리지 않았으니, 옛 사람 가운데 그 유애(遺愛)가 한 지방 한 고을에 그친 이는 더러 있었지만 공처럼 온 나라가 허둥대며 사모한 이는 천고에 드문 바이다.

공의 죽은 몸을 거두려고 할 때 기이한 기운이 정침(正寢) 지붕 위에 덮여 있어 매우 이상하게 여겼는데 상사를 마친 뒤에 그 기운이 흩어졌다. 이는 하나로 혼합된 아름다운 기운이 땅에서는 하(河)·악(岳)이 되고 사람에 있어서는 대인·군자가 되는 것으로, 공의 훈업과 덕망이 온 세상에 뒤덮이고 90의 상수를 누렸으니, 그 기운의 오고 가며 모이고 흩어짐이 보통 사람보다 다르다는 것을 여기에 인증할 수 있다.

황희의 묘역(경기도 파주)에 있는 '방촌황선생신도비각'에는 신숙주가 신도비문을 지은 신도비(왼편)와 후손 황정연이 1945년에 세운 신도비(오른편)가 나란히 세워져 있다.

조정에 있는 사람으로부터 아래로는 어린이와 부녀들까지도 저마다 놀라고 애통해 하며, 황희의 죽음을 서로 위문하고 아쉬워하면서 눈물을 흘렸다. 이는 황희가 한 평생 남을 돌보면서 지난날의 잘못을 새겨 두지 않았고, 평소의 처사에는 관용으로 상대방에 섭섭함을 주지 않았기 때문이다.

황희는 죽어 파주의 교하 땅에 묻혔다.

4. 노심(老心)으로 교하 땅에 욕심이 생기다

황희의 선대 고향은 전북 장수였으나, 황희는 고려 개경에서 태어났다. 그러한 그가 지금의 파주 교하(交河)에 터를 잡은 때는 태종 18년 이후라고 본다. 양녕대군의 폐세자 사건으로 인하여 태종이 "임의대로 거주하여 종신토록 어미를 봉양하도록 하라"고 하자, 황희는 교하로 갔다.

교하는 세종 때 황희의 과전이 있고, 첫째 아들 황치신과 둘째 아들 황보신의 과전도 거기에 있었으며, 외조모와 어머니의 묘가 있는 곳이다. 그래서 교하 땅에 얽힌 황희의 사연이 많다.

세종 13년 사헌부에서는, 부민 김가상이 말하기를 "전 내섬주부 박도가 일찍이 교하 현감일 때, '박도가 어염세·선세 및 관청 안의 초완(草薍)을 남용하였고, 또 일수(日守)와 관노를 부려 재목을 물로 운반하여 농장을 지었다.'고 하므로 핵문하였으나 박도가 자복하지 않았습니다. 더불어 박도가 관가의 둔전을 영의정 황희와 어머니 김씨에게 주었다고 하였습니다." 하면서 황희의 직첩을 거두고 고문하여 다스리기를 청했다.

박도가 교하 현감에 제수된 때는 세종 8년 1월이다. 그리고 황희의 어머니가 세종 9년 7월에 돌아가셨으니, 거의 5년 전에 일어난 일이 발각된 것이다. 세종대왕은 재위 8년에 전국 각도의 국둔전과 관둔전을 모두 혁파하게 하고, 폐지된 국둔전을 토지가 없는 백성들에게 나누어 주게 하였는데, 이때 황희가 교하현에 있는 둔전을 차지하였다는 것이다. 땅 없는 백성에게 둔전을 나누어 주도록 한 세종대왕의 뜻을 어기고, 황희가 교하의 둔전을 차지했다면 청렴한 처사는 아니다. 그런데 왜 5년이나 지나서 교하 현감 박도의 죄가 고발된 것인가? 아마 박도가 교하 현감으로 있을 때에는 부민고소금지법 때문에 고발을 하지 못하다가, 수령6기제에 의해서 그의 60개월(5년) 임기가 끝나자마자 고을 사람 김가상이 고발한 것이다. 이 일로 좌사간 김중곤 등은 황희를 처벌하도록 상소하여 주청하였다.

> 황희가 교하의 둔전을 개간한 공을 칭탁하여 이미 그 전토를 얻고도 오히려 부족하여, 종으로 하여금 정장(呈狀, 소장을 냄)하게 하여 그 남은 것을 다 얻었사오니, 이는 거직발규(去織拔葵)*의 뜻과는 같이 말할 수 없습니다. 아직 한 해가 지나

---

* 공의자(公儀子)가 노나라 정승이 되어, 아내가 베틀을 놓고 비단을 짜는 것을 보고 노하여, 베틀을 던지고 아내를 쫓아 보냈으며, 밥을 먹을 때에 아욱국을 보고 크게 성을 내어

지 않았는데 갑자기 백관의 윗머리에 두고, 또 세자 사부를 겸하게 하시매 황희는 거만스레 받고 뻔뻔스럽게도 부끄러워 하지 아니하오니, 그 정치를 의논하고 하늘의 뜻을 받들어 조화하는 직책과 세자를 북돋아 기르는 임무에는 진실로 적당하지 못하옵니다. 엎드려 바라오니, 전하께서는 그 벼슬을 파면하라고 명하시와 신민의 바라는 바에 맞게 하옵소서.

그러나 황희가 둔전을 차지했다면 5년이 지났어도 조사하면 확실히 알 수 있는 일인데도, 세종대왕은 '모두 애매하여 나타나지 아니하였다.'고 하였다. 또 태종이 신임한 신하를 내칠 수 없다고 하면서 황희의 죄를 묻지 않으려 하였다.

황희가 교하 수령 박도에게 토지를 청하고, 박도의 아들을 행수로 벼슬을 주었으며, 또 태석균의 고신에 서경하기를 청하였으니 진실로 의롭지 못하였으매, 간원(諫員, 간관)이 청하는 것이 옳았다. 그러나 이미 의정 대신이며, 또 태종께서 신임하시던 신하인데, 어찌 이런 일로써 영영 끊으리오. 경은 이런 뜻을 간원에게 갖추 말하라.

사간원에서 황희에 대해 청한 것들이 사실이라는 것이다. 다만 세

마당에 심은 아욱을 뽑아 버리고 말하기를, "내가 국록을 먹는데 어째서 집에서 비단을 짜고 아욱을 심어 여공(女工)과 전부의 이익까지 빼앗느냐." 하였다.

종대왕은 의정 대신이며, 또 태종께서 신임하시던 신하였으므로 '어찌 이런 일로써 영영 끊으리오.'라고 하였다. 조금의 잘못으로 내칠 수 없다는 말이다. 오히려 세종대왕은 "내가 어찌 신출내기 간신(諫臣)의 말에 따라 선뜻 파직시킬 수 있겠는가?" 하였다. 이에 지신사 안숭선도 황희의 편을 들며 "교하와 태석균의 일은 진실로 황희의 과실이옵니다. 그러나 정사를 의논하는데 있어 깊이 계교하고 멀리 생각하는 데는 황희와 같은 이가 없습니다."라고 하였다. 황희의 과실보다 국사를 논할 때에 없어서는 안 될 인물이란 말이다.

이 사건은 훗날 왕이 작은 과실로 대신을 내치지 않는 사례로 조정에서 자주 언급되었다. 하찮은 허물로 정승을 벌할 수 없다는 예로 여긴 것이다.

황희가 명재상이기 때문에 죄를 받지 않은 것이지, 단지 정승이기 때문에 죄를 받지 않은 것은 아니란 뜻이다. 황희에게 작은 허물이 있었지만 명재상인 것은 틀림없는 사실이었다. 그래서 윤기(尹愭, 1741~1826)의 『무명자집(無名子集)』에서는 이 일을 다음과 같이 기록하고 있다. 윤기는 세종대의 정치적 안정과 배려를 말하면서, 영조 이후 계속되는 붕당정치를 꼬집었다.

> 어떤 기록에 조선 초엽의 고사로 이런 이야기가 실려 있다. 세종조에 사간원에서 계를 올려 "영의정 황희가 교하 현감에게 편지를 보내 전답을 사고자 청하였으니, 백관의 우두머리에 있어선 안 됩니다."라고 하였는데, 간관(諫官)은 이 일

로 인해 죄를 얻은 자가 없었고, 황희 정승도 명재상이 되는 데 지장이 없었다는 내용이었다. 만약 지금 세상이라면 대신(臺臣)은 반드시 멀리 귀양 갔을 것이고, 대신(大臣)은 반드시 그 간관을 원수로 보았을 것이다.

아무튼 황희가 교하의 둔전을 차지한 것은 청렴하지 못한 일이었다. 그런데 황희의 교하 땅에 대한 불미스러운 일이 또 하나 있었다. 세종 23년, 황희의 나이 79세로 영의정에 있을 때 일이다. 둘째 아들 황보신이 장물죄 등으로 과전을 속공(屬公)당하였는데, 그 당시 호조참판(종2품)인 맏아들 황치신은 동생의 비옥한 과전을 자기의 토박한 밭과 바꾸어 바쳐 사헌부에서 탄핵을 받아 파면당하였다.

조정 신료들이 기름진 과전과 바꾸려는 짓은 태종 때에도 있었다. 그래서 태종 5년 "무릇 일찍이 과전을 받은 자가 그 받은 전토를 기름진 땅과 바꾸려고 하여, 어지럽게 진고하여 공무를 번거롭게 하오니, 이제부터는 일체 모두 금단할 것입니다."라고 하여, 법으로 금하였다. 그런데도 불구하고 얼마 후 황희는 둘째 아들의 속공 과전을 자기의 과전과 바꾸어 주기를 청했다. 둘째 아들은 장물죄 등으로 처벌 받고, 첫째 아들은 속공을 바꿔치기 한 죄로 파면당한 상황에서, 황희가 승정원에 글을 올려 이러한 청을 한 것이다. 하지만 세종대왕은 그 말썽 많은 황보신의 속공 과전을 특명으로 황희의 과전과 바꾸어 주게 하였다.

황희가 바꾸고자 한 교하 땅은 자기가 소유한 논밭이 있는 곳이며, 또 어머니와 외조의 분묘가 가까운 곳에 있으니, 생업을 잃지 않고 자손에게 전하여 길이 분묘를 지킬 수 있게 해 달라고 청했기 때문이다. 그 과전 수량은 15결로 정1품 황희가 받을 수 있는 과전 150결의 10분의 1에 해당했기 때문에 그리 많은 전답은 아니었다. 그러나 우헌납 민인(閔寅)은 "이제 황치신이 전에 바꾸었던 토지를 영의정 황희에게 바꾸어 주셨사온데, 신 등은 생각하기를 부자는 일체(一體)이오니, 그 아비에게 준 것은 그 자식에게 준 것과 같사옵니다."하고 부당함을 아뢰었다. 하지만 세종대왕은 "황희가 처음에 나에게 아뢰었을 것 같으면 어찌하여 불가하다 하겠는가? 그르다고 하는 바는 처음에 나에게 아뢰지 아니한 것뿐이다. 이제 과전으로 서로 바꾸었으니 또한 무엇이 불가하겠는가?" 하였다. 민인이 다시 아뢰기를, "처음에 아뢰지 아니하고 마음대로 바꾼 것은 황치신의 불초함입니다. 이제 특명으로 바꾸어 주는 것은 황치신의 욕심을 길러 주는 것이옵니다." 하였다.

어떻게 보면 아들 황치신이 욕심내다 벌을 받은 과전을, 아버지 황희가 또 다시 탐낸 것으로 보기는 좋지 않지만, 조상묘가 있는 곳이기 때문에 세종대왕은 허락한 것이다. 교하 땅이 황희의 고향이 되도록 살펴준 것이다. 황희는 87세로 영의정에서 치사한 후 파주의 반구정(伴鷗亭)에서 여생을 보냈다. 그 후손들은 그곳에 터를 잡고 살았다.

II

남은 것이 없어도
행복한 나눔

1. 늙은이 등 긁는 데는 멍석자리가 십상입니다

조선 순조 때, 조재삼(趙在三)이 편찬한 『송남잡지(松南雜識)』에 황희의 청렴을 말해주는 설화가 있다.

> 옛날 한 정승이 매우 가난하게 살았는데, 이를 상감께서 애처롭게 여겨 그를 도울 묘안을 냈다. 하루를 정하여 남대문을 열면서 저녁에 닫을 때까지, 문으로 드나드는 물건을 거두어 모두 그에게 주라는 명령을 내렸다. 그런데 왠일인지 그날은 새벽부터 온종일 비바람이 몰아쳐서 드나드는 장사치가 하나도 없었다. 그러다가 어두울 무렵에야 한 시골 노인

이 계란 한 꾸러미를 가지고 왔으므로, 이것을 집에 가지고 와서 삶아 먹으려 하니, 모두 곯아서 한 개도 먹지 못하였다.

여기서 유래한 속담이 '계란유골(鷄卵有骨)'이다. 여기서 '骨' 자는 '곯다'라는 말을 한자로 적을 수 없어서, 한자의 음을 빌려 적었다. 그런데 이 속담이 생긴 유래를 몰라서 한자의 뜻 그대로 '뼈'로 해석하여 '계란에도 뼈가 있다'라는 속담으로 둔갑한 것이다. 따라서 '계란유골'이란 일이 잘 안 되던 사람이 모처럼 좋은 기회를 만났으나 그마저 역시 잘 안 되었을 때 사용하는 속담이다. 황희가 그렇게 가난하게 살았다는 반증이다.

그런데 관직 생활 60년에 정승만 24년을 지낸 영의정 황희는 어떻게 이처럼 가난하게 살았을까?

첫째 아들 황치신은 비록 정승은 못 되었지만 성종대에 종1품의 재상으로 조정에 있었으며, 셋째 아들 황수신은 좀 일찍 죽었지만(세조 13년) 아버지를 이어 영의정을 지낸 정승 집안이다. 그런데 그 집이 텅 빌 정도라면 얼마나 황희가 청렴했는지를 알 수 있다.

황희가 90세로 한양의 석정동 자택에서 세상을 떠나기 전에 왕(문종)이 문병을 왔다. 그런데 재상을 20년 넘게 지낸 90세 노인이 멍석 위에 누워 있었다. 이를 본 왕이 깜짝 놀라자, 그는 태연하게 "늙은 사람이 등 긁는 데는 멍석자리가 십상입니다."라고 하였다.

황희가 이렇게 가난하게 산 연유를 알 수 있는 두 이야기가 있다. 첫 번째는 『용재총화』에 나오는 기사이다.

황 익성공은 도량이 넓어서 조그만한 일에 거리끼지 아니하고 나이가 많고 지위가 높을수록 더욱 스스로 겸손하여, 나이 90여 세인데도 한 방에 앉아서 종일 말없이 두 눈을 번갈아 뜨면서 책을 읽을 뿐이었다. 방 밖의 서리 맞은 복숭아가 잘 익었는데 이웃 아이들이 와서 함부로 따니, 느린 소리로, "나도 맛보고 싶으니 다 따가지는 말라." 하였으나, 조금 있다가 나가보니 한 나무의 열매가 모두 없어졌다.

아침저녁 식사를 할 때마다 아이들이 모여들면 밥을 덜어주며, 떠들썩하게 서로 먹으려고 다투더라도 공은 웃을 따름이었으니, 사람들이 모두 그 도량에 탄복하였다. 재상된 지 20년 동안 조정은 공을 의지하고 중히 여겼으니 개국 이후 재상을 논하는 자는 모두 공을 으뜸으로 삼았다.

이 이야기를 보면 황희는 자기 것이란 개념이 없었던 것이다. 황희는 서리 맞은 복숭아 하나 맛보지 못하였다. 자기가 가지고 있는 것을 모두 함께 나누니 재산이 집에 남아 있지 못한 것이다. 아침저녁 식사 때마다 가난한 이웃집 아이들에게 밥을 나누어 주어 늘 베푸는 삶을 살았다.

두 번째 이야기는 『송와잡설』에 실려 있다.

황 익성공이 수상이 되어 정부에 나가는데, 의복이 남루한 노옹 하나가 지팡이를 짚고 앞에 와 서서 익성공의 자를

부르면서,

"내가 그대를 보기 위해서 왔는데, 어디로 가는가?" 하였다.

공이 수레를 멈추고, "마침 공사(公事)가 있어 나가나 오래지 않아서 돌아올 것이니, 그대는 우리 집에 가서 밥을 청해 먹고 우선 머물러 있게." 하였다.

노옹은 공의 집에 가서 공의 자제에게, "너의 아버지가 나에게 집에 가서 기다리라 하였다. 밥을 지어다오." 하였다.

그리하여 그의 말에 따라 밥을 지어주었다. 조금 후에 공이 돌아와 노옹과 함께 한방에 들어가서 수일 동안 같이 있었다. 너나 하며 이야기를 주고받았으나 그들이 의논한 바가 어떤 것인지는 비록 집안사람과 그 자제들도 또한 알지 못하였다.

노옹이 떠날 무렵에 공에게, "근래에 양식과 찬이 다 떨어져 걱정이니, 그대가 도와주겠나?" 하였다.

공은 간략하게 두어 가지를 전대에 담고 청지기를 시켜 노옹이 가는 곳을 따라가게 하였다. 옹은 노량진을 건너 관악산 밑으로 가는 것이었다. 빙빙 돌아서 오르다가 산 중턱에 와서 청지기에게, "아침밥을 먹었는가?" 하고 물었다.

"아직 먹지 못하였습니다." 하니,

노옹은 "갈 길이 아직 머니, 먹지 않고서는 안 된다." 하며, 산밑 인가를 가리키면서, "저 집 주인은 나와 평소에 친한 사람이다. 네가 가서 내 말을 하고 밥을 요구하면 반드시 후하게 대접할 것이다. 나는 우선 이 나무 밑에 앉아서 네가 돌아오기를 기다리겠다." 하였다.

　청지기가 그 집에 가서 노옹의 말을 전하니, 그 집에서는 꾸짖으면서, "노옹이란 자가 누구냐? 너는 뭐하는 놈이길래 나에게 밥을 요구하는 것이냐?" 하면서, 지팡이를 들고 쫓아내는 것이었다.

　청지기는 허망하여 노옹이 머무는 곳으로 돌아오니, 노옹과 메고 갔던 물건이 모두 없었고, 마침내 간 곳을 알 수 없었다.

전혀 모르는 사람에게도 차별하지 않고 대접해 주었다. 그 사람이 비록 사기꾼에 도둑일지라도 황희는 개의치 않았다. 그 만큼 아량과 도량이 컸음을 알 수 있다.

보다 못한 세종대왕도 집을 지어 황희에게 주었다. 조선 중기까지 300년 동안 임금이 가택을 지어 준 사람은 세종 때 황희와 선조 때 이원익 두 사람밖에는 없었다고 한다. 『임하필기』에는 상신으로서 집을 하사받은 사람으로 황희와 이원익 그리고 숙종 때 허목까지 세 사람이라고 적고 있다.

정약용은 "우리 조선에 청백리로 뽑힌 이가 통틀어 110인인데, 400여 년 동안 관복을 갖추고 조정에 벼슬한 자가 몇 천 몇 만이나 되는데, 청백리에 뽑힌 자가 겨우 이 숫자에 그쳤으니 역시 사대부의 수치가 아니겠는가?"라고 하였다. 그러면서 그의 저서 『목민심서(牧民

心書)』에 청렴에 대하여 다음과 같이 말하였다.

> 청렴에 세 등급이 있다. 최상은 봉급 외에는 아무 것도 먹지 않고, 먹고 남는 것이 있더라도 가지고 돌아가지 않으며, 임기를 마치고 돌아가는 날에는 한 필의 말로 아무 것도 지닌 것 없이 떠나는 것이니, 이것이 옛날의 이른바 염리(廉吏)라는 것이다.
> 그 다음은 봉급 외에 명분이 바른 것은 먹고 바르지 않는 것은 먹지 않으며, 먹고 남는 것이 있으면 집으로 보내는 것이니, 이것이 중고(中古)의 이른바 염리라는 것이다.
> 최하는 무릇 이미 규례가 된 것은 명분이 바르지 않더라도 먹되, 아직 규례가 되지 않은 것은 자신이 먼저 시작하지 않으며, 향임의 자리를 팔지 않고, 재감(災減)을 훔쳐 먹거나 곡식을 농간하지도 않고, 송사와 옥사를 팔아먹지 않으며, 세를 더 부과하여 남는 것을 착복하지 않는 것이니, 이것이 오늘날의 이른바 염리라는 것이다.

정약용의 이 말에 따르면 황희는 그야말로 최상의 청백리이다. 황희는 봉급 외에는 아무 것도 먹지 않았고, 관에서 먹고 남는 것이 있더라도 가지고 돌아가지 않았으며, 임기를 마치고 돌아갈 적엔 쓰러져 가는 집뿐이니, 임금이 집을 하사할 정도였다. 그래서 황희가 죽은 지 25년밖에 안 되었는데, 그의 집은 텅 비었다.

2. 황희의 집에는 노비가 몇 명 있었을까?

　조선시대의 양반은 노비 없이 생활할 수 없었다. 농사를 짓고 땔감을 마련하며, 마구간을 관리하고 허물어진 담장을 쌓는 것은 모두 노비의 몫이었다. 바깥 상전이 나들이를 할 때에는 항상 말을 끌고 길을 안내하는 사내종이 있어야 했다. 멀리 떨어져 사는 가족이나 지인에게 편지를 보낼 때에도 이들은 배달부 노릇을 했다. 집안에서는 안 상전을 도와 가족들의 식사를 마련하고, 집 안팎의 청소와 빨래는 모두 계집종이 도맡아서 처리하였다. 베를 짜고 옷을 만드는 일도 솜씨 좋은 침선비(針線婢)들이 담당하였다. 심지어는 심성이 고운 계집종은 유모로 삼아 주인댁의 아이를 기르도록 하였다.

　그래서 양성지(梁誠之, 1415~1482)는 '전지(田地)는 사람의 명맥이며, 노비는 선비의 수족이라 경중(經重)이 서로 같다.'고 하였다. 때문에 권세 있는 양반집에는 노비를 수백 명 이상 거느리는 경우가 많았다.

　태종 14년 조정에서는 다음 표와 같이 품계에 따라 개인이 소유할 수 있는 남자종[奴]의 수를 제한하자고 주청하였지만, 대신들의 반대로 이를 윤허하지 않았다. 여기에 여자종[婢]은 포함되지 않았으니, 한 집에서 거느린 노비 숫자는 훨씬 더 많았다고 볼 수 있다.

　대신들이 노비 제한을 반대한 이유는 노비가 부의 척도였기 때문이다. 따라서 조선시대에 노비는 한 집안의 재물에 불과하였다. 그래서 노비는 매매·상속·증여의 대상이 되었다. 『경국대전』에는 노비를 상속 받은 사람은 1년 이내에 관청에 신고하여 확인서를 받도록 하였으며,

노비를 매매한 경우에도 관청에 보고하도록 하였다. 조선 초 노비 가격은 16살 이상 50살 이하는 종이돈[楮貨] 4,000장, 15살 이하 51살 이상은 3,000장이었는데, 종이돈 1장은 쌀 1되에 해당하므로 젊은 노비는 쌀 26석 10말 값이다. 1결의 논에서 한 해에 쌀 30석을 수확하므로 노비의 값이 1결에서 수확한 1년 쌀값 정도밖에 되지 않았다. 그리고 임금에게 바치는 제주도의 말 1필에 상등이면 쌀 20석을 주고, 중등의 수말·상등의 새끼말과 암말은 각각 15석을 주며, 하등의 수말·중등의 암말은 각각 10석을 주었으므로 노비의 값이 말 1~2필 값과 같았다.

품계별 노(奴)의 수	
종친·부마·1품	150구(口)
2품	130구
3품	100구
4품 이하	90구
문무관 1품	130구
2품	100구
3품	90구
4품	80구
5, 6품	60구
7품 이하	30구
직(職)이 있는 사람의 자손	20구
서인의 자손	10구
공사 천인으로서 수직한 자	10구
처가 남편의 직을 따르는 것은 3분의 1을 감하되, 남편이 죽고도 수신하는 자는 감하지 않음.	

 그나마 이와 같은 노비 값은 '가축을 중하게 여기고 사람을 경하게 여긴다[重畜輕人]'고 하여, 태조가 노비를 사람으로 여긴 덕분이다. 고려 말기와 조선초의 노비값은 대체로 5승포(升布) 150필이었으므로 우마(牛馬)와의 교환비율은 말 1필과 노비 2~3명으로 하여 거래되었

다. 태조 7년에 노비 값을 2~3배로 올려 노비 1명당 포 300~400필로 정하여 우마(牛馬)값과 같도록 하였다.

하지만 현실에서는 노비를 사람으로서 대하는 경우는 거의 기대할 수 없었다. 때문에 노비가 주인을 고발하는 경우 반역음모와 역적의 경우를 제외하고는 교형에 처하도록 하였다. 교형은 교수형에 처하는 형벌이다. 노비가 주인으로부터 어떠한 처벌이나 취급을 받아도 하소연할 수 없다는 뜻이다. 이는 아랫사람으로서 윗사람을 범할 수 없고, 낮은 사람으로서 높은 사람을 업신여겨서는 안 된다는 강상(綱常)의 법도에 따른 것이다.

그런데 황희의 집에는 몇 명의 노비가 있었을까?

그것은 그 당시 사람들도 궁금해 하였다. 그래서 이런 저런 소문이 나곤 하였다. 먼저 황희도 가마를 타고 다녔다녔을 것이다. 가마를 매는 노비 수는 세종 때 품계에 따라 인원수를 달리 정하였다.

세종 1년에 사헌부는 "각 관원의 수종(隨從)에 많은 자가 30~40명에 달하니, 이로 인하여 각 부처는 흔히 외방의 노비를 모아들이게 되므로 그들의 본업을 잃게 되었으니, 바라옵건대 인원수를 정하여 남은 노비를 제적시켜 모두 돌아가 농사를 짓게 하도록 하명하여 주시옵소서." 하니, 세종대왕은 예조에 명하여 수종 수를 다음과 같이 제한하였다.

> 대군은 공사(公私)간에 아울러 10명, 정1품은 9명, 종1품은 8명, 정2품은 7명, 종2품은 6명, 정3품에도 첨총제 이상은 4

명, 그 나머지는 3명으로 함.

대언은 왕명을 출납하는 처지니, 평관원에 비할 바 아니므로, 종2품의 예를 따르고, 종3품에서 6품까지는 2명이며, 그 중에도 의물(儀物, 의장 도구)이 있는 자는 정3품의 예를 따르고, 7품에서 9품까지와 양반 집 자제로서 무직자는 1명으로 함.

비나 눈이 오는 날에는 각각 사종(私從) 2명을 더하며, 2품 이상은 가마를 타게 되므로 사종 6명을 더하는 것으로 각 관청에 명하여 정해 주는 수효를 한결같이 윗 조항에 의거하게 함.

의정부 수교는 겸직이 비록 많으나, 원래 정한 수효를 넘지 못하며, 수효가 적은 아문도 반드시 제 수효를 채우지 않음.

정3품 안의 첨총제 이상은 1명을 추가하여 5명으로 함.

성균관 대사성 이하는 1명을 추가하여 4명으로 함.

병조 참의·지사는 역시 대언의 예에 의거함.

나머지는 한결같이 예조에서 계한 바에 의거함.

이에 따르면 영의정 황희의 공식적인 수종은 관노비 9명에, 가마를 드는 사종(私從) 6명이다. 사종은 황희 집에 함께 살았다고 본다. 그러나 황희의 경우 가난하고 검소한 생활을 한 것을 감안한다면, 사사로이 전답을 많이 소유하지는 않았다고 생각되지만 '농막(農幕)'을 두고 있었으니 농사를 지으면서 땔나무 등을 하는 노비 몇 명은 있었을 것이다. 조선 초에는 사사로이 전답을 가지고 있으면 많은 노비가 필요했겠지만, 과전만 있는 경우에는 직접 농사를 짓지 않기 때문에 그리 많은 노비가 필요하지는 않았다.

이외에 집에는 가사를 돌보는 계집종이 있었다, 대부분 계집종은 밥 짓고, 상 차리는 일과 빨래하는 일을 맡았는데, 황희 집에도 적어도 서너 명은 있었을 것이다. 하지만 여러 가지 정황으로 보아 황희 집에는 그렇게 많은 노비가 살지는 않았다고 본다. 따라서 황희 집에는 노비가 많아도 10명을 넘지 않았을 것이다.

『세종실록』(세종 10년 6월)을 보면 "황희가 장인 양진에게서 노비를 물려받은 것이 단지 3명뿐이었고, 아버지에게 물려받은 것도 많지 않았는데, 집안에서 부리는 자와 농막에 흩어져 사는 자가 많았다."라는 의심을 샀다고 하였다. 그 당시 많은 사람들이 황희의 노비 숫자에 대해서 관심이 많았다는 것을 알 수 있다. 하지만 다음 기사(단종 즉위년 7월)를 보면 황희가 소유한 노비의 수가 바깥으로 들어날 만큼 많지 않은 것은 사실이다.

> 황희는 말하기를, "본래 창적(蒼赤)이 없었고 장인에게서 얻은 것은 겨우 1, 2구뿐이었다. 그러나 자신이 부리는 자는 그 수를 알지 못한다." 하였으나, 아내 양씨는 세족이기 때문이니, 그가 '노비가 없었다.'고 말한 것은 잘못된 것이다. 더구나 황희의 자녀가 노비를 부리는 것은 사람이 모두 아는데 어찌 그 수를 알지 못한다고 하는가?

황희는 90 평생을 살면서 60년의 관직 생활에 24년 동안 재상에 있었다. 그것도 18년 동안 영의정 자리에 있었으니, 온 세상 사람들이 황희의 재산과 노비에 대해 많은 관심을 가졌던 것 같다. 그래서인지 앞에서 언급한 것처럼 태종 16년에 전 전라도 수군 도절제사(정3품) 홍유룡의 첩 정향이 "이조 판서 황희가 내력이 없는 노비를 사용한다."고 무고하였다. '아니면 말고'식 수근거림은 예나 지금이나 마찬가지인 듯하다.

3. 황희의 한 해 수입은 얼마나 되었을까?

황희는 태종 때 이미 6조 판서를 거치고, 60세(세종 4년)에 의정부 참찬(정2품)에 제수되었으며, 62세에 찬성(종1품), 64세에 우의정(정1품), 65세에 좌의정 그리고 69세에 영의정에 올랐기 때문에 지급받은 과전과 녹봉도 상당하였다. 조선 초에는 중앙 관리들은 과전법에 의하여, 오른쪽 표와 같이 각 품계에 따른 전답을 지급받았다. 과전의 지급결수는 공양왕 3년(1391)에 제정된 규정이며, 『경국대전』이 편찬되기 전까지는 그대로 적용되었다.

과전이 지급되면 관리는 수조권에 의해서 그 전답을 경작하는 농민에게 직접 답험손실법에 따라 논은 최고 쌀 30말, 밭은 보리나 콩 30말을 한도로 수확량의 10분의 1을 조(租)를 거두고, 그 중 1결당 논은 쌀, 밭은 콩으로 2말씩을 국가에 세(稅)로 납부하였다. 황희

과	품계	과전		1년 생활 가능한 식구수(명)
		결수	수조액(쌀·보리·콩)/(석)	
제1과	정1품	150	130	36
제2과	종1품	130	112	31
제3과	정2품	125	108	30
제4과	종2품	115	99	27
제5과	정3품	105	91	25
제6과	종3품	97	84	23
제7과	정4품	89	77	21
제8과	종4품	81	70	19
제9과	정5품	73	63	17
제10과	종5품	65	56	15
제11과	정6품	57	49	14
제12과	종6품	50	43	12
제13과	정7품	43	37	10
제14과	종7품	35	30	8
제15과	정8품	25	21	6
제16과	종8품	20	17	5
제17과	정9품	15	13	4
제18과	종9품, 산직	10	8	2

도 이 과전법에 따라 과전을 지급받았다면 적어도 125결(의정부 참찬)에서 150결(우의정, 좌의정, 영의정)까지 지급받았다. 세종 때에도 정1품에게는 여전히 과전을 150결 지급하였다.

　세종대왕은 황희를 남원에서 불러오자마자 과전 먼저 돌려주었으며, 황희의 둘째 아들 항보신이 죄를 지어 속공당한 교하의 과전 15결을 황희의 과전과 바꾸어 준 것을 보면, 황희도 과전을 지급받은 것은 확실하다. 그 당시 과전에서는 평균 1결에 1석, 즉 15말을 징수하였으니, 2말을 세로 내면 1결당 남는 쌀과 보리 등의 곡식은 13말이다. 물론 흉년에는 이보다 적게 거두었다.

황희는 세종 때 거의 정1품의 관직에 있었기 때문에 지급받은 과전은 150결이며, 여기서 수조한 곡식은 1결당 1석으로 총 150석이다. 이렇게 징수한 150석에서 1결당 2말의 세를 내고 남은 곡식은 130석으로, 약 36명이 1년 동안 먹을 양이었다. 그 당시 장정은 하루에 쌀 2되, 어린아이는 1되를 먹었으므로, 평균 한 사람이 1.5되를 소비한 것으로 계산한 것이다. 『세종실록』〈지리지〉에 따르면 그 당시 과전이 지급된 경기도는 논이 38%이고, 밭이 62%였으므로 거두어들인 곡식 중 쌀이 38%이고, 나머지는 보리나 콩 등 잡곡이다.

따라서 황희가 과전에서 원칙대로 수조하였다면 적지 않은 재산을 모을 수 있었을 것이다. 뿐만 아니라 명종 때에 과전법이 폐지되기 전까지는 품직에 따라 과전과는 별도로 녹봉도 따로 받았다. 태종 7년에 정한 품계별 녹봉에 따르면, 정승인 황희는 1과로 쌀 1백석과 주포(紬布, 비단)·정포 합하여 32필의 녹봉을 받았다. 『경국대전』에 주포와 정포의 비율을 고려하면 주포를 약 30% 정도 지급한 것으로 볼 수 있으므로, 주포 9필에 정포 23필로 계산하여 쌀로 환산하면 주포는 쌀 45석, 면포는 쌀 7석 10말이다. 그러면 황희가 받은 녹봉은 쌀로 환산하여 152석 10말에 해당하며, 이는 약 41명 정도가 1년 동안 먹을 양식이다. 참고로 『경국대전』에 규정된 정1품의 녹봉은 다음과 같다. 세종 때보다 약간 줄어든 것이다.

	중미(中米)	현미	좁쌀	콩	밀	주포	정포	종이돈
봄	4석	12석	1석	12석		2필	4필	10장
여름	3석	12석			5석	1필	4필	
가을	4석	12석	1석		5석	1필	4필	
겨울	3석	12석		11석		2필	3필	
합계	14석	48석	2석	23석	10석	6필	15필	10장
환산	97석					쌀 30석	쌀 5석	쌀 1말

※정포(오승포) 1필은 상포 2필에 해당하고 상 1필은 종이돈 20장에 해당하며 종이돈 1장은 쌀 1되에 해당한다.(『경국대전』 호전 국폐조)
명주 1필=면포 15필, 면포 1필=쌀 5말=정포 2필

그렇다면 황희의 1년 총 수입은 세금을 내고 난 과전의 수입 130석과 녹봉으로 받은 쌀의 152석 10말을 합한 282석 10말에 달했다. 이는 77명의 사람이 1년 동안 생활할 수 있는 양식으로 적지 않은 재물이다. 사간원에서 "제1과의 수전(受田)이 150결(結)이나 되니, 수조하는 것이 많지 않은 것이 아니며, 또 받는 녹도 많지 않은 것이 아니니, 이것은 족히 한 집의 한 해 동안의 용도로 충분히 공급할 수 있는 것입니다. … 지금에는 이미 과전을 받고 또 녹봉을 받으니, 선비를 대접하는 도(道)가 예전에 부끄러울 것이 없다 하겠습니다."라고 하였듯이 녹봉의 수입으로 한 해 동안 생활하기에 충분하였다.

이처럼 당시 나라에서는 제도적으로 양반 관리에게 상당한 경제적 보장을 해 주고 있었으며, 과전과 녹봉 자체로 그리 부족한 것은 아니었다. 그런데도 황희는 가난하게 살았고, 재산은 남아 있지 않았다. 황희 정도면 많은 재산을 모을 수 있는 지위에 있었는데, 그리하지 못한 것이다. 세종대왕의 신임을 받아 오랫동안 집현전에 있으

면서, 훈민정음 창제와 공법 제정 등 많은 업적을 남긴 정인지(鄭麟趾, 1396~1478)와 대별된다. 정인지는 성품이 검소하여 자신의 생활도 매우 박하게 하였다. 그러나 재산 늘리기를 좋아하여 만석(萬石)지기가 되었다. 그래도 그는 전원(田園)을 널리 차지했으며, 심지어는 이웃에 사는 사람의 것까지 빼앗아 점유하였다. 황희는 녹봉까지 다 합해도 3백 석이 안 되었다.

당시의 양반 관리는 지배층으로서 권력과 부를 함께 지닌 존재였다. 그들은 국가로부터 상당한 과전과 녹봉의 경제적 보장을 받고 있었으나, 대체로는 권력을 배경으로 불법적인 침탈과 고리대 운영 등으로 부를 축적하여 호사스런 생활을 하였으며, 이러한 상태는 일반적으로 용인되고 있었다. 때문에 정인지처럼 만석지기가 나온 것이다. 그 당시 조정의 대신들이 모두 다 황희 같지는 않았다.

황희는 국정의 2인자로 18년 동안 영의정에 있었지만 검소한 생활로 일관하였으며, 따라서 그에게 어떠한 불법과 부정도 발붙일 데가 없었다. 더구나 그는 조상으로부터 물려받은 재산도 그리 많지 않았다. 노비가 많지 않다는 것은 그 당시 부의 원천인 농사 지을 땅이 없었다는 뜻이다.

황희가 영의정이 되었을 때에는 이미 부모님은 다 돌아가셨고, 자녀들은 조정에 출사하여 각각 과전과 녹봉을 받고 있었기 때문에, 거느릴 식구가 그리 많지 않았다. 황희의 아내는 세종 30년에 사망하였다. 그런데도 죽을 때에 황희의 재산이 없었다는 것은 그가 청렴한 결과이다.

황희는 종족 가운데 외롭고 가난한 사람의 생계를 돕고, 더 나아가 그 혼수까지 마련하는데 가재를 털어 구제하였다고 하니, 그의 생활이 유족할 수 없었다. 더구나 아침저녁 식사를 할 때마다 이웃집 아이들이 모여들면 밥을 덜어주었다. 그럼에도 불구하고 그는 정도(正道)에 따라 처신하였으므로 청백리로서 곤궁한 살림을 할 수밖에 없었다. 그리고 과전에서 받아야 할 조(租, 소작료)도 가난한 백성들을 생각하여 제대로 거두어들이지 못했다고 본다. 그러니 재산이 늘어날 수 없어 가난하게 살았던 것이다.

4. '황금 대사헌'과 '뇌물 사건'은 뜬소문이다

　　세종 10년 좌의정 황희는 뜬소문 때문에 탄핵을 받자 곧바로 사직을 청하였다. 하지만 세종대왕은 윤허하지 않고 다음과 같이 비답하였다.

> ❶ 내가 생각하기로는 보상(輔相)은 중하나니, 국가가 그에게 의지하는 까닭이다. 인재를 얻기 어려움은 예나 지금이나 같은 것이다. 경은 세상을 다스려 이끌 만한 재주와 실제 쓸 수 있는 학문을 지니고 있도다. 모책은 일만 가지 사무를 종합하기에 넉넉하고, 덕망은 모든 관료의 사표가 되기에 족하도다. 아버님이 신임하신 바이며, 과인

이 의지하고 신뢰하는 바로서, 정승되기를 명하였더니 진실로 온 나라의 첨시(瞻視)하는 바에 부응하였도다.

❷ 전번에 세자가 조현하러 갈 때에 때마침 경은 상중에 있는 때이었으나, 국사에 관계하는 중신에게는 기복출사하게 하는 성헌(成憲)이 있는 까닭에, 억지로 애절해 하는 정을 빼앗고, 조호(調護)의 임무를 맡겼던 것이다. 권도에 좇아 최복을 벗는 것은 이미 옛사람이 행한 것이다. 상기를 단축하고 길복을 입은 것에 대하여 어찌 세상의 논란이 감히 일어날 수 있단 말인가. 이 때로부터 경이 사직하겠다는 청이 비록 간절하였으나, 책임과 촉망이 더욱 깊었도다. 묘당에 의심나는 일이 있을 때이면 경은 곧 시귀(蓍龜)이었고, 정사와 형벌을 의논할 때이면 경은 곧 권형이었으니, 모든 그때그때의 시책은 다 경의 보필에 의지하였도다.

❸ 이제 어찌 뜬소문 때문에 갑자기 대신의 임무를 사퇴하려 하는가? 내가 이미 그 사정을 잘 알고 있는데도, 경은 어찌 그다지도 개의하고 심려하는가? 과인이 경에게 책임을 맡기고 성취를 요구하는 뜻에 매우 어긋나도다. 더군다나 경은 아직 늙어서 혼모한 나이에 이르지도 않았는데 어찌 성만(盛滿)의 직위를 근심하는가? 쓰고 단 약을 조제하는 방도로, 옳은 것을 헌의하고 불가한 것을 중지하게 하는 충성을 마땅히 더하여 미치지 못한 것을 변갈

아 가며 닦아서 길이 끝없는 국운을 보전하려는 것이 나의 바라는 바이다. 혹시나마 굳이 사양하는 일이 없이 급히 직위에 나아가도록 하라.

첫째는 국가가 그에게 의지하는 까닭이며, 둘째는 책임과 촉망이 매우 깊기 때문이며, 마지막으로 뜬소문 때문에 사퇴하지 말라는 것이다.

그러나 황희는 즉시 대궐에 나아가 굳게 사양하여 "신은 본래 어둡고 어리석으며 또 이제는 귀가 먹어서 관직에 있는 것이 온당하지 않습니다. 오로지 뜬소문 때문에 사퇴하는 것만은 아닙니다." 하니, 세종대왕은 "경은 쇠로(衰老)에 이르지도 않았는데 어찌 이런 말을 하는가?" 하였으나, 황희는 기필고 사퇴하였다. 그 당시 황희에 대한 뜬소문은 크게 세 가지였다.

첫 번째는 황희가 김익정과 더불어 서로 잇달아 대사헌이 되어서 둘 다 중 설우로부터 금을 받았으므로, 당시의 사람들이 '황금대사헌'이라고 한 소문이다. 세종 8년에 사헌부에서 "개경사 주지 설우와 각림사 주지 중호와 대선사 해초·이인·학녕 등이 조계종의 은으로 만든 그릇을 없애려 하여, 지난해 4~5월에 녹여서 덩어리로 만든 것 중 많이 모두 관가에 바치지 않고, 그 나머지의 금과 은으로 만든 그릇들은 밤에 모두 녹여 덩어리로 만들어서 나누어 집어넣고, 또 금과 은을 간직했던 궤 하나도 간곳이 없어졌으니, 이들 중들의 적첩을 빼앗고 철저히 추궁하소서."라고 주청하니 윤허하였다. 하지만 이

때에 황희와 관련된 내용은 하나도 언급되지 않았다.

두 번째는 황희가 박포의 아내와 간통하였다는 소문이다. 박포는 제1차 왕자의 난 때 이방원의 조전절제사(助戰節制使)로 전공을 세워, 죽성군에 봉해지고 중추부지사가 되었다. 그러나 상작(賞爵)이 낮다고 불평하여 이방원의 미움을 사서 죽주(竹州: 지금의 영동)에 유배되었다. 이에 앙심을 품던 중 태조의 4남 이방간을 충동질하여 정종 2년에 제2차 왕자의 난을 일으켜 참수된 자이다. 그런데 난신 박포의 아내가 죽산현에 살면서 자기의 종과 간통하는 것을 우두머리 종이 알게 되었다. 박포의 아내가 그 우두머리 종을 죽여 연못 속에 던져 넣었다. 여러 날만에 시체가 떠올랐는데 누구인지 알 수가 없었다. 현관(縣官, 현감)이 시체를 검안하고 이를 추문하자 박포의 아내는 범죄사실이 드러날 것을 두려워하여 서울로 도망하였다. 그 후 박포의 아내는 황희의 집 마당 북쪽 토굴 속에 숨어 여러 해 동안 살았는데 이때 황희가 간통하였으며, 박포의 아내가 일이 무사히 된 것을 알고 돌아갔다는 소문이다.

세 번째는 황희가 박용의 아내에게 뇌물을 받았다는 소문이다. 인수부 판관 조연이 하루는 동파역(東坡驛, 지금의 파주 진동면)에 이르렀을 때 역인을 때린 일이 있었다. 역리 박용이 그의 아들과 더불어 조연을 욕하면서 그의 머리털을 꺼두르며, "서울의 재상 가운데 나와 사귀어 친한 이가 많다. 너는 오각대(烏角帶)를 매는 객관 주제에 어찌 나를 욕하느냐."라고 협박하였다. 이에 조연이 박용을 붙잡아 임진현에 넘겼는데, 현감조차 박용을 두려운 존재로 여기고 있었다.

현감이 박용에게 "네가 서울에 가서 세가의 편지를 받아오면 죄를 면해주겠다."고 하고서는 "금년의 농사가 어떠냐?"고 묻는 등 집안 사람과 이야기를 나누는 듯하였다. 그런데 조연의 말에 따르면 박용이 그의 아내 복덕을 시켜 서울 세가집에 가서 편지를 받아왔다는 것이다. 사헌부에서 박용의 아들 박천기를 잡아다가 물으니, "아버지가 좌의정 황희에게 말 한 필을 뇌물로 주고, 또 잔치를 베풀어 대접하고서 편지를 받았으며, 대제학 오승, 도총제 권희달에게 각각 말 한 필을, 도총제 이순몽에게도 소 한 필을 주었다."고 하였다. 이런 이유로 사헌부는 황희의 탄핵을 청한 것이다.

　　박용은 원악리(元惡吏)*로 전지를 많이 가지고 있었으며, 말을 많이 길러 권문세가에 뇌물질을 하여 국가의 법을 두려워하지 않는 자였다. 또한 간사하고 포악한 행위를 제멋대로 하는 자였다. 박용은 아마도 다른 권문세가들처럼 그 뇌물이 황희에게도 통할 것이라 생각했을 것이다. 하지만 황희는 박용에게 말과 술대접을 받고 편지를 써 주었다는 것은 자신이 한 일이 아니라고 하였다. 그런데 사헌부에서 이를 탄핵하였는데, 세종대왕은 사면령이 내리기 이전의 사건이므로 거론하지 말라고

---

* 악사(惡事)의 원흉인 지방 관서의 아전. 『경국대전(經國大典)』에서 원악리로 규정한 죄목은 다음과 같다. 수령을 조종 농락하여 권력을 제마음대로 부려 폐단을 일으키는 자, 뇌물을 받고 부역을 불공평하게 하는 자, 세(稅)를 수납할 때에 과징(過徵)하여 남용하는 자, 양민(良民)을 불법으로 끌어다 남몰래 부려먹는 자, 전장(田庄)을 많이 장만하여 두고 백성을 시켜 경작하는 자, 마을과 거리를 횡행하면서 남의 것을 침탈(侵奪)하거나 사복을 채우는 자, 귀세(貴勢)에 아부하여 신분 본래의 역무(役務)를 모피하는 자, 이역(吏役)을 도피하여 촌락에 숨어 사는 자, 관의 위세를 기대어 백성을 침노 학대하는 자, 양가(良家)집의 자녀나 관비(官婢)를 첩(妾)으로 만든 자.

하였다. 그러나 황희는 온 나라가 바라보는 수상의 직위에 있으면서 오명을 얻었으니 비록 임금이 묻지 말라고 명하여도 진실을 밝히기를 원하였다. 만약 진실을 밝히지 않는다면 세상 사람들이 이 일이 진실인 줄로 믿기 때문이다. 그렇게 되면 뇌물을 받았다는 오명을 씻을 수 없게 된다. 황희의 요청에 세종대왕은 박용의 처 복덕을 불러다가 국문하여 진실을 밝혔다.

세종대왕은 이 세 가지 사건 모두 뜬소문에 불과하다고 말했다. 오늘날에도 이 세 가지 문제로 황희를 평가절하 하는 경우가 많다. 그러나 단종 즉위년에 『세종실록』을 편찬하면서 확실히 뜬소문에 불과하다고 결론지었다. 황희와 함께 조정에서 관직 생활을 한 정인지 등은 다음과 같이 그 당시 한 번도 이러한 황희의 이야기를 듣지 못했다고 하였다.

> 지춘추관사 정인지가 사신(史臣) 이호문이 기록한 황희의 일을 보고 말하기를, "이것은 내가 듣지 못한 것이다. 감정에 지나치고 근거가 없는 것 같으니, 마땅히 여러 사람들과 의논하여 정하여야겠다." 하고, 영관사 황보인, 감관사 김종서, 지관사 허후, 동지관사 김조·이계전·정창손, 편수관 신석조·최항과 더불어 이호문이 쓴 것을 가지고 조목에 따라서 의논하기를, "그가 이르기를, '황희는 황군서의 얼자(孼子, 서자)이라.'고 한 것은 일찍이 이러한 말이 있었다. 황희도 또한 일찍이 스스로 말하기를, '나는 정실(正室)의

아들이 아니다.'라고 하였다. 그러나 나머지 그 밖의 일은 전에 듣지 못하였다.

그때 『세종실록』의 편찬에 관여한 8, 9인이 설우의 돈을 받아 '황금 대사헌'이라고 한 이야기를 한 사람도 들은 적이 없었으며, 김종서 역시 '황금 대사헌'이란 말은 절대로 있을 수 없다고 하면서 다음과 같이 말하였다.

"김익정이 황희와 더불어 서로 잇달아서 대사헌이 되어서, 모두 중(僧) 설우의 금을 받았으므로, 당시 사람들이 이들을 '황금 대사헌'이라고 일컬었다." 하였으나, 이것도 또한 알 수가 없다. 이미 말하기를, "'당시 사람들이 이를 일컬었다.' 하였는데, 지금 여기에 앉아 있는 8, 9인은 어찌 한 사람도 들은 적이 없는가? 이호문은 나의 친속이나 사람됨이 조급하고 망령되고 단정치 못한데, 그 말을 취하여 믿을 수 없으니, 이를 삭제함이 어떠한가?" 하였다.

김종서가 말하기를, "박포의 아내 사건은 규문(閨門, 부녀가 거처하는 안방) 안의 은밀한 일이니, 진실로 쉽게 알 수 없다. 그 밖의 일은 마땅히 사람의 이목에 전파되었으므로 숨겨둘 수가 없는데 어찌 이와 같은데도 사람들이 알지 못하였을까? 김익정은 나의 재종형인데 내가 자세히 그 사람됨을 안다. 청렴결백함을 스스로 지키고 신과(信果)하기를 스스로 기필

(期必)하는데, 이를 국량(局量)이 좁다고 일컫는 것은 가하지마는, 대사헌이 되어서 남의 뇌물을 받았다는 것은 단연코 그리하지는 않았을 것이다."하니, 모두가 말하기를, "예나 지금이나 마찬가지로 사필(史筆)은 다 믿을 수 없는 것이 이와 같다. 만일 한 사람이 사정에 따라서 쓰면 천만세를 지난들 능히 고칠 수 있겠는가?" 하였다.

이때 정인지는 "내가 일찍이 세종의 교지를 친봉(親奉)하였는데, 말씀하시기를, '경들은 또한 사신이니, 자세히 알고 있는 일은 추록하는 것이 옳다.' 하셨다. 일개 한림(翰林)이 쓴 것도 또한 '사초'라고 하니, 대신에게 감수시키는데 훤하게 아는 일을 홀로 쓰지 않는 것이 가하겠는가? 우리도 또한 사신이다. 이미 그 근거가 없음을 알면서 고치지 않는다면 어찌 이를 직필(直筆)이라고 하겠는가?" 하고, 황희의 내용 중에 잘못된 부분을 고쳐야 한다고 주장하였다.

하지만 황보인은 "이것은 큰일이니, 마땅히 중의를 채택해야 한다." 하고, 최항·정창손은, "이것은 명백한 일이니 삭제하여도 무방하지만, 다만 한 번 그 실마리를 열어 놓으면 말류의 폐단을 막기 어려우니 경솔히 고칠 수 없다." 하였다. 그러자 정인지는 "그러면 어떻게 이를 수정이라고 하겠는가?" 하니, 황보인 등은 "이와 같이 큰일은 하나라도 불가함이 있으면 마땅히 정법(正法)을 따라서 삭제하지 않아야 한다."고 주장하였다. 결국 황희의 뜬소문은 삭제되지 않고 『세종실록』에 그대로 남아 바로잡히지 않은 채 지금까지 잘못 전해오고 있다.

III

낭비 없는 나라 살림

1. 소찬 제사법으로 백성의 공물 부담을 덜다

조선시대의 국가 제사는 유교 예법과 맞물려 최고 권력을 가진 왕실의 권위를 세우기 위한 정치적 행위였다. 그래서 국가의 큰 일은 제사와 병융(兵戎)에 있다고 하였다. 대개 제사는 근본에 보답하고 신명을 섬기는 것이요, 병융은 침모(侵侮)를 막고 국가를 편안히 하는 것이다. 왕조의 역사가 길어질수록 왕의 수가 늘었고, 종묘의 신실은 물론 왕릉의 수도 늘어났다. 정조 때에 이르면 종묘에서 지내는 대사(大祀)는 조선 전기 7실에서 14실로 늘었고, 왕릉은 42기에 달하였다. 정조 시대를 기준으로 조선 왕실에서 1년간 거행하는 제사 수는 347건이나 되었다. 하루 0.95번꼴로 제사를 치른 셈이다. 거의 하루에 한 번 꼴이다.

문제는 이러한 제사에 쓰이는 제물들이 대부분 공물로 조달되었다는 것이다. 오죽하면 "제사와 손겪이에 드는 비용과 사대부의 녹봉 주는 것과 모든 중외의 일체 경비를 모두 전조(田租)에서 취하오니, 이는 먹는 자가 적은 것이 아니고 쓰는 자가 더디게 쓰는 것이 아니옵니다."라고 했겠는가? 특히 모든 제사에 육선(肉膳), 즉 고기반찬을 제물로 올릴 경우 이에 따른 백성들의 별공 부담은 고통이었다.

세종대왕이 광효전(廣孝殿)과 문소전(文昭殿)의 제사에 육선을 쓸 것인지, 쓰지 않을 것인지를 옛날 법제를 상고하여 계하라고 하자, 예관에서는 '우리 나라에서는 종묘에는 예(禮)에 정한 제수만 진설하고, 상시에 쓰던 식품은 진설하지 아니하였으므로, 문소전과 광효전의 대소 제향에만 별도로 상시에 쓰시던 육선을 진설하소서'라고 고하였다. 그러나 황희는 육선 대신에 소선(素膳)*을 사용하도록 하였다.

선조 7년에 유희춘(柳希春, 1513~1577)이 한 말이다.

> 우리나라 세종께서 조상 받들기를 지나치게 후하게 하여 문소전을 창건하고 하루에 서너 때를 생시(生時)의 공양처럼 했었습니다. 이는 진실로 예가 아닌 예인 데다가 온 나라의 물력(物力)이 또한 지탱하기 어려웠기 때문에, 그때의 명정승 황희가 백관을 거느리고 여러 달을 대궐 뜰에 서서 극력 간

---

* 고기나 생선이 들어 있지 않은 반찬.

했지만 되지 않았습니다. 그리하여 초하루 보름에만 육선으로 하고 다른 날은 소선으로 하자는 논의를 했었습니다.

이는 백성의 힘을 조금이라도 덜게 하려는 뜻이 있었다. 이후 실록에는 황희가 소선을 사용하게 하였다는 기록이 여러 차례 나온다. 현종 즉위년에 임금이 "제사에 소선을 쓰는 것이 어느 조(朝) 때부터 비롯된 것이며, 건백(建白)은 어느 사람이 한 것인가?" 하니, 총호사* 심지원이 "세종조의 명재상 황희가 정청(廷請)을** 하여 정한 제도로서, 국조가 3백 년은 더 연장될 것이라고 하였다는 것입니다. 각 능의 사시(四時) 제향 때도 모두 소선을 쓰는데 아마 무궁한 국가 장래를 위하여 혹시 국력이 지탱되지 못할까를 염려해서였던 것 같습니다. 지금 만약 그 정해진 제도를 고친다고 하면 어떻게 3년 제사에만 육선을 쓸 것입니까? 반드시 각릉의 제사에도 다 써야 할 것이니, 그 매우 난처한 일입니다."라고 하였다.

황희가 '소선을 쓰면 제사 비용이 줄어들어 나라가 3백 년은 더 연장된다'고 하였다는 말이다. 제사를 검소하고 간략하게 함으로써 백성을 살리려 한 것이다. 그래서 영조도 다음과 같이 소찬을 쓰도록 하였다.

영조 41년(1765)에 임금이 친히 영희전에 제사지내고, 하교

---

* 국상에 관한 의식을 주관하던 임시 벼슬.
** 간쟁할 일을 임금에게 아뢰어 하교를 기다리는 것.

하기를, "대저 국조에서 제향하는 것은 태실과 능침뿐이었고 본전(本殿)은 추후로 세운 것이다. 옛날은 능침이 모두 고기반찬이었는데, 옛 정승 황희가 건의하여 소선으로 대신하기를 청했으니, 이것이야 말로 만세에 전할 대계이다. 오늘 여기 온 것은 희생을 살피고자 함인데, 제물 단자를 가져다 보니 바로 소선이다. 이것은 능히 제사를 따라 제도를 정한 것이다.

아! 막중한 진전(眞殿)*에도 처음에는 단지 세 분만을 봉안하였으니, 육선을 마련하는 데 무슨 어려움이 있어서 그렇게 한 것이겠는가? 더구나 추후에 세운 것이야 말할 것이 있겠는가? 금후로는 궁과 휘녕전과 종묘의 5향(享)·4중(仲)·삭제(朔祭)** 외에는 모두 진전의 예에 의하여 거행하고, 친제 때도 이에 의하여 거행하도록 하라."

(『증보문헌비고』)

그런데 숙종 때의 장릉 참봉 이만형이란 자가 있었다. 그가 상소하기를 "능침 제사에 나물반찬을 쓰는 것은 들건대, 고 정승 황희가 처음 만들어 행하였다고 하였습니다. 그 뜻은 뒷날에 능침이 많으면 공억(供億)의 비용을 감당할 수 없다고 하는데, 예전에 나라를 오래 가진 것은 상나라와 주나라 만한 것이 없으나, 상나라·주나라 군신은 일찍이 나라의 멀리 전함을 생각하여 그 선조를 제사하는 예를

---

* 어진을 봉안하고 향사하는 처소.
** 음력 초하루마다 조상에게 지내던 제사.

줄이지 아니하였습니다. 하물며 우리나라 어육의 반찬은 산과 바다에서 생산되는 바로서 여염집의 천한 사람도 배부르게 먹는데, 어찌 원묘(園廟)의 정조(鼎俎)에 채울 비용에 부족하겠습니까? 생각하건대, 황희도 고려의 더러운 풍속에 젖어서 그랬을 것입니다. 만약 경비를 가지고 근심한다면 제사는 정성에 있을 따름이고 재물의 풍족함에 있지 아니합니다. 그러므로 『역경』 손괘(損卦)의 뜻을 체득하여 그 많은 제품을 줄여서 한 그릇 생(牲)을 쓰는 것이 오히려 순전한 나물반찬을 쓰는 것보다 낫지 아니하겠습니까?"라고 하였다. 그러면서 그는 "송준길이 일찍이 말하기를, '희생을 풍부하게 갖출 수는 없다 하더라도, 꿩·닭·어물·생선으로 희생을 대신한다면 상도에 어긋나는 소찬 제향보다는 나을 것이라.'고 하였다."고 하면서, 오늘의 나라 능의 제물을 보면, 사부가(士夫家)의 개인 제사만도 못하니 매우 개탄할 일이다."라고 하였다.

참으로 백성을 생각하지 않는 한심스런 말이다. 황희의 참뜻을 바로 알지 못한 처사이다. 그러자 당시 영의정 김수항 등은 '모두 조종조의 옛 제도로서 수백여 년 동안 준행하던 것을 이제 경솔하게 변경할 수 없다'고 반대하여, 육선의 제사는 정지되었다.

황희는 소찬의 제사를 드려 백성들의 고통을 조금이나마 덜어주고 싶었다. 육선을 할 경우 각 고을에서는 꿩과 노루 등을 잡아 진상을 해야 했으며, 결국 방납 등의 피해로 이어져 백성들은 수십 배의 부담을 져야 했다. 『명종실록』에 실린 다음 기사를 보면 그로 인한 백성들의 고통스런 실상을 볼 수 있다.

봉진(封進)하는 숫자에 대해서는 정해진 법이 있고 사냥하는 사람도 각기 해당자가 있는 것인데, 지금은 짐승의 사냥을 오로지 백성에게만 의존하고 있습니다. 그래서 그물과 활을 가지고 숲속을 달리는데, 우인(虞人)이 없이 사슴을 쫓는 격이어서 새 한마리도 잡기가 어렵습니다. 결국 저축해 놓은 곡식을 털어서 몇 곱의 값으로 사들이는데도 오히려 때에 늦은 죄를 면치 못하여 다시 속포(贖布)의 벌을 받게 되니, 한 고을의 민생들이 오래 전에 이미 죽은 상태입니다. 삼가 살피건대 1년의 공물에 노루가 70이고, 꿩이 200이 넘습니다. 엎드려 바라옵건대 노루와 꿩의 숫자를 줄여 생활을 즐길 수 있게 하여 주면 남은 백성들이 혹 여기에서 조금이나마 소생하게 될 것입니다.

제사를 소찬으로 하게 한 이 일만 보더라도, 황희가 백성을 얼마나 아끼며 사랑했는지 알 수 있다.

2. 도민의 궁핍이 곧 나의 궁핍이다

세종 4년과 5년에는 전국적으로 대흉년이 들었다. 그 중 강원도와 평안도가 더욱 심하여 도내 백성이 고향을 버리고 떠난 이가 많았다. 이에 세종대왕은 백성들을 적극적으로 구제하도록 엄명하였다.

각 지방에서는 진제소(賑濟所)를 설치하고 정부 양곡으로 음식을 만들어 구제하였다. 세종 5년 1월에는 강원도에 진제 미두(米豆) 84,000석과 환상 미두 22,000석을 내려 주었다. 만일 지방관리가 기민구제를 잘 못하면 엄한 벌을 내리기도 하였다. 그해 7월 의금부에서는 "황해·평안·강원 삼도의 관찰사들이 교지를 능히 받들어 행하지 못하여, 도내의 인민들을 많이 굶어 죽게 하였다."고 하면서 관찰사 등에게 죄 주기를 청하여, 평안도 관찰사 성달생·경력 김간과 강원도 관찰사 이명덕·경력 고약해 등을 파면하였다. 그리고 그 날로 황희를 강원도 도관찰사로 삼아 강원도 백성을 구제하게 하였다.

황희는 발령받은 지 사흘 만에 강원도 각 고을이 임인년(세종 4) 이상으로 각 관사에서 바치는 공물의 감면을 청하여 윤허를 받았다. 며칠 후에는 강원도 상원에 거주하는 나이 12살 된 사내아이가 강동의 진제장에 들어왔으나, 감고 고귀승이 굶주린 그 아이를 구료하지 않고 소에 태워 다른 진제장으로 보내자 곤장 1백 대의 벌에 처했다.

또한 도내에서 실농한 각 고을의 향교 생도들을 방학하게 하였다. 2개월 후 황희는 강원도 전세(田稅)로 종자와 양식에 대비하도록 임금에게 요청하여 허락을 받았다.

호조에서도 강원도 흉년의 구제를 위해 강원도 인근인 충청도의 단양·청풍·영춘·제천의 그해 전세를 제천창에, 충주·연풍·괴산·청안·음성의 전세를 덕원창으로 거두어들여서, 강원도의 흉년 구제의 용도에 대비하게 하였다. 그해 11월에는 강원도에서 섣달에 바치는 산돼지·노루·사슴의 진상을 면제받았다. 황희는 강원도 백성을 위해서 할 수 있는 구제책을 총동원한 것이다.

다음 해 1월에 호조에서는 강원도 관찰사 황희의 관문(關文)에 의하여 "도내의 각 관에게 기민의 진제는 오는 2월 초1일에 시작하여 계묘년(세종 5)의 예에 의하되, 15세 이상 남녀는 1명에 하루 쌀 4홉, 콩 2홉, 장(醬) 3홉씩이고, 11세로부터 15세까지는 1명에 하루 쌀 2홉, 콩 2홉, 장 반홉씩이며, 2세부터 10세까지는 1명에 하루 쌀 2홉, 장 반홉씩이며, 매월 말일에 기민의 명수와 그들에게 지급한 쌀과 콩과 장의 수량을 기재하여 올리고, 각도의 기민 진제도 모두 이 예에 의하여 시행하소서." 하니, 세종대왕은 윤허하였다.

그리고 2월에 황희는, "도내 백성들 대부분이 환상곡을 먹지 않고 생활한 자가 없으며, 겨우 생명을 보존하고 있는 터인데 도내 사람 수를 조사하여 호조에 관문을 제출하여 회보가 오기를 기다린 뒤에 진휼하였다가는 백성들의 생명이 염려된다."고 하였다. 또 곡식 종자를 제때에 나누어주지 못하면 농사를 지을 수 없을 것이므로 먼저 굶고 있는 백성에게 식구에 따라 양식과 종자를 내어주어 구휼하고 농사를 짓도록 청하여 허락을 받았다.

그러나 이러한 구휼미는 거의 허기를 면할 정도밖에 되지 않았다. 조선시대의 1인당 1일 쌀 소비량은 보통 2되 정도였으며, 세종 1년에는 구휼미로 1인당 1일 8홉(쌀4, 콩3, 매주 1홉)을 지급하도록 하였으나, 호조에서는 부족하니 15홉(쌀7, 콩6, 매주 2홉)을 지급해야 한다고 하였다.

3월에 황희는 유이민이 증가한 강원도 공물의 감면을 요청하여, 각사에 바칠 포수(脯脩)·유밀(油蜜) 등 20여 종류를 제감받았다.

황희의 이러한 피나는 노력에도 불구하고 2년간의 기근으로 강원도 백성 30% 가까이가 고향을 떠났으며, 논밭은 절반 이상이 황폐화되었다. 마침내 강원도 구제의 임무를 마친 황희는 세종 6년 6월에 의정부 찬성에 복귀하였다.

황희는 강원도 관찰사로 있으면서 "도민의 궁핍이 곧 나의 궁핍이다." 하고, 한줌의 보리쌀로 죽을 끓이되 쌀을 섞지 못하게 하였다고 한다. 물론 찬도 없었다. 관찰사가 이러하니 다른 관원들도 밥을 먹을 수가 없었다. 모든 사람이 식량을 절약하여 이것을 굶주린 난민에게 나누어 주었다. 관원들만이 아니다. 곡식을 가진 사람들은 모두 혼자 먹기를 부끄럽게 여기고 주린 사람들과 나누어 먹었다. 황희는 말로 엄포하거나 명령으로 구속하지 않고, 묵묵히 모범을 보이며 실천함으로써 강원도의 기근을 이겨냈다.

황희가 돌아간 뒤에 관동 백성들이 그의 은덕을 사모하여, 울진을 지나던 중 그가 행차를 멈추었던 곳에다 대를 쌓고 소공대라 이름하였으며, 남곤이 글을 짓고 송인이 글씨를 써서 비를 세웠다. 『신증동국여지승람』에는 소공대를 다음과 같이 기록하고 있다.

> ❶ 병자년(중종 11)에 관찰사 황맹헌이 비를 세우고 남곤이 명(銘)하기를, "삼척부 치소의 남쪽 70리 지점에 와현이 있고, 현에 돌로 쌓은 것이 있는데 소공대라 하니, 대개 예전에 황 익성공[황희]이 절월(節鉞)을 머물렀던 곳이다. 영락 계미년(세종 5년)에 관동지방에 기근이 들었으므로, 익공이 특별

히 관찰사로 뽑히게 되었다. 백성을 구휼하고 어루만지며 마음을 다해 구원하니 죽는 백성이 없었다. 임금께서 아름답게 여기시고 일품조복(一品朝服)을 하사하시어, 판우군 부사로 제수하시었다. 공이 이미 조정에 돌아왔으나 백성들은 공의 덕을 사모하여 잊지 못하였다. 그리하여 서로 더불어 공이 쉬던 곳에 돌을 쌓고 대를 만들어서, 감당(甘棠) 나무를 사모하듯 하였다. 그러나 세월이 오래되어 덩굴 풀과 차가운 연기에 대는 뭉개져 평지가 되었다.

❷ 을해년(중종 10)에 지금 관찰사 장원공(長原公, 황맹헌)이 절월을 잡고 왔으니, 곧 익성공의 4대손이다. 모든 정사를 하고 백성을 무휼하는 데에 한결같이 가법(家法)을 지켰다. 하루는 관내를 순찰하다가 와현이라는 언덕에 올라 대 아래에 배회하면서, 한편으로 사모하고 한편으로는 슬퍼하였는데, 완전히 익성공의 기침소리가 들리는 듯하였다. 이에 다시 돌을 모아 무너진 것을 수축하고서 떠나갔다. 나는 그 말을 듣고 탄식하였다. 익성공은 세종대왕을 보좌하여 태평세월이 되게 하였으니, 그 한 도에 인애(仁愛)를 끼친 것은 여사로 한 일이니, 이 대가 완전하고 무너짐이 공에게 무슨 상관이리오. 그러나 공이 가신 지 이미 백 년이건마는 공의 덕이 사람의 마음에 간직된 것은 바로 그날과 같다.

❸ 들으니 옛날에 익성공은 덕이 소공과 같아서 주린 자는

배부르게, 추워하는 자는 따뜻하게, 관동에 은택을 남겼다 한다. 고개 위에 대를 쌓고 공이 쉬었던 곳이라 하며, 사모하는 눈물을 대 밑에 흘렸다. 세월이 바뀌어서 공은 가도 대는 남았다. 누가 와서 뒤를 이었나. 공에게 자손이 있었다. 백성들이 기뻐하여 서로 말하기를, '우리 익성공이라.' 하였다. 우뚝한 새대는 독촉한 것이 아니었다. 덕이 사람에게 남아서, 대와 더불어 새롭다. 이 글을 좋은 돌에 새겨서 천년토록 알리리라.

세월이 흘러 황희는 갔어도 그의 덕을 기리는 소공대는 남아 있다. 현재 소공대는 강원도 삼척시 원덕읍 임원리에 있다.

세종 5년(1423) 관동지방에 흉년이 들자, 강원도 관찰사로 파견된 황희는 정성을 다하여 백성을 구호하였다. 이에 감동한 백성들은 당시 황희가 쉬던 와현(瓦峴)에 돌을 쌓아 대(臺)를 만들고 소공대라 하였다.

3. 구조조정으로 건전한 국가재정을 확립하다

옛날이나 지금이나 국가재정은 대부분 백성들이 부담하는 조세로 충당한다. 조선시대에는 더욱 그러하였다. 그러다 보니 조선시대에 국가재정이 넉넉한 시절은 거의 없었다. 『논어』에는 '물건을 아껴 쓰고 백성을 사랑하라.' 하였고, 『주역』에도 '제도를 잘 운용하여 재물도 상하게 하지 말고 백성도 해롭히지 말라.'고 하였다. 이는 백성을 사랑하면 재물을 상하게 하는 데 이르지 않고, 재물을 상하게 되면 반드시 백성에게 해를 끼치게 된다는 것을 이른 말이다.

태조 3년 간관 전백영 등은 "궁궐의 제도는 될 수 있는 대로 검소하고 간략하게 하고, 쓸데없이 녹만 먹고 있는 관원은 덜 만한 것은 덜고 합칠 만한 것은 합쳐서" 국가재정을 넉넉하게 할 것을 주장하였다. 그들은 이러한 사례로 "옛날 중국 고대 요임금은 띠풀[茅]로 집을 잇고 흙으로 축을 쌓았으며, 우임금은 궁궐을 낮게 지었고, 한나라 문제는 노대(露臺)를 지으려다가 백금을 아껴서 짓지 아니하였다."고 하였다. 전백영은 조선 초기 새 도성을 창건하는 데에 용도가 호번하여 경비가 넉넉하지 못하므로, 저축을 넓힌다든지 예상치 못한 일에 대비하는 국가 정책에 결함이 있었기 때문에 이 말을 한 것이다. 그래서 황희는 국가재정의 건전화를 위해서 조정의 불필요한 인원을 줄이는 구조조정을 주장하였다. 정종 1년, 황희가 문하부 보궐(補闕, 정5품)에 있을 때의 상소이다.

환관의 벼슬은 높아도 3품을 넘지 못하도록 하고, 또 조관(朝官)을 받지 못하도록 하자는 것이 그 한 가지 조건에 들어 있었습니다. 이미 허락하시어 온 나라에 포고하니 신민들이 모두 전하의 '간(諫)하는 것을 따르는 미덕'을 알았습니다. 그런데 지금 내시부에서 조관으로 임명되어 가선대부(종2품)에 이르고, 또 검교(檢校)를 받아서 높기가 가정대부(종2품)에 이르러, 그 수가 많기가 거의 50명이나 되고, 조관을 겸한 자도 간혹 있습니다.

신 등은 두렵습니다. '간하는 것을 따른다'는 이름은 있으나, 간하는 것을 쫓는 실상은 없으니, 백성에게 신(信)을 잃을 뿐만 아니라 작위와 의복의 남용이 장차 끝이 없을 것입니다. 엎드려 바라건대 내시부의 조관에 임명된 자는 해당 관서로 하여금 그 직첩을 회수하게 하시고, 이제부터 환관의 제수는 다만 내시부에만 허락하고 검교는 일절 없애버리소서.

여기서 검교란 높은 벼슬자리를 정원 외에 임시로 늘리거나, 실지로 사무는 맡기지 않고 이름만 가지게 할 때 그 관직명 앞에 붙인 호칭이다. 검교직은 정원 외로 두면서 녹봉을 지급하기 때문에 재정에 부담이 되었다. 그래서 이전(태조 4년)에도 간관 한상환 등은 군대를 강하게 하고 식량을 풍족하게 하는 요점을 말하면서 "검교의 벼슬과 부녀들의 작위를 파하면 녹봉이 낭비되지 않을 것"이라고 하였다.

하지만 정종은 "환관으로 여러 궁전에서 일하는 자가 심히 많은데,

내시부의 관직은 한도가 있다. 그러므로 녹관 이외에도 또 검교가 있는 것이다."라고 하면서 윤허하지 않았다. 이에 황희는 "신 등이 상소하고 명령을 기다렸으나, 윤허를 얻지 못하였습니다. 그러나 검교의 관직이 너무 많으니 깎지 않을 수 없습니다."라고 하였다. 왕이 내시부 관직의 한도를 넘어 환관을 두어 관직의 문란과 함께 재정적인 부담을 가중시키기 때문에 필요 없는 환관을 구조조정 하기를 청한 것이다. 실제로 그 당시 조선 조정의 관리는 중국보다 3배나 많았다.

황희를 비롯한 일부 조정 신료들의 이러한 주장에도 불구하고 왕은 이를 허락하지 않았다. 그 당시 중앙 관리만의 녹봉이 거의 10만 석이나 되었다. 여기에는 각 품의 과전과 각사의 공해전 등은 일체 포함되지 않은 것이다. 그리고 태종 3년에는 1년의 녹봉 수량이 무려 12만여 석으로 증가하였다. 거의 2만여 석의 녹봉이 3년 사이에 늘어난 것이다. 반면 군자의 수입은 정종 1년부터 태종 1년에 이르기까지 3년을 합해도 총 2만 석에 차지 못했다. 황희가 말한 불필요한 관리의 구조조정이 국가적으로 얼마나 시급했는지 알 수 있다.

태종 9년 이조에서는 검교의 녹봉을 정지하고, 쓸데없는 관원[용관(冗官)]을 혁파할 것을 상소하였지만, 태종은 "국고가 텅 비어서는 안 된다는 것을 알았다. 만약 검교에게 녹봉을 주지 않으면 좀 여유가 있을 것이나, 검교의 직을 가진 자도 예전에 모두 노고가 있었던 사람이므로 버릴 수는 없다."라고 하였다. 조정의 불필요한 인원을 사사로운 정에 두어 재정을 고갈시키고 있지만 무시해 버린 것이다.

태종 16년에도 이조 판서 황희는 다음과 같이 검교직을 없애, 일

없이 녹을 먹는 사람을 줄일 것을 주장하였다.

> 자기 일을 하는 자가 그 녹을 먹는데, 이제 검교의 각 품은 자기 일이 없는데도 앉아서 천록(天祿)을 먹으니, 매우 미편하므로, 이를 혁파하기를 바랍니다. 종1품 판돈녕부사 1인과 정2품 삼군 도총제 각각 1인씩과 종2품 삼군 총제 각각 1인씩을 더 설치하고, 육조 참의 각각 1인씩을 혁파하고, 참판 각각 1인씩을 두어 품질(品秩)을 종2품으로 하여서 그 일이 없이 천록을 쓸데없이 먹는 자들을 근절하소서.

세종 5년에도 황희는 조정의 최고위층 관리라 할 수 있는 재추(宰樞, 2품 이상의 벼슬)의 인원을 구조조정할 것을 진언하였다. 유배에서 풀려나 복직한 다음 해에 참찬으로 있을 때이다. 세종대왕은 이 구조조정을 흔쾌히 허락하였다. 역시 소통이 잘되는 군신관계였다.

뿐만 아니라 세종 8년에 황희는 유정현 등과 함께 "근래 각 관사의 제조(提調)가 이미 혁파되어 없어졌는데, 관사에 남아 있는 노자(奴子)들은 자못 한가로이 노는 사람이 많으니, 형조로 하여금 각 관사의 사무 중에서 그 긴요하고 긴요하지 않은 것을 나누어, 그 소임에 빠질 수 없는 사람 외에는 본가(本家)로 놓아 보낼 것입니다."라고 하여, 각 관사에서 필요 없는 노비를 구조조정하도록 하였다.

결과적으로 황희의 이러한 구조조정의 결실은 세종 25년에 '내시부의 검교'를 모두 다 혁파하는 것으로 나타났다. 황희 등이 정종 1

년부터 내시부의 검교를 혁파하자는 주장을 한 이후, 무려 44년 만에 세종대왕이 받아들인 것이다. 다만 검교직을 폐지한 대신에 내시부에 필요한 하급의 실무직을 늘리도록 하여 녹봉은 줄이도록 하였다. 일하지 않으면서도 녹봉을 받은 관리를 청산한 것만도 매우 의미 있는 일이었다.

4. 백성을 위해 국둔전과 관둔전을 혁파하다

국둔전은 조선시대 변경이나 군사요지에 설치하여 군량을 충당하게 한 토지로, 군사들이 경작하여 그 수확한 곡식을 모두 군자에 사용하였다. 국둔전의 관리는 그 지역의 수령이 맡았는데, 국둔전은 '차경차전(且耕且戰)' 즉, "한편으로 경작하고 한편으로 전투한다."는 취지 아래 주둔지 부근의 빈 땅을 개간하여, 군량을 현지에서 조달함으로써 군량 운반의 수고를 덜고 국방을 충실히 수행하기 위한 것이었다. 따라서 국둔전은 주로 진수군(鎭戍軍)*이 경작하는 것이 원칙이었다. 하지만 내륙지방에서는 공노비나 신역을 면제받은 농민이 경작하게 했는데, 이들 경작자들은 자신의 소유지인 민전을 가지고 있는데도 농번기에 둔전 경작에 우선적으로 동원되었기 때문에 그 피해가 심하였다. 또한 해당 관청들이 온갖 편법을 부려 민전을 탈취

---

* 변방의 요충지에 주둔하던 군대. 주로 왜구의 침입에 대비하여 각 해안 지방의 방위를 맡아보았다.

하여 국둔전을 확대하면서, 힘없는 백성들은 생활 터전인 전답을 잃게 되었고 식량 조달에 고통을 당하였다.

일찍이 태조는 "국둔전은 백성에게 폐해가 있으니 음죽(경기도 이천)의 둔전을 제외하고는 일체 폐지할 것이다."라고 하였으며, "둔전의 법은 변경에 있는 요새에 군사를 주둔시킨 것으로부터 시작한 것이고 평민을 노역시킨 것은 아니니, 수상과 육지에서 주둔하는 군사가 경작하면서 전쟁하기도 하는 사람을 제외하고는, '평민을 역사시키면서 둔전한다'고 칭호하는 것은 일체 이를 폐지하게 할 것이다."라고 명하였다.

하지만 국둔전은 완전하게 폐지되지 않았으며, 그로 인한 백성의 피해 역시 지속되었다. 태종 1년에는 병기의 제조 등을 관장하는 군기감에서 가까운 고을에다 둔전을 두어, 여러 공장(眾工, 장인)들에게 공역할 비용으로 마련하기 위하여 백성의 밭과 소를 빼앗고, 백성들을 모아 경작하고 거두어 들이는 등 폐해가 더욱 심했다. 이에 태종은 "이제부터는 밭을 주어 수조하여서 그 비용에 충당하게 하고, 둔전을 파하여 모두 본주에게 돌려주라."고 명하였다.

그러나 태종 6년에 왕은 폐지된 둔전을 다시 설치했다. 정부의 대신들이 둔전의 소출을 선군의 식량으로 주기를 청한 것이다. 이는 둔전은 십분의 해*가 없이 군량을 보충할 수 있다고 주장했기 때문이다. 하지만 세종 6년 전 의주목사 우균은 국둔전의 폐단을 다음과

---

* 조세를 징수할 경우 답험손실법에 따라 수확량 중 최고 10%만 징수할 수 있지만, 둔전의 경우에는 100%를 다 징수할 수 있다는 뜻이다.

같이 진언하였다.

> 지금 팔도에 각기 국둔전이 있는데, 1년 수입의 잡곡 총계가 15,000여 석에 불과합니다. 만약 둔전을 개혁한다면 1년의 수입이 넉넉히 20,100여 석이 될 것이요, 또 둔전을 경작할 때에 백성들이 폐단을 받는 것이 한두 가지가 아닙니다. 그윽이 생각하건대 백성이 비록 폐단을 받게 된다 하더라도 먹을 것만 풍족하게 된다면 오히려 가하다고 하겠지마는, 백성들은 많은 폐단을 받게 되고 나라에는 아무런 이익이 없다면 그만 두는 것이 가합니다.

이처럼 국둔전으로 인한 피해는 이후에도 계속적으로 발생하였으며, 결국 세종대왕은 재위 8년에 다음과 같이 조정에 국둔전의 혁파를 의논하게 하였다.

> 군비와 국용으로 저축된 것은 진실로 절약하여 써야 될 것이지만, 그러나 어찌 마땅히 쓸 데에 쓰지 않는 것을 말함이겠는가. 함부로 허비하지 말기를 이른 것인데, 하물며 성의로 대우하고 녹을 후하게 주는 것은 관리를 권장하는 것이므로, 나는 아록위전(衙祿位田)*을 혁파하고 국고의 쌀과 콩으

---

* 지방관청에 딸린 관리의 녹봉을 위한 전지.

로써 지급하고자 하니, 경 등은 서로 의논하여 아뢸 것이다. 또 백성이 넉넉하면 임금은 누구와 더불어 넉넉하지 못하겠으며, 만일 백성이 넉넉하지 못하면 임금은 누구와 더불어 넉넉하겠는가. 국둔전을 혁파하여 백성에게 농사짓도록 허가하고자 하니, 아울러 의논하여 계하라.

이 논의에서 허조 등은 국둔전을 혁파해야 된다고 하였으며, 황희 등은 각 고을의 관둔전까지 아울러 혁파하기를 청하였다. 이에 세종대왕은 호조에 전지하여 각도의 국둔전과 관둔전을 모두 혁파하게 하였다. 황희는 관둔전 역시 국둔전과 마찬가지로 백성에게 피해를 주었다고 본 것이다.

관둔전은 각 지방의 행정·군사·교통 기관의 운영 경비를 보조하기 위해 국가에서 설정한 전지이다. 본래 관둔전은 백성의 동원 없이 관노비 등을 이용하여 경작하도록 한 것인데, 바쁜 농사철에 농민을 차출하여 역사시키는 경우가 많아 피해가 컸다. 그래서 2년 전에 호조에서는 관둔전의 수를 엄격히 제한하여 관노비를 시켜 경작하도록 했지만, 잘 이행되지 않아 백성이 피해를 당하였다. 그래서 황희 등이 관둔전마저 혁파할 것을 주청한 것이다.

그리고 세종대왕은 혁파한 국둔전을 토지가 없는 백성들에게 나누어 주도록 하였다. 하지만 세종 14년에 함길도 도체찰사로 파견된 황희는 "경원의 신설한 곳에는 임시로 벽성을 쌓은 뒤에 무략(武略, 전략)이 있는 자를 선택하여, 경작할 만한 땅에 군사를 거느리고 주둔하게 하고, 당번인 유방군(留防軍)*으로 하여금 알맞게 둔전을 경작하여 군수를 보충하게 하는 것이 좋겠습니다."라고 장계를 올려, 이전의 주장과는 반대로 둔전을 시행하자고 하였다. 둔전이 목적대로만 운영된다면 변경 지역에서 현실적으로 부족한 군수를 보충하는 수단으로 적절히 활용될 수 있기 때문이다. 하지만 세종대왕은 황희의 뜻을 받아들이지 않았다.

그 후 세종 18년에도 "변방의 대비책은 양곡의 비축이 그 기본이요, 군량을 비축하는 길은 둔전의 설치가 상책이 될 것입니다. 그러나 국가에서는 남방 연해의 비옥한 땅에서 이를 시행하였어도 그것이 이익됨을 보지 못하였거든, 하물며 여연 등과 같은 고을의 험하고 척박한 땅에서 어찌 이득을 보오리까마는, 이는 오늘날 감히 단정할 수 없는 의제인 것입니다."라고 한 것을 보면, 북쪽 변방에서의 둔전 경영의 논란은 계속되고 있었던 것이다.

세종 22년 병조 판서 황보인은 "함길도 연변의 각 고을은 산천이 험하지 않고 넓은 지역이 많은바, 둔전을 설치하여 군수를 준비하기에 마땅하니, 농우는 관에서 준비하고, 농군은 차정군(次正軍)**으로서 재능이 없이 군졸로 되지 못할 자를 알맞게 뽑아내어서 경작하게 하며, 거기에서 생산된 것을 수납하고 지출하는 숫자는 관찰사가 고찰하는 것이 마땅합니다."라고 하여, 함길도 지역에 둔전을 시행할 것을 주청하였다. 그 결과 세종대왕은 이에 대한 의견을 모아 세종 22

---

* 군사상 중요한 여러 진에 배치되어 방어를 맡았던 군대.
** 군역에 있는 사람이 죽거나 사정이 있어서 입역(立役)하지 못할 경우, 그 뒤를 이을 군사.

년 12월에 함길도에서 새로 옮긴 종성과 다온 신읍(新邑)을 제외하고, 그 나머지의 각 고을은 모두 둔전을 두게 하였다. 황희가 함길도에 둔전을 시행하자고 한지 8년 만에 설치된 것이다.

그 후 세종대왕은 재위 24년 함길도 도절제사 김효성에게 "지금 경원의 둔전이 편리한가 아니한가?"라고 물었다. 이에 그는 "신이 되풀이하여 생각해 보니, 새로 설치한 읍은 다만 지경이 북로의 땅과 연하였을 뿐 아니라 여러 곳에 흩어져 사는 야인 때문에 변이 조석에 있으니, 마땅히 군량을 많이 저장해야 될 것이온데, 지금 관고에 저장된 것과 민간에 준비한 것이 모두 다 부족합니다. 전 절제사 이세형이 둔전을 설치하여 군량을 저장 준비하기를 청하였으니 매우 시의에 합당하옵니다."라고 답하였다.

하지만 이때에 황희 등은 함길도의 둔전을 반대하였다. 세종 15년 이후 시행된 사민정책에 따라 함길도와 평안도 지방에 이주한 백성들이 완전히 정착하고 나면 둔전을 실시하자는 의견이었다.

이처럼 황희는 국가재정도 중요하지만 항상 백성을 먼저 생각하는 정책을 펴려고 노력하였다. 또한 정책 결정을 획일적으로 하는 것이 아니라, 항상 상황을 고려하였다. 처음엔 모든 둔전의 혁파를 주도하였지만, 후엔 변방에서의 필요성을 강조하여 시행케 하였다. 그리고 사민정책에 따른 백성들을 감안하여 북방의 해당지역에서는 둔전의 설치를 반대한 것이다.

IV

가지 많은 나무

1. 맏아들의 욕심

황희는 아들 셋을 두었다. 첫째 아들은 황치신이고, 둘째는 황보신, 셋째는 황수신이다. 황치신은 88세(성종 15년)까지 살았으니 아버지만큼 장수하였다. 그는 음보로 공안부 부승(정8품)에 제수되어, 최종 벼슬은 판중추부사(종1품)에 올랐다. 어느 날 태종이 황희에게 아들 중에 벼슬할 만 한 자가 있느냐고 물었다. 황희가 대답하기를, 큰아들이 학문에 뜻을 두어 벼슬을 구할 겨를이 없고, 나머지는 모두 어리다고 하였다. 이에 음덕으로 공안부 부승을 제수받았다.

황치신은 태종 15년에 사헌부 감찰(종6품)로 자리를 옮겼으며, 이어서 호조 좌랑으로 전직하였다. 세종 8년에는 형조 도관정랑(정5품)에 임명되었다. 당시 형조에는 어느 권세 있는 집에서 일반 서민을 차지하여 노비로 삼은 일로, 송사를 50여 년이나 끌어오면서 아직 판결 내지 못한 사건이 있었다. 황치신이 그 일을 알고 한 달도 되지 않아 판결하여 그 백성을 양적(良籍)으로 환원시키자, 사람들이 이를 통쾌하게 여겼다. 황치신이 아버지 황희만큼 정사를 잘 처리한 것이다.

그 뒤 여러 관직을 거쳐 세종 26년에 자헌대부 호조 판서에 오르고, 세조 원년에 정헌대부에 올랐다. 세조 7년에 숭정대부 판중추원사에 올랐으며, 세조 14년에는 숭록대부에 올랐는데, 나이가 늙었다 하여 이어서 걸해(乞骸)*하였으나 윤허하지 않았다. 성종 8년에도 나이가 81세로 또 걸해하였으나 윤허하지 않고, 도리어 판중추부사를 제수하였다.

황치신은 아홉 아들을 두었는데, 뒤에 다섯 아들이 과거에 급제하였으므로 우의정에 추증되었다. 황치신은 살아서 정승에는 오르지 못했지만 아버지 황희의 뜻을 그런대로 잘 받들었다. 그의 신도비에는 다음과 같이 적고 있다.

> 본조가 일어난 지 지금까지 100년이 되어 가는데, 그 동안에 태평시대에 어진 재상으로 호칭된 이는 겨우 한둘로 헤아릴 수 있는바, 그 중에도 방촌 황 익성공[황희]이 가장 으뜸이어서 지금까지 귀천을 막론하고 누구나 그를 칭송하여 마지

---

* 나이 많은 관원이 사직을 주청하는 것.

않는다.

　맹자가 이른바 고국(故國)란 교목(喬木)이 있음을 이르는 것이 아니라 여러 대를 이어서 공훈을 쌓은 신하(세신(世臣))이 있음을 이르는 것이니, 익성공 같은 이의 자손이 진실로 아버지의 일을 잘 계승하고 옛 녹위(祿位)를 잘 보존해서 자기를 낳아 준 부모를 욕되게 하지 않았다면, 그를 세신이라 하더라도 그 누가 옳지 않다고 하겠는가? 고 판중추부사 호안공이 바로 그 사람이다.

　황치신은 대를 이어 공훈을 쌓아 신하의 집안이 되도록 하였다. 이 정도면 황희의 자식으로서 그런대로 잘 살았다고 볼 수 있다. 황치신은 아버지 황희의 성품을 닮아 너그럽고 화평하였다. 그러나 그가 젊었을 적에는 영의정 아버지의 위세를 꽤나 떨고 다녔던 모양이다. 그의 나이 41세에 호조 참의(정3품)에 제수되었을 때 사관(史官)이 한 말이다. "치신은 황희의 아들인데, 그 아버지가 황군서의 정실의 아들이 아닌 것을 알지 못하고, 한갓 그 세력을 믿고 임하는 곳마다 불의한 일을 많이 행하고도 부끄러워하지 아니하고, 또 거만하고 무례하여 사대부를 멸시하였다." 큰아들은 성품이 아버지 황희만큼에 미치지 못한 것 같다.

　세종 23년 둘째 동생 황보신이 뇌물죄로 처벌받아 과전(科田)을 빼앗기게 되었는데, 그 당시 호조 참판(종2품)인 황치신은 자기의 토박한 밭과 바꾸어 바쳐, 사헌부에서 탄핵받아 파면당했다. 황희가 79세로 영의정에 있을 때이다.

5개월 후 황치신은 복직되어 한성부윤에 제수되었다. 그러자 사간원에서 상소하여 한성부윤 직책을 거두기를 청하였다. 하지만 세종대왕은 듣지 않았다. 아마 아버지 황희의 후광으로 관대하게 처리하였을 것이다.

황희가 죽고 세월이 흐른 세조 7년에 장령 이영은은 황치신의 죄를 청하는 상소를 올렸다.

> 황치신이 노비를 탐하여 받은 죄가 이미 명백한데 오히려 승복하지 않고, 도관(都官)˙에게 4구를 받기를 청한 문서가 있는데도 말하기를 '나의 문서가 아니다'고 합니다. 의주 목사 장맹창이 일찍이 태안 수령이 되어 관노 을충을 바꾸어 주고 도관 문서를 등사하였는데, 거기에도 '노비 4구'라고 씌어 있었으나, 황치신은 말하기를 '이는 을충이 나를 배반하고 간리와 더불어 이 허위 문권을 만든 것이고 장맹창이 등사한 글이 아니다'라고 하였습니다.
>
> 신 등이 생각하건대, 문서를 등사하는 것은 예전에 그 법이 없었으니, 장맹창의 등사는 반드시 의심스러움이 있어 믿기 어렵습니다. 이때에 황치신이 본도 절제사가 되었으므로 장맹창을 핍박하여 그 글을 등사해서 후일의 증거로 삼은

---

* 노비 문서와 노비관련 소송을 관장하는 관서.

것입니다. 청컨대 장맹창을 불러 물을 것이며, 만약 올라올 수 없으면 분대(分臺)˙를 보내어 추문하게 하소서.

세종 때에는 비옥한 과전을 탐하다가 죄를 받았는데, 이번에는 노비를 탐하였다. 세조는 황치신의 죄를 너그럽게 하고자 하여 사헌부 지평 이영부를 불러 힐책하여 물었는데, 아곡(阿曲)된 상황을 자세히 진술하므로 의금부에서 처리하도록 명하였다.

결국 이 일로 인해 황치신은 고문을 받고 파직되었다. 그 후 5년 동안 집에서 있다가 세조 12년에 도총관에 다시 임명되었다. 세조가 황치신은 황희의 아들로서 세종조에 이미 호조 판서를 지냈으므로, 즉위하면서 구신이라 하여 그 봉록은 잃지 않게 했기 때문이다.

2. 장물죄로 파면당한 둘째 아들

세종 22년 11월 의금부 제조와 대간·형조에서 "황보신은 조중생˙˙에게 금을 받았는데, 공사(供辭)에 연루되어 체포된 자가 매우 많사오며, 황보신이 거짓을 꾸며 승복하지 아니하니, 청하옵건대 고문을 가하소서." 하니, 임금은 "무릇 옥사에서 사상(事狀)이 나타나지 않았다

---

* 　지방 관리의 치적·근만(勤慢)·청탁과 백성들의 질고를 규찰하고, 각 관청의 사무를 감독하기 위하여 파견하던 사헌부의 감찰을 말함.
** 　처음엔 황희의 서자라 하여 황중생이라 함.

면 비록 대신이라 하더라도 마땅히 고신을 가해야 할 것이나, 황보신은 일의 형적이 이미 나타났는데 어떻게 고문을 하겠느냐? 다시 그것을 의논하라." 하였다.

황보신은 황희 둘째 아들이다. 그때 황희 나이는 78세였는데, 황보신은 대략 30대 후반이었다.

이때 지평 이예손은 "대간은 처음부터 고문을 가하시기를 청하고자 하였으나, 의금부에서만 전장(專掌)한 까닭에 감히 아뢰지 못했을 뿐입니다. 요사이에 장물죄를 범한 관리가 비록 많다 하더라도 아직 명가(名家)에서 나온 자는 없사온데, 또한 근일에 한심한 것은 황보신 한 사람이 범한 것으로 인하여 공초(供招)에 연루되어 옥에 갇힌 자가 많으니 진실로 마음 아픕니다. 더구나 이 일을 의금부와 같이 대간과 형조에 명하여 잡치(雜治)*하게 하였는데도, 장물을 찾지 못하였으니 심히 불가하옵니다. 고문을 하도록 하지 아니한 것은 황보신이 황희의 아들이라 바로 노신의 마음을 위로하였기 때문입니다. 그러나 체옥(滯獄)하는 것보다는 실정을 얻은 뒤에 은전을 보여 주는 것만 같지 못합니다. 청하옵건대 의금부에서 아뢴 대로 하소서." 하였다.

하지만 세종대왕은 "황보신의 죄명이 이미 나타났으니 억지로 정장을 추국할 필요는 없다고 여겨진다."라고 하며, 황보신을 고문하지 말라고 하였다.

이 사건은 황중생이 내탕의 금잔과 광평대군(廣平大君, 세종의 다섯째

---

* 나라에서 중죄인을 심문할 때 대간(사헌부·사간원)과 형조의 삼성(三省) 관원이 합동으로 심문하던 일.

아들)의 금띠, 그리고 동궁이 쓰던 이엄(耳掩)*을 훔쳐, 그 일부를 황보신에게 준 일에서 시작되었다. 황중생은 황희가 서자로 삼아서 집안에 드나들게 하였다. 황중생(조중생)이 동궁의 소친시(小親侍)**가 되어 궁중에서 급사를 하고 있었다. 그런데 그 무렵인 세종 18년에 내탕의 금잔과 광평대군의 금띠가 없어졌는데 누가 훔쳐 갔는지 알지 못하였다. 이 때에 또 동궁이 쓰던 이엄을 잃어버렸다. 황중생이 한 짓으로 의심하여 삼군진무(三軍鎭撫)를 보내 그의 집을 수색하여 이엄을 찾아냈다. 그를 의금부에서 추국하자 금잔과 금띠도 모두 자신이 훔쳤다고 자복하였다.

그런데 훔친 금잔의 무게는 20냥(兩)이었는데 황중생의 집에서 나온 것은 11냥이었다. 9냥이 사라졌다. 의금부에서 계속 추국하자 황중생은 "제가 그전에 적형(嫡兄) 황보신에게 주었습니다."라고 실토했다. 그러나 황보신은 모르는 일이라고 발뺌하였고, 황중생을 여러 차례 고문하여도 황보신에게 주었다는 똑같은 대답만 되풀이하였다.

황중생은 황보신에게 "네가 의금부 지사(종2품)가 되었을 때에 본부의 말 1필과 비단 2필을 훔쳐 윤이(황보신의 첩)를 주더니, 이제까지 조사하여 꼬집어 내지 아니한 까닭으로 이것까지도 숨기고 있지 않는가? 너는 실제로 내가 준 금을 받았다."고 말하였다.

그러나 세종대왕은 황희의 아들 황보신을 감싸려 애를 썼다.

---

* 관복을 입을 때 사모 밑에 쓰는 모피로 만든 방한구.
** 궁중의 사환 노릇을 하던 소동.

무릇 추문하는 일은 죄명의 대체가 이미 이루어졌을 것 같으면 억지로 추국할 필요는 없는 것이다. 이제 조중생이 내부(內府, 대궐의 안)의 재물을 훔쳐 그 죄가 이미 드러났고, 황보신으로 말하면 감독하면서 스스로 도둑한 죄[監臨自盜之罪]가 또 나타났으니, 이 밖의 것은 모두 지엽이다. 황보신이 비록 이 필단을 도둑질하여 혹 그 장죄가 사형에 찼다 하더라도 황보신을 극형에 둠은 옳지 못하며, 또 보신이 비록 조중생의 금을 받았다 하더라도 이것은 형제가 서로 준 물건이니, 또한 장물로 계산할 수 없는 것이다.

　이에 장령 김소남 등은 "전하께서 노신을 공경하는 뜻이 지극하신 까닭으로, 황보신에게 차꼬와 수갑을 채우지 않게 하시고 또 고신도 가하지 아니하였사오니, 황보신은 성상의 은혜에 깊이 감격하여 실지대로 불어야 할 것이온데, 아직도 거짓을 꾸며 승복하지 아니하옵니다. 신 등의 생각으로는, 비록 대신이라 하더라도 장죄(贓罪)를 범했다면 형률에 의해 죄를 결단함이 마땅한데, 어찌 대신의 아들이라 하여 형률로써 차단하지 못하겠습니까? 청컨대 고문을 가하고 그 장물을 추국하옵소서." 하였다. 세종대왕은 이번에도 윤허하지 않았다.
　하지만 조중생을 고문하여 압슬(壓膝)*까지 하여 금을 황보신에게 준 사정이 명백한데도 황보신이 끝내 승복하지 않았다. 그러자 의금

---

* 조선시대에, 죄인을 자백시키기 위하여 행하던 고문. 죄인을 기둥에 묶어 사금파리를 깔아 놓은 자리에 무릎을 꿇게 하고 그 위에 압슬기나 무거운 돌을 얹어서 자백을 강요함.

부에서 고문하기를 청하였으므로 결국 허락하여 죄를 밝혔다.

의정부에서는 황보신이 도용한 잡물은 장물로 계산하면 33관(貫)*이니, 율에 의하여 장 1백 대, 유 3천리에 자자(刺字)**하도록 청하였다. 이에 세종대왕은 황보신이 황희의 아들이므로 특별히 관대하게 용서하여, 단지 장 1백 대에 자자는 면하게 하고, 유 3천리를 속(贖)***을 바치게 하였다.

아들 황보신이 죄를 받은 다음 날 황희는 사직을 청하였다. 황희는 죄인을 둔 아버지의 심정으로서 자신의 파면을 원했지만, 세종대왕은 그러한 황희를 더욱 붙잡아 주었다.

황희는 죽기 1년 전에 문종에게 다음과 같은 상언을 올린다. 장물죄로 파직당한 둘째 아들 황보신의 직첩을 돌려주기를 청한 것이다. 황희도 어쩔 수 없는 아버지였다.

> 신이 유약하기 짝이 없어서 자식 가르치기를 엄하게 못하여 둘째 아들 황보신이 죄를 범하고 삭직된 지 이제 벌써 11년이 되었습니다. 비록 장죄를 범하였다 할지라도 창고의 재물이 아니며, 또 정상이 애매한데 고문으로 자복하였으니, 신이 어찌 하루라도 마음에 잊을 수 있겠습니까? 그러나 천위(天威)를 두려워하여 감히 말을 못하고 지금까지 있었습니다.

---

*   1관은 10냥으로 33관은 돈 330냥은 쌀 66석의 값이다.
**   얼굴이나 팔뚝에 흠을 내어 죄명을 먹칠하여 넣던 일.
*** 죄를 씻으려고 벌 대신에 재물이나 노력 따위를 바치던 일.(속동 36관 또는 오승포 180필)

신의 나이가 지금 89세이니 죽음이 조석에 있습니다. 이에 늙은 소가 새끼를 핥아 주는 심정으로써 어리석은 신이 목숨을 마치도록 민망스러운 마음을 풀지 못하겠습니다. 이제 크게 사유(赦宥, 죄를 용서하여 줌)하여 유신하는 날을 당하여 특별히 직첩을 돌려주시면 신이 죽어도 눈을 감겠습니다. 부자의 정은 천성인지라, 감히 천위를 무릅쓰고 죽음을 잊고 아룁니다.

이에 문종은 황보신의 고신(告身)*을 돌려주도록 명하였다.

우헌납 송처검은 "무릇 장리(贓吏)**는 비록 두 번 사유를 지났을지라도 죄상이 드러나면 고신을 추탈(追奪)함은 이미 국법에 있는데, 이와 같은 장리에게 고신을 돌려주는 것은 참으로 미편합니다."라고 하였다. 그러자 문종은 "황보신 등은 중한 장죄를 범한 자가 아니기 때문에 직첩을 준 것이고 서용하고자 함이 아니다."라고 하면서, "황보신의 죄상은 아무리 미울지라도 늙은 대신의 아들이기 때문에 돌려준 것이니 감히 말하지 말라."고 하였다.

황희는 죽기 전에 둘째 아들로 인한 가슴의 응어리를 풀고 갔다.

---

* 관원에게 품계와 관직을 임명할 때 주는 임명장.
** 뇌물을 받거나 나라나 민간의 재산을 횡령한 벼슬아치를 이르던 말.

3. 조선의 유일한 영의정 부자, 셋째 아들

조선시대에 부자가 정승에 오른 경우는 세 집안이 있었다. 익성공 황희와 그 아들 남원부원군 황수신이 모두 영의정이고, 우의정 이인손은 그 아들 광릉부원군 이극배가 영의정이며, 봉원부원군 정창손이 영의정이고 그 아들 정괄이 우의정이었다. 부자가 영의정에 오른 경우는 황희 집안이 유일하다. 그야말로 가문의 영광이다.

황수신은 황희의 셋째 아들인데 어릴 적부터 범상치 않았다. 그가 대여섯 살 때 일이다. 아이들과 놀다가 한 아이가 우물에 빠졌는데, 아이들이 놀라서 모두 달아났다. 황수신은 혼자 남아 옷을 벗고 우물에 들어가 건져냈다. 황희가 듣고 기뻐하며 "남을 구제할 뜻과 어려울 때에 솔선수범하는 재주가 있으니, 우리 집에 또 한 명의 정승이 났구나." 하였다.

그는 또 효성이 지극하였는데, 태종 18년에 황희가 남원으로 귀양가자 아버지를 따라가 곁에서 모셨다.

세종 5년(17세)에 사마시에 응시하였다가 시관(試官)에게 모욕을 당하자 분개하여 다음과 같은 시를 지었다

> 한 세상을 건지는 것이 과거만이 아니거늘
> 평생토록 썩은 선비 될 필요는 없으리라.
> 澤民濟世非由第
> 不必平生作腐儒

아버지를 닮아 성품은 곧았지만 관후하지는 않았던 것 같다. 과거 시험장에서 붓을 던지고 나온 뒤, 다시는 과거 공부를 하지 않았다. 하지만 학문에 정진하면서 경사(經史)를 두루 섭렵하였다.

한번은 세종대왕이 이조에, "황희의 여러 아들 가운데 벼슬하는 자가 몇 사람인가?" 물었다. 이조에서는 '두 사람은 산관(散官)이고 한 사람은 아직 어리다'고 답하였다. 그러자 세종대왕은 "어린 아들은 흥천사에서 시를 외우던 아이가 아닌가?" 하고는, 특별히 종묘서 부승으로 제수하고, 통사랑(정8품)의 품계를 내려주었다.

그 후 세조 10년에 우의정(58세), 세조 12년 좌의정에 제수되었다가 마침내 세조 13년 4월 영의정에 올랐는데, 아쉽게도 그해 5월에 죽었다. 아버지 황희가 세종대왕과 함께 제2의 인생을 시작할 나이에 죽은 것이다. 그래도 아버지를 이어 영의정에 올랐으니, 아버지의 음덕만이라고는 할 수 없겠다.

하지만 이런 황수신에게도 몇 가지 흠은 있었다. 세종 29년 황수신이 도승지일 때 임원준과 친했는데, 사사로이 동반(東班)으로 옮기고 수 7품직을 주었다. 이에 사헌부에서 그 일을 적발하여 황수신과 임원준 및 그 관련자를 의금부로 보내 국문하게 하였다. 그러나 세종대왕은 "황수신의 일은 말하는 것이 옳다. 그러나 늙은 대신의 아들인데 어찌 늙은이를 우대하는 의리가 없겠는가? 또 근시(近侍)하는 신하는 다른 외신과 비교할 바가 아니므로 특별히 은전을 가한 것이고, 임원준은 청탁하여 요구한 사실이 또한 드러나지 않았으므로 고신을 거두는 것으로 족할 것이다."라고 하며, 황수신을 파직하는 것으로 마무리하였

황수신의 묘역(경기도 파주). 바로 맞은편 언덕이 아버지 황희의 묘역이다. 조선의 유일한 영의정 부자가 서로 마주보며 나란히 누워 있다.

다. 그나마 90에 가까운 아버지 황희의 음덕으로 죄가 감해진 것이다.

세조 5년에는 황수신이 관둔전을 착복하려 한 일이 있었다. 좌찬성 황수신이 진휼사로 충청도 아산현에 갔는데, 관둔전과 공아의 채소밭을 신차에 사는 김극강에게 떼어받게 하였다. 그 공아의 채소밭은 실은 아산현의 관노 화만의 아버지와 할아버지의 영업전으로서 햇수를 정해 임시로 관에 바친 것이었다.

또 황수신은 하사받기 전에 아산의 관노 도자를 집에 들여 사역시켰고, 관노비를 부려 아산의 채소밭을 경적하여 그 이익을 얻었다. 그리고 원접사로서 평산부에 가서는 종을 시켜 온양군사 조원지에게 청하여 화리(禾利/花利, 도지권)를 얻었다.

세조는 "황수신이 비록 조금 잘못을 저지른 일이 있다 하더라도 어찌 임금을 무망한 데에 이르렀겠는가? 진실로 소인처럼 간교하게 꾸며 행동을 하지 않았기 때문에 그 허물이 들어난 것이다. 공신의 죄는 죽을 죄도 또한 마땅히 용서하는데, 하물며 일체 사정이 없겠는가?"하며 용서하였다.

하지만 세조도 어쩔 수 없이 하사 받기 전에 관노를 역사한 연유와 평산의 속공전에서 화리를 거둔 일은 사헌부로 하여금 묻도록 하였다. 사헌부에서는 그 죄를 밝히고 도자를 원복시키는 등 모든 것을 제자리로 돌려놓도록 청하자 세조는 이를 허락하고, 더 이상 황수신의 죄를 논하지 말도록 하였다.

이 사건은 세조의 비호 속에 마무리되었지만 비슷한 시기에 일어난 형 황치신과 동생 황수신의 일은 세간에 회자되었다.

형 황치신이 하루는 동생 황수신의 집에 와서 술을 마셨다. 돌아가는 길에 그곳에 있던 물건을 모두 훔쳐가지고 갔다. 이에 황수신이 희롱하는 말로 그 형을 가리켜 '우리 형님은 참으로 임렴(林廉, 매우 청렴함)이다.'라고 하였다. 그 후 어느 날 황치신이 다시 황수신의 집에 왔는데, 황수신의 어린 손자가 문에 나가 맞이하면서 말하기를 '임렴이 들어온다.'라고 하여 주위 사람들이 모두 웃었다. 이 무렵 황치신은 태인의 둔전과 야계의 환노에 대한 송사가 있었고, 황수신 또한 아산 둔전의 송사가 있었는데, 사람들이 말하기를 '임렴은 인아(姻婭, 친척)이며, 황치신과 황수신은 참으로 백중하다.'라고 하였다.

황수신은 아버지와 달리 뇌물이 폭주하고, 한 이랑의 밭을 탐하며 한 사람의 노복을 다투어서 여러 번 대간의 탄핵을 받았다. 당시 사람들이 말하기를 '성이 황이니 마음도 또한 황하다.'고 놀렸다.

　그렇지만 첫째 황치신과 셋째 황수신의 우애는 꽤 좋았던 것 같다. 한번은 세조가 황수신 등을 거느리고 영응대군(永膺大君, 세종의 여덟째 아들)의 집에 거둥하였는데, 임금이 신숙주 등과 더불어 술을 마시며 이야기를 나누었다.

　그 자리에서 신숙주가 "황수신의 형인 전 중추 황치신이 기력이 아직도 강하여 늙어서도 술을 잘 마시어, 날마다 황수신과 더불어 술을 마시면서 희롱을 하고 있습니다. 황수신이 일찍이 황치신의 집에 갔다가 울타리의 감을 보고는 훔쳐와 그 형을 청해 와서 접대하며 말하기를, '다행히 일찍 익은 홍시를 얻었기에 형님과 더불어 함께 맛보려고 합니다.' 하니, 황치신이 먹고는 달게 여기면서, '너는 후일에도 다시 이와 같이 하라.'고 말하고는 서로 더불어 술을 대단히 많이 마시었습니다. 황치신이 집에 돌아와서 울타리의 감을 보고서는, '내가 황수신의 꾀속에 떨어졌구나.'라고 하였으니, 형제가 서로 우애하는 것이 언제나 이와 같았습니다."라고 말하였다.

　이 이야기를 들은 세조는 웃으면서 이염(李琰, 영응대군)에게 "그대가 내 물건을 훔치는 것도 마땅히 황수신의 형제와 같이 해야 할 것이다."라고 하였다. 하지만 세상의 평가는 아버지 황희에 훨씬 미치지 못하였다. 성품은 아버지처럼 너그럽고 도량이 컸지만, 청렴은 아버지만큼은 못한 것이다.

황희는 가정에 있을 때에는 한결같이 관대하고 온유하였다. 그러나 자식들을 대할 적에는 매우 엄하여 담소하는 일이 드물었다. 그만큼 황희는 자식들에게 과묵한 편이었다. 다음은 황희와 그 자식들에 대해 전해져 내려오는 유일한 이야기이다. 옛날 우리 아버지들의 모습이 보인다.

하루는 황희가 첫째 아들 치신과 셋째 아들 수신이 같이 딴 채에 있었는데, 비가 갑자기 쏟아져서 안채로 건너갈 수가 없었다.

두 아들이 안채로 들어갈 것을 생각하다가 편리한 꾀를 얻지 못하자, 수신이 치신에게 말하기를, "네가 형을 업는 것이 좋겠다." 하였다.

수신이 막 업고 가려 하는데, 황희가 이를 보고 말하기를, "이런 때에 아우가 만일 형을 땅에 메붙이면 탈이다." 하므로, 수신이 갑자기 치신을 빗속에 메붙여서 옷과 건이 다 더럽혀지자, 황희가 비로소 빙긋이 웃었다.

두 아들은 기뻐하며 말하기를, "오늘에야 아버지께서 한 번 웃으시는 것을 보게 되었으니 대단히 행복하다." 하였다.

4. 아전을 죽게 한 사위의 죄를 청탁하다

　세종 9년 6월 황희의 사위 서달이 한양에서 어머니 최씨를 모시고 대흥현(지금의 예산 대흥면)으로 가는 길에 신창현(지금의 아산 신창면)을 지나고 있었다. 그 고을 아전이 예로 대하지 않고 달아났는데 이를 괘씸하게 여겼다. 이에 잉질종 등 세 사람을 시켜 잡아오라고 하였는데, 잉질종이 길에서 아전 하나를 붙잡아 앞세워서 달아난 아전의 집으로 찾아갔다.

　아전 표운평이란 자가 이것을 보고, "어떠한 사람인데 관원도 없는 데서 이렇게 아전을 묶어 놓고 때리느냐?"고 하였다. 종들이 그 말에 화가 나서 표운평의 머리채를 잡고 발로 차고, 또 큰 작대기로 엉덩이와 등줄기를 마구 때리고 나서 서달이 있는 곳으로 끌고 왔다. 표운평이 어리둥절하여 말을 못하는데, 서달은 "일부러 술 취한 체하고 말을 안하는구나." 하면서, 종을 시켜 작대기로 무릎과 다리에 또 매질을 하였다. 그런데 그만 매를 맞은 표운평이 이튿날 죽어버렸다. 그 집에서 관찰사에게 고소하였는데, 관찰사 조계생이 조순과 이수강을 시켜 신창 관아에서 국문하게 하였다. 조순과 이수강은 서달이 주도하여 때리게 한 것으로 조서를 작성하고, 신창 관노에게 주어 관찰사에게 보고하였다. 그때 찬성으로 있던 황희가 신창이 고향인 판부사 맹사성에게 부탁하여, 사위를 그 아전 집과 화해시켜 달라고 부탁하였다. 때마침 표운평의 형 복만이 서울에 와 있었다. 맹사성이 그를 불러 "우리 신창 고을의 풍속을 아름답지 못하게 하지 말라."고 권하고, 또 신창 현감 곽규에게 서신을 보내 잘 주선해 주도록 하였다.

서달의 아버지 서선(형조 판서)도 또한 곽규와 이수강이 있는 곳에 가서 서달이 외아들이라고 말하여 동정을 청하기도 하고, 또 사람을 시켜서 애걸하기도 하였다.

이에 표복만이 뇌물을 받고 맹사성과 곽규의 말대로 죽은 동생 집에 가서, "죽은 자는 다시 살아날 수가 없는 것이고, 본 고을 재상과 현임 수령의 명령을 아전으로서 순종하지 않다가 나중에 몸을 어디다가 둘 것이냐."고, 거의 협박이나 다름없이 하면서 합의를 종용하였다. 그리고 합의서를 표운평의 아내에게 주어 신창 관아에 바쳐서 온수현(지금의 아산 온양)으로 보냈다. 이수강이 조순과 함께 의논하여 조서를 뒤집어 서달을 면죄되게 하고, 죄를 잉질종에게 뒤집어씌워 관찰사에게 보고하였다.

관찰사 조계생이 윤환과 이운을 시켜 다시 국문하게 하였는데, 윤환 등은 이미 서선과 노호와 이수강의 청탁을 받아 그대로 회보하였다. 관찰사와 도사 신기도 다시 살펴보지 않고 형조에 그대로 옮겨 보고하고, 형조 좌랑 안숭선은 7개월 동안이나 미루적거리다가 다시 더 논하지도 않고 참판 신개에게 넘겼다. 신개 역시 자세히 살피지 않고 서달을 방면하고, 옥사는 잉질종 등에게 돌렸다. 형조는 그 결과를 의정부에 보고하고, 의정부는 그대로 임금에 아뢰었다.

하지만 세종대왕이 사건의 조서에 어긋난 점이 있음을 의심하여, 의금부에 다시 국문하게 하였는데, 서달의 죄가 교형에 해당한다고 아뢰었다. 세종은 그가 외아들이기 때문에 사형을 감하고 유형은 속(贖)으로 바치게 하였다.

세종대왕이 이 소송을 의심하지 않고 그냥 넘어갔다면 묻힐 수도 있었던 사건이다. 이 사건으로 인하여 황희와 맹사성 두 정승은 파면당하고, 서선은 직첩이 회수되었으며, 3명이 귀양을 가는 등 무려 총 15명이 중벌에 처해졌다. 하지만 당사자인 서달은 장 1백 대에 유 3천리를 속으로 바치게 하였다.

그러자 겸대사헌 이맹균 등은 "서달은 죄 없는 사람을 부당하게 죽였으므로 죄가 극형에 해당되나, 특별히 임금의 자애를 입어 그 죽음을 면하게 되었으니 만족할 것인데, 유배죄마저 속했으니, 저 옥사를 추국하는 관원 등이 비록 무망(誣罔)을 했으나, 친히 범한 죄에 비교하면 가볍습니다. 다른 죄인은 형률에 의거하여 유배하였는데, 서달은 도리어 처자들과 더불어 모두 모여서 있게 되니, 법을 집행함에 있어 경하고 중하게 할 적당함이 잃은 듯합니다. 만약에 독자라고 한다면 서달의 부모는 늙어 병든 사람이 아니니, 남아서 봉양하는 율에 어긋남이 있습니다."라고 상소하였다.

이맹균 등의 말이 맞다. 어찌 보면 세종대왕이 황희의 사위인 점을 많이 배려하였을 것이다. 더욱이 세종대왕은 10여 일 있다가 다시 황희를 좌의정, 맹사성을 우의정 등으로 임명한다.

이맹균 등은 다시 "좌의정 황희와 우의정 맹사성은 모두 재보(宰輔)로서 서달을 구원하고자 사사로운 정에 이끌려 죄가 있는 사람에게 죄를 면하게 하고, 죄가 없는 사람에게 죄에 빠지도록 했으니, 대신의 마음씀이 이래서야 되겠습니까? 전하께서는 이미 관대한 은전에 따라 가장 가벼운 죄에 처하여 관직만 파면시킨 것만 하더라도 오히려 그 적당함을 잃은 것이온데, 수십 일도 되지 않아서 그 직위를 회복하도록 명하시니, 다만 형벌이 너무 가벼워 죄가 있는 사람이 징계됨이 없을 뿐만 아닙니다."라고 상소하였다. 하지만 세종대왕은 이 역시 윤허하지 않았다.

제4편

총명

聰明

　총명(聰明)이란 슬기롭고 도리에 밝다는 뜻이다. 즉, '썩 영리하고 재주가 있다.'는 의미도 있지만, 한 사람의 됨됨이를 더 깊이 나타낸 표현이다. 옛 사람들은 총명이란 말을 무척 좋아하였다. 『조선왕조실록』에 있는 줄기에는 30여 명의 인물을 총명하다고 기록하고 있다. 그 중 황희는 '총명절인(聰明絶人)'이라고 했고, 선조 때 이이는 '총명숙혜(聰明夙慧)', 철종 때 김정희는 '총명강기(聰明强記)'한 사람이라고 하였다. 총명절인은 '총명이 남보다 뛰어났다.'라는 뜻이며, 총명숙혜는 '총명하여 지혜가 숙성하였다.', 총명강기는 '총명하고 오랫동안 잘 기억하다.'는 뜻이다. 이처럼 조선시대에 현명한 관리가 되기 위해서 총명은 그 사람의 주요 덕목이 되었다.

　총명은 비록 관리에게만 필요한 것은 아니었다. 왕의 경우에도 '총명하다'는 것을 찬사로 여겼다. 태종은 "주상 전하께서는 천성이 '총명'하시어 선한 것을 행하기를 즐겁게 여깁니다."라는 칭송을 받았으며, 세종대왕의 경우에도 "황고대왕(皇考大王, 세종대왕)께서는 제성(齊

聖)·광연(廣淵)하시고, 총명(聰明)·예지(睿智)하시어, 처음부터 끝까지 학문을 바탕으로 정치하는 근원을 깊이 연구하고, 밤이나 낮이나 정성을 다하여 정치하는 방도를 넓혔습니다."라고 칭송되었다.

황희의 총명은 그 누구보다 뛰어났다. 졸기에는 "황희는 관후하고 침중(沈重)하여 재상의 식견과 도량이 있었으며, 풍후한 자질이 크고 훌륭하며, 총명이 남보다 뛰어났다."고 하였다.

황희의 묘비에는 "나이가 90세가 되어서도 총명이 조금도 쇠퇴하지 않아서, 조정의 전장(典章, 법도)이나 경사자집(經史子集, 경전·사서·자서)에 대해 마치 촛불처럼 환히 기억하였고, 산수(算數)에 있어서는 제아무리 젊은이라도 감히 따르지 못하였다."고 하였다. 『연려실기술』에는 "우리 조선의 어진 정승을 논할 때는 반드시 공(황희)을 제일로 삼았으며, 공의 훈업이나 덕량을 송나라의 왕문정과 한충헌에 견주었다."라고 기록하고 있다.

조선 최장수의 영의정 황희는 그 총명함이 90세까지도 쇠퇴하지 않았다. 총명함이 그를 존재하게 한 것이다. 이러한 총명은 거저 얻어진 것은 아니다. 황희는 어렸을 때 학문을 좋아하여 밤에도 불을 켜고 늦도록 공부를 하였으므로, 경사(經史)에 통달하지 않은 것이 없었다. 그는 남원에 유배를 갔을 때에도 운서와 벗하며 보냈다. 그래서 늙어서도 글자 한 획도 틀린 적이 없었다.

황희는 늙어서도 책을 벗 삼아 총명을 잃지 않았다. 나이 87세에 비로소 영의정에서 치사를 하였지만, 나라에 큰 일이 있을 때에는 세종대왕은 반드시 황희에게 자문한 뒤에 결정하였다.

I

비전 있는 지식과 지혜

1. 나이 90에도 총명함은 흐트러지지 않았다

　세종대왕은 재위 13년 황희를 영의정으로 삼고, 맹사성(72세)을 좌의정으로, 권진(75세)을 우의정으로 삼았다. 황희는 27세의 늦은 나이에 과거에 급제하여 정9품 성균관의 학록으로 시작한 관직 생활 이후, 42년 만에 영의정이 되었다. 그는 태조조에 와서 세자우정자를 시작으로, 태종조에는 6조 판서를 두루 지냈으며, 세종조에 들어와서 좌참찬에 기용된 후 우·좌의정을 거쳐 영의정이라는 최고의 자리에 올랐다. 그의 나이 69세였다. 함께 제수된 좌의정 맹사성은 황희보다 3살이 많았으며, 우의정 권진은 무려 6살이 많았다. 그 당시 관료들의 실태와 평균수명을 고려하면 황희를 비롯한 3정승의 임명은 대단한 것이었다.

그 당시 보통 사람들은 관직을 시작하여 만 40~50년이 되어야 비로소 3, 4품의 자급에 오르는데, 40이면 노쇠하기 시작하여 50살이 지나면 쇠하거나 병들어 직무를 감당할 만한 사람이 드물었다. 그런데 세종대왕은 벼슬에서 물러날 나이에 황희를 영의정에 제수한 것이다.

황희는 영의정에 제수된 지 7일만에 관직에서 물러나기를 청하였다. 하지만 세종대왕은 윤허하지 않았다.

법에서도 나이 70이 된 자는 치사(致仕)하여 관직에서 물러나는 것을 상례로 여겼다. 『경국대전』에는 벼슬이 1품에 이르고 나이가 70살 이상이지만 나라의 운명과 관계되어 벼슬에서 물러나지 못하는 사람에게는, 임금이 몸을 의지하는 궤와 지팡이(几杖)를 주도록 규정하고 있다. 물론 이러한 경우도 극히 예외적인 일이라 할 것이다.

세종 14년 4월 70세가 된 황희는 또다시 고령을 이유로 사직하기를 청하지만 세종대왕은 다음과 같이 비답하며, 허락하지 않았다. 세종대왕이 나이 많은 황희를 영의정에 제수한 이유이다.

> 경은 덕과 그릇은 크고 두터우며, 지식과 국량(局量)은 침착하고 깊어 큰일을 잘 결단하며 헌장(憲章)을 밝게 익혔도다. 마침 국운이 창성한 시기에 재회하였으며 밝으신 우리 선고(先考, 태종)에게 신임을 받아 일찍 후설(喉舌, 승지)의 직에 복무하였고, 곧이어 가장 신임하는 중신의 위치에 두어졌도다.

아름다운 문채는 국가의 빛이 되었으며, 삼가 삼사(三事)*를 밝히니 진실로 나라를 다스릴 만한 그릇으로써 모든 관원을 마땅하게 바로잡았도다.

내가 보잘것없는 몸으로 왕업을 이어 받들게 되매, 깊은 못가에 선 것 같고 얇은 얼음을 밟는 것처럼 두려워하며 밤낮으로 오직 삼가니, 마땅히 오로지 대신들에게 맡겨서 전대의 끼치신 공업(功業)을 두텁게 하기를 바랄 뿐이다.

돌아보건대, 그렇게 많던 대신들이 점점 새벽 하늘의 별처럼 드물어지고, 오직 한 사람의 늙은 재상이 의젓이 높은 산처럼 우뚝 솟아 서서 시정을 모아 잡을 만한 인망(人望)이 공을 버리고 그 누구이겠는가? 이에 삼공의 우두머리에 위치하여 신하와 백성들의 사표가 되게 하였도다. 아름다운 계책으로 임금에게 헌책하여 바야흐로 보살피고 의지하는 정이 깊더니, 몸을 보전하라는데 명철하여 갑자기 물러가 한가롭게 지내기를 청하는가?

더군다나 경은 나이가 아직 80~90세에 이르지는 않았으며, 병도 치료할 수 없을 만큼 고결(固結)함에 이르지는 않았으니, 기운과 힘이 오히려 굳세어서 서정을 균평하게 하는 임무를 담당할 수 있겠노라.

---

* 세상을 다스리는 데에 필요한 세 가지 일로 정덕(正德)·이용·후생을 말한다. 『서경』의 〈대우모(大禹謨)〉에 나오는 "백성의 덕을 바르게 하고, 백성들이 편하게 쓰도록 하고, 백성의 생활을 여유 있게 하는 세 가지를 조화시키십시오[正德利用厚生唯和]"라는 말에서 비롯되었다.

여기서 세종대왕이 황희를 영의정에 제수한 네 가지 이유를 알 수 있다. 첫째, 도량이 크고 지식과 재간이 깊어 큰일을 잘 결단하여 헌장을 밝게 하였다. 둘째, 나라를 다스리는 데에 필요한 삼사, 즉 정덕·이용·후생을 밝히니, 나라를 다스릴 만한 그릇으로서 모든 관원을 바로잡았다. 그리고 셋째, 나이 많은 재상들이 죽고 없으니 높은 산처럼 우뚝 서서, 시정을 휘어잡을 만한 덕망을 가진 인물이다. 넷째, 나이가 아직 80~90세에 이르지는 않았으며, 병도 깊지 않아 기운과 힘이 굳세어서 서정을 균평하게 하는 임무를 담당할 수 있는 사람이란 뜻이다. 한마디로 황희는 나이는 70이지만 건강하고, 국정을 담당할 수 있는 도량과 지식이 넘쳐, 신료들의 모범이 되어 백성을 편안하게 할 수 있기 때문에 사직을 허락하지 않는다는 말이다.

그러나 3년 후 황희는 "귀가 먹고 눈도 또한 어두워서 듣고 살피기가 어려우며, 허리가 아프고 다리가 따르지 못하여 걸음을 걸을 때마다 쓰러지곤 하니, 이는 대개 원기가 쇠약함에 따라, 백병이 마구 침범해 오는게 아니겠습니까? 하물며, 신은 출생한 그날부터 이미 70년의 세월이 찻사온즉, 늙어 치사함은 나라에 상례가 있는 법이요, 병으로 인하여 한가함을 구하는 것 역시 진정 허식이 아니옵니다."라고 하면서, 또다시 노쇠함을 이유로 사직하기를 청하였다. 그러나 세종대왕은 자신을 낮추고 황희를 치켜세워, 이번에도 허락하지 않았다. 세종대왕은 황희를 태산처럼 여겼다.

허균은 『성소부부고』에서 익성공 황희는 "도량이 넓고 커서 대신의 체통이 있었다. 정승의 자리에 30년이나 있었고, 향년이 90이었다. 국사를 의논하고 결정하는 데는 관대하기에 힘쓰고, 평상시에 마음이 담박하다."라고 평하였다. 위대한 군왕과 신하의 만남이라 할 것이다.

세종대왕은 세종 18년 4월 재상에게 전임(專任)하게 하는 '의정부 서사제'를 복원하면서 영의정의 권한을 강화하였다. 육조에서는 각각 맡은 직무를 먼저의 의정부에 품의하고, 의정부에서는 가부를 의논하여 임금에게 아뢴 뒤에 분부를 받아서 다시 육조로 돌려보내서 시행하게 하였다. 의정부에게 육조를 거느리게 한 것이다. 이후 황희의 국정 책임은 더욱 막중해졌다. 하지만 그해 6월 황희는 사직을 청한다. 그의 나이 74세였다. 그러나 여전히 윤허하지 않았다.

그리고 7년 후 81세가 된 황희는 "신이 일신을 돌아보건대, 참으로 취할 것이 없는데도 다행히 성조(盛朝)를 만나 극품(極品, 정·종1품과 같은 가장 높은 직품)에 수를 채웠으나, 노병이 몸에 얽히고 생각이 전도(顚倒)되어 티끌 만큼의 도움도 없으므로 직사를 면하기를 청하여 두세 번에 이르렀으되, 허락을 얻지 못하고 억지로 종사하는데, 귀 먹은 것이 날로 더하고 늙고 둔한 것이 날로 심하여 보고 듣는 것이 밝지 못하고, 걷는 것이 어려워서 인원을 채워 구차하게 녹만 먹고 있으니 참으로 황공합니다. 바라옵건대, 신의 직책을 해면하여 주소서." 하며 사직을 청하였지만, 세종대왕은 역시 윤허하지 않았다.

황희가 나이가 들어 거동이 불편해지자 왕은 그가 영의정이라는 최고위 책임자임에도 불구하고 매달 삭망(1일과 15일) 이외의 조참(어전회의, 국정보고회의)에는 참석하지 말도록 하였으며, 83세 때 이후에는 중요한 국사를 제외하고는 보통의 서무는 그에게 알려 번거롭게 하지 못하게 하였다. 아주 중요한 국사 이외의 경우는 황희의 집에 사람을 보내 의견을 듣게 할 정도로 배려하였다.

마침내 세종대왕은 재위 31년 10월에 황희 나이 87세가 되어서야 영의정에서 치사하게 하였다. 세종대왕이 승하하기 불과 5개월 전이다. 황희는 거의 끝까지 세종대왕을 보좌한 것이다. 당시 사람들은 '황희는 재상의 자리에 있기를 20여 년에 지론(持論)이 너그럽고 후한 데다가 분경(紛更)을 좋아하지 않고, 나라 사람의 여론을 잘 진정시켰다.'며 명재상(眞宰相)이라 불렀다.

뿐만 아니라 황희가 이렇게 늙어서도 국사를 논할 수 있었던 것은, 그의 나이 90이 되어도 총명이 조금도 쇠퇴하지 않았기 때문이다. 그 나이에도 율법뿐 아니라 경서와 사서(史書) 및 자서(子書)에 능통하였다. 요즘으로 말하면 인문학의 대가인 셈이다.

2. 경쟁자 맹사성을 사형의 문턱에서 구하다

맹사성은 조선 500년 동안 청백리의 사표가 될 만큼 성품이 청백하고 검소하였다. 그는 사람됨이 소탈하고 조용하며 엄하지 않았다. 비록 벼슬이 낮은 사람이 찾아와도 반드시 공복(公服)을 갖추고 대문 밖에 나아가 맞아들여 윗자리에 앉히고, 돌아갈 때에도 공손하게 배웅하여 손님이 말을 탄 뒤에야 들어왔다. 맹사성은 재상의 반열에 들었어도 결코 거들먹거리지 않고 일생 동안 겸손한 자세로 살았다. 집에 비가 새어도 아랑곳하지 않았고, 고향에 갈 때에도 남루한 옷차림으로 다녀 고을원이 일개 선비로 보아 소홀하게 다루었다고 한다. 그리고 보면 황희와 맹사성은 닮은 데가 많은 사람들이다.

그는 27세(1386)에 문과에 을과로 급제하여 춘추관검열(정9품)이 되었다. 황희는 27세(1389)에 문과에 급제한 뒤 공양왕 2년(1390) 성균관 학록에 제수되었으니, 맹사성이 나이와 관직에 있어서 황희보다 3년 선배였다. 황희와 맹사성이 처음 함께 등장한 『실록』 기사는, 정종 1년 보궐(정5품)로 있던 황희는 파면되고, 우간의대부(정4품)인 맹사성은 복직된 사건이다. 이 일은 '정종의 정사(政事)'에 반대하여 문하부 낭사 전체가 상소한 사건인데 황희는 적극인 가담자로 파면되고, 맹사성은 부처를 옮겨 일을 본 지가 며칠이 안 되어 처음부터 의논에 참여하지 않았으므로 복직되었다. 이때부터 황희와 맹사성은 동반자이자 경쟁자가 되었다고 본다. 그 후 태종 8년 4월에는 맹사성은 이조참의(정3품), 황희는 지신사(정3품)로 같은 품계가 되었지만, 11월에는 맹사성은 대사헌(종2품)으로 승차하였다. 그때까지는 맹사성이 황희보다 항상 높은 품계에 있었다.

그런데 맹사성이 태종 8년 12월 '목인해 모반 사건'으로 극형에 처할 운명에 놓였다. 그 당시 맹사성은 사헌부 대사헌으로 있으면서, 역적 목인해의 사형을 늦추기를 주도했기 때문이다.

이에 태종은 사헌부 대사헌 맹사성 등을 순금사에 가두도록 하였다. 태종의 분노가 극에 달한 것이다. 태종은 젊은 사위 조대림(당시

22살)이 이 역모 사건의 주모자로 죽을 뻔 하다, 곤장 60대를 맞고 풀려났기 때문에 사건을 빨리 마무리하고자 하였다. 그런데 맹사성 등은 이 역모 사건을 더 조사하고, 호조 판서 조박이 죽었기 때문에 사형을 늦추어, 다시 조대림과 대질 신문하여 수범과 종범을 분간해 시행할 것을 주장하였다. 한마디로 조대림을 더 자세히 조사해야 한다는 말이다. 이에 태종은 "대역을 범한 사람은 대신(大臣)이 죽었다 하여 사형을 폐할 수 없다. 조대림은 나이가 어려서 목인해에게 속임을 당하였으니 마땅히 불쌍히 여겨야 하고, 또 매를 많이 맞았으므로, 반드시 다시 물어서 그 정상을 알 것이 없다. 대사헌과 좌사간은 함께 옥사를 국문한 자인데, 어째서 사형을 늦추자고 청하는가? 그러나 대간의 말이 있으니 지금 우선 따르겠다." 하였다.

그래서 목인해를 옥에 다시 가두고 조대림을 잡아다 함께 대질하였으나, 목인해가 다른 말은 하지 않았다.

그러자 태종은 곧 명하여 조대림을 석방해 집으로 돌려보내고, 대사헌 맹사성·좌사간 유백순·지평 이안공·정언 박안신 등을 순금사에 가두고, 완산군 이천우·병조 판서 남재·참지의정부사 박은에게 명하여, 맹사성 등이 목인해의 사형을 늦추자고 청한 까닭을 국문하게 하였다. 재조사로 부마 조대림만 다시 고초를 겪게 한 꼴이 되자 태종이 크게 노한 것이다. 태종은 맹사성을 비롯한 대간들이 역모 사건을 다시 조사하라며 벌떼같이 일어선 것은, 자신을 욕뵈이고 왕실을 흔들기 위한 것이라고 생각하였다.

다음 날 목인해를 환열(轘裂, 거열형)하고, 그 자식들도 아울러 교살

하였는데, 백관을 모아 형의 집행을 감독하게 하였다. 그리고 맹사성 등이 다시 조대림을 옥에 가두기를 청하여 죄를 받게 한 까닭을 국문하고, 또한 발언을 주모한 사람을 물었다. 이때 태종은 죽여도 좋으니 맹사성 등을 고문하여 '모약왕실(謀弱王室)'이란 네 글자를 자복받으라고 하였다. 왕실을 약하게 하려 도모하였다는 말이다.

혹독한 옥사로 정언 박안신이 사형을 면하지 못할 것을 알고, 맹사성을 부르며 말하기를, "서로 얼굴이나 보고 한마디 말이나 하고 죽자." 하였다. 맹사성이 작은 종이 쪽지를 가져다가 대간에게 써서 보이기를, "충신이 그 직책으로 인해 죽는 것이 임금의 은혜를 저버리지 않는 것이요, 조종을 저버리지 않는 것이다." 하였다. 이에 박안신이 다음의 시를 지어 옥의 벽에 크게 썼다.

다행히 천년 만에 황하수(黃河水) 맑을 때를 만났으니,
군왕이 스스로 성명(聖明, 총명)하리라고 생각하였다.
네 직책을 수행하지 못하였으니 달갑게 죽음에 나가나,
임금이 간신(諫臣)을 죽였다는 이름을 얻을 것이 염려된다.
幸逢千載應河淸
意謂君王自聖明
爾職不供甘就死
恐君得殺諫臣名

총명한 태종이 자신들을 죽여 '임금에게 옳은 말을 한 신하를 죽

였다'고 오명을 남길까 걱정한 충정이다. 결국 맹사성 등은 고문에 못 이겨 '조대림을 죽여서 왕실을 약하게 하려고 하였다.'는 자백을 하였다. 그러자 병중에 있던 권근이 상소를 올려, 맹사성 등 대간들의 용서를 청하였다. 하지만 소용이 없었다. 이틀 후 맹사성 등의 옥사를 갖추어 아뢰니, 태종이 판부(判付)하기를, "맹사성·서선·박안신·이안유와 맹귀미를 모두 극형에 처하라."하면서, 백관이 시가에 모여 형의 집행을 감독하라고 명하였다. 그리고 태종은 중관(中官)*을 보내어 맹사성 등의 사형을 독촉하였다.

참으로 아찔한 순간이었다. 황희는 즉시 빈청에 모여 있는 대신들에게 왕명을 전달하고, 아울러 맹사성 등 대간들의 구명운동에 나서 주기를 호소하였다. 이에 이숙번은 "맹사성이 수범·종범을 분간하자고 한 말은 곧 목인해와 진원귀를 가리킨 것이고, 또 직책이 언관에 있어 국가를 위한 것뿐이니, 어찌 다른 마음이 있겠습니까? 이 대륙(大戮, 사형)에 좌죄됨이 어찌 가하겠습니까?" 하면서, "전하께서 일찍이 신 등에게 이르시기를, '모진 매 밑에 무엇을 구하여 얻지 못하랴?' 하셨습니다. 맹사성이 심한 고문을 받고 그 고통을 참지 못하여 '모약왕실'이란 초사(招辭)에 승복한 것입니다. 지금 이것으로 극형을 가하는 것이 가합니까?" 하였다. 태종은 지신사 황희를 못마땅하게 여기며, "작지 않은 재상이 이와 같은 말을 아뢰는데 어찌 제지하지 않았는가?" 하였다.

---

* 내시부의 벼슬아치를 통틀어 이르던 말.

권근이 또한 병든 몸으로 달려와 고하고, 영의정부사 하륜·좌정승 성석린·영삼군사 조영무 등이 대궐 뜰에 나와 맹사성의 구명을 아뢰었다. 태종은 이들을 책하면서 "내가 사람을 죽이기를 좋아하지 않는 것은 경들이 아는 바이다. 다시 생각해 보아도 맹사성의 죄는 죽여야 마땅하다. 그러나 경들이 이렇게까지 간하니, 내가 우선 생각해 보겠다."고 하였다. 사형을 집행하기 일보직전이었다. 이에 태종은 "인주(人主)가 혼자서만 국가를 다스릴 수 없고, 경들도 어찌 나를 불의에 빠뜨리고자 하겠는가? 경들의 말을 따르겠다. 경들도 왕실이 약해지지 않도록 도모하라." 하고 사형집행을 중지하였다.

　다음날 맹사성은 장 1백 대를 때려 한주 향교의 재복(齋僕, 노복)으로 정배하고, 박안신은 영덕현으로 귀양보내고, 그 나머지 대간은 모두 석방하였다. 천만다행으로 맹사성 등이 사지에서 살아난 것이다. 이 일에 대해서 1945년에 종손 황정연이 새로 세운 황희의 신도비에는 다음과 같이 기록하고 있다.*

　　　평양위(태종의 사위) 조대림이 태종의 은총을 믿고 제멋대로
　　　온갖 사치를 부리자, 헌장 맹사성과 지평 박안신이 장계하지
　　　않고 잡아다가 법으로 다스릴 때, 태종께서 크게 노여워하
　　　면서 두 신하를 목 베어 죽이려고 하였다. 이때 공이 지성껏

---

* 『조선왕조실록사전』에는 '황희·하륜 등이 태종에게 그들을 용서하도록 간청하여, 마침내 죽음을 면하고 영덕현으로 귀양갔다.'고 하였으며, 『한국민족문화대백과사전』에는 '태종의 마음을 감동시키고 황희·하륜·권근·성석린 등의 무마로 유배에 그쳤다.'라고 하였다.

간해도 듣지 않으므로 승정원의 원졸(院卒)을 시켜 승정원의 지붕에 올라가 기와를 걷어 내리도록 하였다. 태종께서 바라보고 공을 꾸짖자, 공은 대답하시기를 "정직한 신하를 죽여 없앤다면 이 승정원을 무엇에 쓰겠습니까." 하니, 태종께서 "경의 말이 옳소" 하고 특명으로 두 신하를 놓아 주었다.

아무튼 맹사성이 귀양간 다음 해 1월 세자 이제가 태종에게, "맹사성이 신을 따라 중국에 입조하여 험난한 일들을 겪었으므로, 신이 그 성품이 솔직한 것을 알았습니다. 성상의 뜻을 거슬러서 죄를 받을 때에 구해 주고 싶은 마음이 간절하였지만, 천위(天威)를 범할까 두려워서 감히 말을 꺼내지 못하였습니다. 이제 말[語言] 때문에 죄를 얻었으니, 너그럽게 용서하시기를 빕니다." 하니, 임금이 기꺼이 받아들였다. 그리하여 태종 9년 윤4월 맹사성에게 외방종편(外方從便)*하도록 하였으며, 다음 해 8월에는 맹사성 등의 직첩을 돌려 주어 경외종편(京外從便)**하게 하였다. 태종 11년 12월에는 태종이 맹사성 등에게 술자리를 베풀어 위로하였다.

그리고 그해 윤 12월 드디어 맹사성을 판충주목사로 제수하였다. 목인해의 역모 사건에 휘말려 죄를 받은 지 4년 만에 맹사성이 복직된 것이다. 이후 계속 전직과 승차를 하여, 황희가 남원에 유배를 가 있는 동안 맹사성은 의정부 찬성(종1품)에 제수되었다. 그리고 황희는

---

* 죄인 스스로의 의사에 따라 지방에 거처를 정하고 그 곳에 살 수 있도록 하는 것.
** 유배된 죄인을 적소에서 풀어주어 서울 밖의 어느 곳에서든지 뜻대로 살게 하는 것.

맹사성보다 아랫자리인 의정부 참찬(정2품)으로 복직되었다. 아무튼 태종이 황희와 맹사성에게 세종대왕을 맡긴 것을 보면, 목인해 사건을 계기로 맹사성에게 호감을 가졌음을 알 수 있다.

그 후 세종 9년 1월 황희(65세)가 좌의정에, 맹사성(68세)이 우의정에 올라 두 사람이 관직에 들어선지 37년 만에 자리가 역전되었다. 그 후 맹사성은 71세에 『아악보(雅樂譜)』를 완성하였고, 72세에 『태종실록』을 감수하였는데, 그해에 좌의정이 되었다. 73세에 『신찬팔도지리지』를 편찬하였다. 그리고 76세(세종 17년)에 나이가 많아서 벼슬을 사양하고 물러났다. 그러나 세종대왕은 나라에 중요한 정사(政事)가 있으면 반드시 그에게 자문을 구하였다. 세종 20년, 그의 나이 79로 세상을 떠났다.

『조선왕조실록』에 황희와 맹사성이 함께 수록된 기사는 266건이나 된다. 그 중 세종 때에 무려 222건이다. 황희와 맹사성은 경쟁자이자 동반자로서 좋은 지기가 되어 국정을 다스렸다. 세종대왕은 이러한 맹사성을 "모든 관원을 모범하여 거느리며, 나의 정치를 도왔다."라고 평하였다.

3. 백두산 호랑이 김종서 길들이기

김종서는 태종 5년(1405) 16세의 어린 나이로 문과에 급제하여, 세종 1년(1419) 사간원 우정언이 되었다. 세종 15년 그는 함길도 도관찰사가 되어 야인들의 변경 침입을 격퇴했고, 6진을 설치하여 두만강을 경계로 국경선을 확정하였다. 그래서 우리는 김종서하면 6진 개척을 떠올리고 그를 무신으로 알고 있다. 그러나 김종서는 문과를 통해서 관직에 진출한 엄연한 문신이다. 더욱이 그는 조선조에서도 드물게 이직(李稷, 1362~1431)과 함께 16세에 과거에 급제한 뛰어난 수재였다. 우리가 잘 아는 정인지가 19세에, 이덕형이 20세에 급제한 것과 비교해도 상당히 빠른 나이였다.

김종서가 세종 5년 우헌납(정5품)에 제수될 때, 황희는 유배에서 풀려나 예조 판서(정2품)에 제수되었다. 김종서의 강직하고 엄정한 성품은 사헌부와 사간원의 직책을 수행하는 과정에서도 잘 보여 주었다. 그 후 세종 15년 12월 김종서는 이조 우참판으로 낙점되어 함길도 관찰사로 나간다. 다음 해 1월 경원부와 영북진의 입주자 배정과 성벽 축조군 배정 등에 대해 사목을 올린다. 6진의 설치가 시작된 것이다. 그리고 세종대왕은 재위 17년 3월에는 김종서를 함길도 병마도절제사로 삼아, 북방 개척을 과감하게 추진하게 하였다. 세종대왕이 김종서를 중시하는 이유는 어머니 상을 당한 후 기복출사를 거두어 달라는 상소에 대한 서답에서 볼 수 있다.

내가 생각하건대 함길도는 지경이 저 오랑캐 땅에 연해 있으므로, 수비와 방어의 긴요한 것은 본디 다른 도의 비교가 아니다. 하물며 지금 새로 설치한 군·읍의 무유(撫綏, 편안)하는 방법은 또한 평상시와 비교할 수 없는 것이다. 경은 옛일을 상고하는 힘과 일을 처리하는 재주가 있으며, 일찍이 측근의 관직에 있어 내 뜻을 자세히 알아서 중대한 임무를 맡을 만한 까닭으로, 일찍이 명하여 도관찰사로 삼았다가 또 도절제사로 옮겼는데, 북방에 오래 있어 지방 풍속을 자세히 보고, 적군의 약하고 강함과 백성의 진실과 허위를 자세히 다 알아서 처리함이 방법이 있었던 까닭으로, 내 뜻이 단연히 경으로써 북방의 책임을 맡기었던 것이다.

　세종대왕은 김종서가 옛일을 상고하는 힘과 일을 처리하는 재주가 있으며, 북방에 오래 있어 지방 풍속을 자세히 보고 적군의 약하고 강함과 백성의 진실과 허위를 다 알아서 처리할 수 있는 방법을 알고 있기 때문에 북방의 책임을 맡긴 것이다. 세종대왕은 김종서가 올린 방책을 거의 모두 수락하였다. 더구나 세종 19년에는 "나도 경에게 북쪽 변경의 일을 맡겼으니, 무릇 시행하는 바를 경의 하는 대로 들어 주어서 한 지방을 전제(專制)하게 함이 나의 평소에 품은 뜻이다."고 하면서, "북방 관문의 열쇠를 맡아서 군사와 백성을 어루만져 편하게 하고, 할 만한 형세를 보아 기회를 타서 행동하는 것도 늦지 아니하니, 경은 그것을 알지어다."라고 명하였다. 세종대왕은 북방의 경계를 김종서에게 일임한 것이다.
　세종대왕 재위 23년 1월 김종서는 북방을 맡은 지 7년 만에 육진 개척의 임무를 마치고 형조 판서로 조정에 돌아온다. 김종서가 주도해 개척한 6진이란 두만강 하류에 위치한 종성·온성·회령·경원·경흥·부령의 여섯 진을 말한다. 이곳은 조선 왕조 건설의 모태가 되었던, 이른바 '흥왕(興王)의 땅'으로 대단히 중요한 의미를 갖는 지역이다. 조선으로서는 버릴 수 없는 땅이다. 그래서 세종대왕의 회복 의지가 더욱 강했다.

함길도에서 생활하던 김종서는, 화살이 책상에 날아왔으나 안색도 변하지 않고, 음식을 만드는 사람이 누차 독약을 넣었으나 죽지 않아, 큰 호랑이(大虎) 또는 백두산의 호랑이라 불리었다. 한 번 잔치를 하면 비장(裨將) 백 사람에게 소의 다리 한 짝씩을 돌렸다.

이런 일을 두고 어떤 사람이 낭비라고 간하자, 그는 다음과 같이 대답하였다.

> 북새(北塞)는 우리 왕조가 일어난 곳으로서 조종께서 개척하고자 했으나 뜻을 이루지 못한 곳이다. 지금 다행히 강토를 개척하였으나 장수와 군졸이 이 먼 곳에서 10년 동안이나 수자리하고 있으니, 잔치를 이와 같이 하지 않고는 이들을 위로할 길이 없다. 더구나 일을 하는 시초에 쓸쓸하게 해서는 안 된다. 지금 비록 쇠다리 하나씩을 쓰더라도 10년이 지난 후에는 닭다리 하나도 넉넉지 못할 것이다. 장수와 군졸이 노래를 부르며 고향으로 돌아가기를 생각하게 되면 누구와 이 변방을 지키겠는가?"

이 대답에 간하던 사람이 더 이상 말을 하지 못하였다. 하지만 이러한 김종서도 황희 앞에서는 꼼짝하지 못하였다. 황희가 수상이고 김종서가 공조 판서였을 때의 일이다. 어느 날 함께 공청(公廳)에서 모였는데, 김종서가 사사로이 공조를 시켜 약간의 주과를 갖추어 올리게 하였다. 황희가 '이 물건이 어디에서 나왔는가?'라고 묻자, 하인이 '공조 판서가 여러분께서 시장하실까 걱정하여 잠시 공비(公費)로 장만하게 한 것입니다.'라고 답하였다. 이때 황희가 큰 소리로 "국가에서 예빈시를 의정부 근처에 설치한 것은 오로지 삼공을 위한 것이다. 시장한 데에 이르렀으면 마땅히 그로 하여금 준비해 오게 할 일이지 어찌 공비로 장만한단 말인가? 이같이 지위가 높은 자를 먼저 치죄해야만 하인들이 징계되는 바가 있을 것이니, 내일 마땅히 죄를 청할 것이다." 하고 나갔다.

김종서가 사사로이 황희 집에 가서 만나 사죄하려 했으나, 황희는 그를 보지 않았다. 이튿날 대궐에 들어갈 때 김종서가 중도에서 기다렸지만 또 만날 수가 없었다. 대궐에 이르러 임금에게 아뢰려 할 때 재상들이 김종서를 용서해달라고 청하였다. 황희는 "김종서는 현인이니 후일에 큰일을 맡을 것이다. 지금 죄를 청한다면 후회할 일이 많을 것이니 우선 내버려 둔다." 하고, 즉시 김종서를 불러 그 앞에서 호되게 혼냈다. 이때 김종서는 "내가 일찍이 삼군을 거느리고서 육진을 개척하였지만, 이처럼 황공했던 때는 없었다."라고 하였다. 김종서는 황희의 그런 엄격한 태도 때문에 그 앞에서는 고개도 제대로 들지 못하였다. 이러한 황희의 자세는 자칫 흐트러지기 쉬운 개국 초의 국가 기강을 바로잡는 효과가 있었다. 그 만큼 황희는 지독한 원칙론자였다. 제도를 운영하거나 법을 적용하는데 있어서 고지식할 정도로 원칙을 중시하였다.

이후에도 황희가 국정을 맡는 동안에 김종서는 여러 번 병조 판서와 호조 판서를 지냈는데, 한 가지 일이라도 잘못된 것이 있으면 황희는 심하게 책망하고, 혹은 그의 종을 매질하거나 구종(驅從)을 가두기도 하였다. 동료들이 모두 너무 심하다고 여겼고, 김종서도 매우 곤욕스럽게 여겼다. 하루는 맹사성이, "김모는 당대의 명경(名卿)인데 공이 어찌 그리도 심하게 합니까?" 하고 묻자, 황희는 "이것은 내가 김종서를 훌륭하게 만들기 위해서요. 김종서는 성품이 강직하고 기가 날카로워 일을 처리하는 데 과감하니, 후일 우리들의 자리에 올랐을 때 스스로 신중하지 않으면 일을 그르칠 것이 분명하오. 그러니 그 기세를 꺾어서 경계토록 하고 뜻을 단속하여 조심하게 함으로써 일에 임하여 신중하게 하도록 하자는 것이 나의 뜻이지, 그를 괴롭히자는 것은 아니오."라고 답했다. 훗날을 생각하는 깊은 뜻이 담겨 있었다.

황희와 김종서의 관계는 "녹사가 백관을 호령하는 것은 유래가 있다. 옛날 방촌 황희가 정승으로 있을 때 김종서가 높은 품계를 가진 호조 판서로서 가벼운 과오를 범하자 황희는 대궐 뜰에 불러다 세우고 녹사로 하여금 벌을 주게 했었는데 그 호령이 극히 엄하였으니, 녹사가 호령하는 것은 황희 때부터 시작되었다."(고종 39년)라고 할 정도로, 후대의 교훈과 귀감이 되었다.

뒷날 황희는 사직을 청할 때 김종서를 자신의 후임으로 천거하였다. 하지만 황희가 우려한 대로 김종서는 관료로서 국왕의 절대적인 신임을 받게 되자 위세가 범하기 어려운 지경에 이르렀다. 특히 황희가 죽은 이후 그 위세는 단종이 즉위하면서 더욱 심해져 전횡과 독단이 너무 심하다는 평판을 받았다. 황희가 김종서를 왜 그렇게 엄하게 대하였는지를 알 수 있다.

4. 법전 편찬은 나라의 근본을 세우는 일

　조선은 개국 이후 유교정치에 입각한 중앙집권적 관료국가의 확고한 기반을 닦기 위하여, 통치 기준인 성문 법전의 편찬을 근본으로 하였다. 태조는 조선왕조를 창건한지 6년 만에 당시 법을 담당하던 도평의사사의 부속기관으로서 법령의 정비와 법전 편찬업무를 관장하던 검상조례사(檢詳條例司)*에 법전의 편찬을 명하여, 태조 6년(1397) 12월에 『경제육전』을 편찬하였다. 이 『경제육전』은 조준이 주도하여 우왕 14년(1388)부터 태조 6년까지의 법령과 장차 시행할 법령을 수집해 분류·편집한 것이다. 이후 왕과 정부는 『경제육전』에 의한 법치를 행하려고 노력하였다. 황희 역시 국사를 결정할 때 항상 『경제육전』을 상고하고 적용해서 시행함이 옳다고 하였다. 정치의 정통성과 통일성을 세우고자 한 것이다.

---

* 조선 전기에 법제업무를 관장한 관청으로 그 임무는 각사(各司)에 내려가는 수교를 등록하고, 이전에 내린 법령과의 중복 여부를 검토하는 일이었다.

그러나 『경제육전』이 편찬된 다음에는 미비점 개선이나 새로운 법의 제정에 따른 법전의 개정 작업이 필요했다. 『경제육전』은 건국 초에 갑자기 편찬된 것이어서 법조문이 일반화되어 있지 않고, 이미 공포된 원문 형태 그대로 실었기 때문이다. 태종 7년 8월 속육전 수찬소를 설치해 하륜과 이직이 『경제육전』을 검토하고 수정하여, 태종 12년에 『경제육전 원집상절』 3권과 『속집상절』 3권을 완성하였다. 이 법전은 그 전에 이미 편찬이 완료되었는데, 태종이 "이 법전이 과연 시행하여 폐단이 없을 만한가?"라고 좌우에 물었다.

이때 황희는 "신이 지신사로 있을 때에 이미 일찍이 참고하였고, 뒤에 참지(參知, 병조의 정3품)로 있을 때에 다시 상고하였는데, 그 조례가 조금 번다하여 받들어 시행하기에 어려운 것이 있을까 합니다."라고 대답하였다. 이에 태종은 "『원전』·『속전』을 마땅히 다시 참고하여 착오를 없앤 뒤에 바치도록 하라."고 명하였다. 그래서 다시 법조문 가운데 중복된 것은 빼고 번잡한 것은 간결하게 고쳤다. 또 문장 중의 이두를 빼고 방언은 문어(文語)로 바꾸어 『경제육전원전』이라 이름을 붙이고, 태종 13년 2월에 공포하고 시행하였다. 이를 '원육전(元六典)' 또는 '원전(元典)'이라고도 불렀다. 황희의 한마디가 마무리된 법전의 편찬 작업을 다시하게 한 것이다. 그만큼 황희의 말에는 신뢰성이 있었다.

황희는 법이란 만세의 공공지기(公共之器)이므로 일시적 방법으로 가볍게 고칠 수 없다고 생각하였다. 여기서 공공이란 현대적 개념과 별 차이가 없이 '국가나 사회의 구성원들에게 공동으로 딸려 있거나 관계되는 것'이란 뜻이다. 법을 국가를 다스리는 공명정대한 도구로 생각한 것이다. 그래서 황희는 법이란 모든 사람이 함께 쓰는 기구와 같은 것이니, 자주 개정해서는 안 된다는 법적 안정성을 강조하였다. 현대에 있어서 법적 안정성은 법 원칙 중 가장 기본적 조건인데, 황희는 이러한 법사상을 가지고 입법하고 개정하고자 하였기 때문에 태종이 신뢰하였다.

황희의 이러한 생각은 태종도 가지고 있었다. 그래서 태종은 재위 15년(1415) 8월에 법전 편찬에 중대한 '조종성헌존중(祖宗成憲尊重)'의 원칙을 발표하였다. 즉, 모든 법령은 한결같이 원전(元典)의 규정을 본위로 하여야 하며, 원전의 규정과 모순되거나 개정된 속전의 규정은 모두 삭제되어야 한다는 원칙이다. 그리고 부득이한 경우에는 원전의 규정을 그대로 두고, 그 조문 밑에 각주를 작게 표시함으로써 법의 통일을 유지하도록 하였다. 황희가 생각하고 있는 법적 안정성을 태종이 '조종성헌존중'의 원칙으로 승화하여 실현한 것이다.

황희는 세종대에도 법전 편찬에 주도적으로 참여하였다. 세종대왕은 조선의 왕들 중에서도 법치를 가장 잘 실천한 왕이다. 세종대왕은 "나는 조종(祖宗)이 이루어 놓은 법을 지키고자 하기 때문에 새로 법을 세우는 것을 좋아하지 아니한다."라고 하였으며, "선왕이 만든 법을 지키고, 새로운 법 만드는 것을 삼가며, 만든 법의 시행을 철저히 하여, 법을 금석같이 굳게 하겠다."고 하였다. 황희와 같은 생각이다. 물론 황희는 세종대왕보다 새로운 입법과 법 개정을 더 좋아하지 않았다. 그는 백성을 다스리는 데는 요란하게 하지 않는 것을 원칙으로 삼았으며, 법과 제도를 분경(紛更)하려 하지 않았다.

세종대왕은 간편하고 이해하기 쉬운 법전을 만들기 위해서, 짧은 기간에 법전을 두 번이나 편찬하였다. 세종 8년에 영의정 이직·찬성 황희·이조 판서 허조 등이 수찬한 『신속육전』을 올렸다. 세종대왕은 "이 책은 만들기가 쉽지 않은데 경 등이 이것을 편집하여 상세히 갖추어 내놓으니, 나는 매우 이를 가상히 여기며 앞으로 이를 열람하겠다."고 하였다. 본래 『신속육전』의 편찬 작업은 4년 전인 세종 4년 8월에 부원군 이직·좌의정 이원을 도제조로 삼고, 찬성사 맹사성·참찬 허조를 제조로 하여 시작하였으나, 황희가 복귀하면서 편찬에 참여하였다.

그러나 세종 10년 4월 우대언 허성이 "지금 수찬한 『속육전』에 잘못된 것이 꽤 많습니다."라고 하니, 세종대왕은 이조 참판 정초와 좌사간 김효정 등에게 명하여 고쳐 수찬하게 하였다. 그 결과 재위 10년에 성산부원군 이직 등이 『육전』과 『등록』을 수찬하였는데, 다음은 그 전문이다. 법전 편찬에 태종이 명한 '조종성헌존중의 원칙'을 철저히 지켰다는 것을 강조하고 있다.

> 신 등은 명지(明旨)를 받들어 『속전』 안에서 『원전』을 고친 조문을 일일이 삭제하고, 무자년(태종 8) 이래의 조례를 수집하여 유(類)를 좇아 『속전』 가운데에 부가하고, 그 『원전』을 고쳤거나 증보한 것은 『원속전』 본 조문 아래에 서로 주(註)를 내고, 각년의 수교도 호상발명(互相發明)하여, 합하여 하

나로 만들 것은 이를 모아 한 조항으로 하였고, 한때의 권도로서 나온 것으로 영구성이 없는 법은 따로 편목하여, 『육전등록』으로 그 강령을 모으고, 그 중복된 것을 삭제하여 요점을 확실히 명백하게 하고, 상고하고 징험하여 펴지 못했던 법전을 이루었으니 거의 후세에 전할 규범이 된 것입니다.

이때부터 만세의 법은 '법전'으로, 일시적인 법은 '등록'에 수록한다는 기준이 명확해졌다. 하지만 세종대왕은 이를 보고 아직도 부족하게 여겨 하연 등에게 명하여 다시 개찬하게 하였다. 그 후 세종대왕은 재위 12년에 "지금 하륜이 지은 『원육전』을 보니, 그 글이 쉬운 상말로 되어 있지만 간혹 알삽한 곳이 있어 알기 어려우며, 조준이 편찬한 『방언육전(方言六典)』*은 사람들이 다 알기 쉬우므로 쓰는 것이 옳지 않을까?" 하고 물었다. 이에 황희는 "『방언육전』을 쓰는 것도 가합니다."라고 답하였다. 그러나 총제 하연은 "지금 『속육전』을 이미 한문으로 편찬하였사온즉 『원육전』도 한문도 써야 마땅할 것이오니 방언을 쓸 수 없습니다. 그리고 그 알삽하고 알기 어려운 곳은 고치게 함이 마땅합니다."라고 하면서 반대하였다. 이때 세종대왕은 "『원육전』과 『속육전』이 각각 다르니, 비록 방언으로 된 것과 한문으로 된 것을 함께 쓰더라도 무엇이 해롭겠느냐."라고 하였다. 세종대왕과 황희는 쉬운 법전의 사용으로 백성들이 법을 쉽게 알아 법

---

* 이두문(吏讀文)으로 편찬한 『육전(六典)』인 듯함.

을 어기지 않기를 원한 것이다.

하지만 『신속육전』이 완성된 뒤 세종 10년부터 이에 대한 이의가 그치지 않자 개편작업을 시작하여, 세종 15년(1433) 1월 황희에 의해 정전(正典) 6권과 등록 6권이 찬진됨으로써 『신찬경제속육전』이 완성되었다. 세종대왕이 편찬한 두 번째 법전으로 『신속육전』을 편찬한 지 7년 만이다. 이 법전은 황희 등에게 명하여 『신속육전』의 미진함과 하륜·이직 등이 빠트린 법령 조문을 가지고 자세히 채택을 하여, 중복된 것과 번잡한 것은 빼고, 버리고 취하는 일체의 일을 임금의 재결을 받아 좋은 것을 모아서 편찬케 한 것이다.

황희가 이 법전의 편찬을 주도한 것이다. 세종대왕은 이 『신찬경제속육전』을 곧바로 주자소에서 인쇄하여 반포하기를 명하였다. 명종 때 우의정 윤개(尹漑, 1494~1566)는 이러한 법전 편찬을 다음과 같이 높이 평가하였다.

> 『경국대전』의 찬집은 『경제육전』에서 나온 것인데, 이것이 태조조의 『원전』이며, 태종조에 『속육전』을 지었고, 세종조에 이르러서는 『원전』과 『속전』을 참고하여 증감해서 만든 것을 『속집(續集)』이라 하고, 8년에 이르러서는 또 이것을 고쳤는데 이것이 『속집』 2건입니다. 그때 황희가 영상이 되어 성군과 현상(賢相)이 서로 만나서 집성하였으니, 어찌 우연한 일이겠습니까?

『신찬경제속육전』은 황희가 영상이 되어 그저 우연히 편찬한 것이 아니라, 성군 세종대왕과 뜻이 합치되어 완성되었다는 말이다. 세종대왕과 황희가 함께하지 않았다면 불가능하였을 것이라는 평가이다. 황희는 세종대왕의 뜻을 잘 받들어 자신의 지적 역량을 최대한 발휘하여 국가제도의 근본인 법전을 편찬하였다. 그러면서도 황희는 "새로 복잡한 법을 만들 필요가 없습니다. 또 다시 성헌(成憲)을 고치는 것도 옳지 못합니다."라는 신념을 끝까지 고집하였다.

II

인재를 얻기 위한 경영

1. 과거시험에 강경법을 실시하다

강경법(講經法)은 시관 앞에서 사서오경 중 지정된 부분을 읽고 해석한 뒤, 시관의 질문에 대답하는 일종의 구술시험이다. 즉, 과거에서 경서 중의 어느 구절을 지정하여 암송하게 하고 강해하게 하는 시험인데, 조선에 들어와 태조 5년에 정도전이 시행하였다. 그러나 태종 7년 권근이 권학(勸學)하는 사목을 상서한 내용에, '지금의 공부하는 사람들은 시험에 대비하여 오로지 외우기만 한다.'고 지적하면서 강론을 없앨 것을 주장하였다. 이에 태종은 강경법을 폐지하였다.

그러나 태종 11년 임금은 "문과를 대우하기를 매우 후하게 하는 것은 문장이 유능한 사람을 얻기 위한 것이다."라고 하자, 신료들은

"옛날에 초장(初場)*에서 강론하던 법이 매우 좋은 것이었는데 오늘날 이것을 폐지하니, 유생들이 모두 초집(抄集)만 익히고 경서에 대해서는 전연 마음을 쓰지 않습니다." 하였다. 이때 대사헌 황희도 "강경법을 폐지하신 것은 옳지 않은 일이오니, 조사(朝士)로서 아직까지 글을 읽지 않던 자가 갑자기 사직하고 과거에 응하는 것을 보면 알 만한 일입니다." 하면서 강경법을 다시 시행해야 한다고 주장하였다. 강경법이 폐지되면서 공부하지 않고 과거시험을 보는 응시생이 늘어났다는 것이다. 그래서 태종 17년에 과거시험에 다시 강경법을 부활하였다.

그런데 세종 10년에 판부사 변계량이 또 다시 강경법의 폐단을 지적하면서, "강경을 파하고 제술(製述)을 시행하는 것은 후세에까지 바꿀 수 없는 법이라고 말할 수 있다."고 주장하였다.

그는 "대개 사람들이 학문을 하는 데에는, 어려서는 기송(記誦, 기억하여 암송함)과 훈고(訓詁, 자귀의 해석)를 익히고, 장성하여서는 제술(製述)을 배우고, 늙어서는 저서(著書)하는 것이 예인데, 생원의 과시에서 제술로써 그 고하를 평정하면서, 도리어 대과 시험의 초장에서 훈고만을 고사하고 떨어뜨리는 것이 옳지 못하다."고 하였다.

또한 그는 "생원 향시가 비록 정월에 있더라도 과거의 회시(會試)는 반드시 3월에 치르는데 이때는 농사일이 한창 바쁠 때이다. 과거에 응시하는 사람은 수백 명이나 되는데, 강경을 시험하는 방법은 서책마다 한 장(章)씩을 암송하게 하므로 시험기간이 한 달을 넘기게 된

---

* 과거시험의 첫 번째의 과장으로 제1차 시험.

다. 응시생 수백 명과 그들의 수종자들이 서울에 머물러야 하므로 곤란할 뿐만 아니라 바쁜 농사철에 일손이 부족하게 될 폐단이 있다."고 하였다. 이러한 폐단 때문에 강경법을 시행해서는 안 된다고 주장하였다.

이에 세종대왕은 조정의 문신 6품 이상의 사람들로 하여금 논의를 하게 하였는데, 의견은 세 부류로 나뉘었다. 먼저 좌의정 황희·우의정 맹사성·예조 판서 신상 등은, "강경과 제술을 어느 한 가지에만 치우치거나 폐지하는 것은 옳지 않으니, 마땅히 때에 따라서 번갈아 가며 시행하는 것이 좋겠다 하고, 찬성 권진·호조 판서 안순 등은 제술만을 해야 한다고 하였다.

다음으로 한성부윤 이명덕 등은 『원전』에 의거하여 사서오경재를 설치하고 상시로 고강(考講)하여 합격시키고 떨어뜨리게 하고, 과거 시험장에서는 의(疑)와 의(義)*를 시험해야 한다고 하고, 예문 제학 윤회·집현전 교리 권채·수찬 이선제 등은 강경을 사용해야 한다고 하였다.

유사눌은 홀로, 응시자의 성명을 기록할 때에 읽은 경서를 강(講)하게 하여 대의를 통한 자에게만 응시를 허락하게 하고, 시험장에서는 제술을 사용하는 것이 좋겠다고 하였다.

세종대왕은 여러 의견을 들은 후 제술을 시행한다는 의논에 따르라고 명하였다. 황희는 강경법의 유지를 주장하였지만 다수결에 의해서 강경법이 폐지되었다. 이는 변계량의 승리였다.

---

* 과거 시제(試題)의 일종으로, 의(疑)는 경전의 의난처(疑難處)를 논술하여 풀이하는 것이며, 의(義)는 경전 의의를 해설하는 문장을 말함.

세종대왕은 즉위하자마자 과거로 인재를 뽑을 때 어떻게 하면 실속 있는 선비를 얻을까 고심하였다. 변계량 등은 이때다 하고 "초장에서는 의(疑)와 의(義)로 경학의 심천을 보고, 종장에서는 대책(對策)[*]으로 그 사람의 포부를 보는 것이 당초에 법을 만든 뜻입니다. 근자에 학생이 실학(實學)을 힘쓰지 않으므로, 초장에서 강경을 하도록 법을 개정하였더니, 이로 말미암아 영민하고 예기(銳氣) 있는 쓸 만한 인재가 모두 무과로 달려갔습니다."라고 하면서, 강경법의 문제점을 지적하였다. 강경법으로 인한 어려운 문과시험을 기피하고 무과로 인재들이 몰렸다는 것이다.

　　이후에도 그의 강경법 폐지 주장은 계속되었다. 그는 "요즘 선비들은 책을 읽기보다는 외우는데 급급하여 성질이 편협하고, 고집스러워 너그럽지 못하고, 사부(詞賦)에 능하지 못하며, 더구나 시관이 과거 보는 선비와 마주하므로 사심이 없을 수 없다."고 하였다.

　　변계량의 끊임없는 설득과 주장으로 세종 10년에 드디어 강경법이 폐지되었다. 하지만 논란은 그치지 않았다. 상정소는 문과의 초장에서 강경과 제술을 교대로 실시할 것을 주청하였으나 강경법은 시행되지 않았다.

　　논란이 계속되는 가운데 강경법 폐지로 유생들이 공부를 게을리 하는 폐단이 일어났다. 세종 17년, 집현전 대제학 이맹균 등이 "강경을 폐지한 이래로 학생들이 경학은 힘쓰지 않고 사장(詞章)^{**}만 익히오

---

* 　과거 시제의 일종으로, 어떤 사건에 대하여 처리책(處理策)을 논구(論究)하는 문장.
** 　성리학·도학의 상대적인 명칭으로 시문·잡문 등만을 가리키는 말.

니 그 폐단이 대단합니다."라고 한 말에서도 이를 확인할 수 있다.

세종대왕은 재위 19년에 "국학이 날로 공허해지고 유생들이 경서에 힘쓰지 아니하니, 그 학문을 일으키는 방법은 또 어떻게 할 것인가?"라고 하면서, 다시 강경법의 시행에 대해서 신료들에게 물었다.

> 우리나라가 근래에 무사태평하므로 무사들이 게을러져 활 쏘고 말 달리기를 자기의 임무로 여기지 않는다. 더욱이 요사이는 변방의 변고가 그치지 아니하여 염려하지 않을 수 없는데, 그 무예를 익히는 방법을 어떻게 해야 옳겠는가? 또 학교의 정사는 여기에 비하면 더 큰 일인데도 국학이 날로 공허하여지고 유생들이 경서에 힘쓰지 아니하니, 그 학문을 일으키는 방법은 또 어떻게 할 것인가? 이제 의논하는 자가 이르기를, '과장에서 경서를 외우게 하면 학문을 일으킬 수 있다.'고 하나, 나는 '경서를 외우게 하는 것이 어찌 학문을 일으키는 것이겠느냐?'고 하였다. 고려 때에 강경하는 법을 세우지 않았으되 학문을 하지 않는 것이 오늘날처럼 심하였다는 말을 듣지 못하였고, 또 권근과 변계량도 모두 강경이 옳지 못하다고 하였다. 대신들도 옳지 못하였다고 하는 사람들이 말하기를, '과장에서 강경한 이래로 의관 자제들이 모두 무예를 익히려고 달려가니 경서를 외우게 함은 옳지 아니하다.'고 하였는데, 이제는 이를 반대하니 어찌된 일인가? 만약에 학문을 일으키고자 할진댄 반드시 강경을 해야 되겠는가?

이때 영의정 황희는 "지금의 학자들은 실학에 힘쓰지 않음이 매우 심하니, 오늘날의 계책으로 그 폐단을 구하자면 강경만한 것이 없습니다."라고 하면서, 다시 강경법의 시행을 주장하였다. 하지만 세종대왕은 황희의 말에 "강경으로써 글을 읽는 본보기로 삼으면 총명한 자들은 숙독하지도 않고, 때에 임하여 두루 본다 하더라도 오히려 요행으로 될 것이니, 이것이 어찌 학문을 일으키는 방법이겠느냐?"고 반문하였다. 강경법은 벼락치기 공부로 합격할 수 있는 폐단이 생길 수 있다는 말이다.

　이후 세종 21년에 영집현전사 황희·허조 등이 강경의 폐지에 따른 과거시험의 삼장법의 미비점에 대해 다음과 같이 승제법 등의 개선책을 제시하였다.

> ❶ 『경제육전』 승재조에 있기를, '외방 생도들은 각도 관찰사가 매년 춘추로 고강하고 치부하여 성균관으로 보내면, 성균관에서 예조에 보고하여 다시 강을 시키되 성균관의 예와 같이 한다.'고 하였사오니, 이와 같이 하면 외방 생도들이 매년 두 차례씩 떼를 지어 성균관에 이르러 다시 강을 하게 되므로 몇 달 안에 마치지 못할 것입니다. 예조와 대간에서 날마다 회좌(會坐)하면 폐가 있을 것이옵니다. 만약 연고가 있으므로 인연하여 재좌(齋坐)에 늦게 되면, 외방 생도들이 양식을 싸 가지고 와서 오래 머물게 될 것이오매 진실로 적당치 못합니다. 또 식년에 향시는 2월에 있는데,

시험을 마치고 서울에 올라오면 회시(會試)의 기일이 급박하여 고강(考講)할 여가가 없사오니, 원컨대 중국 조정의 과거 향공(鄕貢)˙의 예에 의하여, 식년 1년 전 8, 9월 사이에 기록한 장부를 상고하여 향시에 나아가기를 허락하되, 전에 정한 인원수대로 시험해 뽑아서 그해 10월 전에 성균관에 모두 보내면, 성균관에서 예조에 보고하여 예조와 대간에서 성균관에 회좌하여 다시 강을 시험하면, 가히 정밀하게 캐물어서 거칠고 대강 넘기는 폐단이 없을 것입니다.

❷ 『경제육전』에, '사서오경을 통하고 이거(二擧, 복시)˙˙에 합격하지 못한 자에게는, 정문(程文)˙˙˙에는 비록 맞지 아니할지라도 입격을 허락한다.'고 하였으므로, 이 법을 거행함이 마땅할 듯하옵니다. 그러나 『경제육전』의 과거법에, 초장 강경에 비록 이미 올라서 역재(易齋)˙˙˙˙에 이른 자이라도, 식년에 이르러서 사서 각 한 장과 오경 한 장씩을 다시 강하게 하여, 과연 통하면 정문에는 비록 맞지 아니하더라도 입격을 허락하였습니다. 지금은 과거의 초장에 제술로 함은 이미 『경제육전속전』에 의하여 행하므로, 만약 예조와 대

˙ 과거에서 지방의 제1차 시험에 합격한 사람.
˙˙ 과거에서 초시에 합격한 사람이 2차로 시험을 보던 일.
˙˙˙ 독권관(讀券官)이 만든 일정한 법식의 채점용 모범 문장.
˙˙˙˙ 성균관에서 주역을 익히던 곳. 성균관은 교과 과정은 사서오경을 아홉 재로 나누었다. 먼저 대학재(大學齋)를 거쳐 논어재(論語齋)로 올라가고, 계속해서 맹자재(孟子齋)·중용재(中庸齋)·시재(詩齋)·서재(書齋)·역재(易齋)로 차례차례 진재(進齋)하도록 하였다.

간에서 각각 한 사람씩 성균관 관원과 더불어 강을 시험하되, 역재에 오른 사람은 사서오경에 능통하다고 하여 다시 강을 시험하지 아니하고 문득 입격을 허락하면, 전일에 이미 강한 글을 다시 익히지 아니하고 전연 마음에 두지 아니하는 자가 혹 있을까 하옵니다. 그 식년을 당하여, 시관이 삼장(三場)의 시험을 마친 뒤에, 다시 사서오경을 강하여 통하는 자로 33명의 수를 채워 전시(殿試)에 응시하도록 허락하시면, 『경제육전』의 뜻과 합할 듯하옵니다.

하지만 세종대왕은 윤허하지 않았다. 강경법이 폐지된 시험제도 때문에 유생들은 간단한 참고서만 보고, 깊이 있는 공부는 하지 않는 세태가 벌어졌다. 세종 23년 겸성균관 대사성 권제 등은 성균관 학생들이 공부에 열중하지 않은 문제점으로, "학도가 학업에 태만하여 경학을 힘쓰지 않고 오로지 초집(抄集)하기를 일삼으며, 공부는 하지 않고 무리지어 다니기를 즐겨하여 잠시도 뜻을 두지 않을 뿐만 아니라 한가하게 노느라고 학사(學舍)에 모이지 않으니, 이것은 가르치는 방법이 틀리고, 타이를 이유를 잃은 까닭이다."라고 설명하였다.

세종대왕도 어쩔 수 없이 세종 24년 과거시험의 강경법에 대해 다시 의논을 시작하여, 결국 세종 25년 의정부에서는 과거시험의 강경정식(講經程式)을 다음과 같이 정하여 강경법을 부활시켰다.

❶ 『원속육전』과 각년 수교의 이미 행한 격례에 의하여 시행

하고, 그 중에 빼고 보탤 절목을 지금 다시 마련하여 아뢰게 할 것.

❷ 회시(會試)에 사서와 삼경 이상을 각각 한 장씩 외게 하고, 관시(館試)·한성시·향시에도 같게 할 것.

❸ 전에는 매 경서마다 첫 편의 한 장(章)에 대하여 30명에게 두루 물어서 해를 마치어 파하였으나, 그러나 혹 막고 금하는 것이 엄밀하지 못하여 누설할 염려가 있었으니, 금후로는 매 사람마다 장을 변경하여 물을 것.

그런데 강경법의 시행에는 여전히 시관과 응시생의 개인적인 친분 등으로 인해 시험이 공정치 못하는 폐단이 따랐다. 사간원에서는 "대저 인정은 눈으로 마주 볼 즈음에 생기기 쉽습니다. 시관(試官)이 응시생에게 이미 성명을 알고 더불어 마주 대하면, 사랑과 미움의 정이 없을 수 없으며, 하물며 그와 아는 자나 예전부터 친한 사이에서는 어찌하겠습니까? 더구나 친족과 권세 있는 자제들은 어찌합니까? 비록 마음이 굳어 흔들리지 아니하는 자일지라도 그를 위하여 마음이 조금 변하지 아니할 수 없으니, 이 마음이 한 번 변하면 좋아하고 미워함에 치우치지 않을 수 있으며, 뽑는 데에 사정이 없을 수 있사오리까?"라고 하였다.

그러면서, 그 개선책을 다음과 같이 시관과 응시생이 서로 대면하지 못하도록 한 대책을 내놓았다.

시관이 강경을 할 때에, 겹포장을 앞에 치고 대성관(臺省官)*이 안팎에 나누어 앉고 입문관(入門官)은 바깥 문밖에 있으며, 제비를 뽑아서 응시생의 성명을 불러 포장 밖에 들어와 앉게 하여, 시관으로 하여금 그 성명을 알지 못하게 하고, 그 얼굴을 대하지 못하게 하며, 강경을 마친 뒤에 곧 통(通)과 부(否)의 제비를 밖에 나와서 보이고, 강생으로 하여금 손수 통과 부를 쓰고 서명하게 한 뒤에, 또 그 장부를 안에 들어와서 고하여 참과 거짓을 징험하게 할 것입니다. 그렇게 하면 얼굴을 대하여 인정을 쓰는 폐단이 없고, 강경하는 법이 거의 공정할 것입니다.

황희가 태종 때부터 주장한 강경법이 다시 시행되었다는 것은, 그만큼 그의 학문적 식견과 판단이 옳았다는 것을 증명한 것이다.

2. 시·잡문 중심의 진사시를 폐지하다

조선시대의 과거에는 문과·무과·잡과 및 생원·진사시가 있었는데, 그 중 문과와 무과를 합해 대과라고 했고, 생원·진사시를 소과 또는 사마시(司馬試)라고 하였다. 소과 중 생원시는 오경의(五經義)와 사

---

* 사헌부와 사간원을 함께 이르는 말.

서의(四書疑)의 제목으로 유교 경전에 관한 지식을, 그리고 진사시는 부(賦)와 시(詩)의 제목으로 문예 창작의 재능을 각각 시험하였다. 의(義)는 오경의 뜻을 해석하는 시험이고, 의(疑)는 사서 가운데서 의심이 날 만한 글의 뜻을 설명하는 시험이다. 생원·진사시는 3년에 한 차례씩 정기적으로 실시하는 식년시와 국왕의 즉위와 같은 큰 경사가 있을 때 이를 기념해 실시하는 증광별시가 있었다. 한 사람이 같은 해 생원시와 진사시에 모두 응시할 수 있었다.

그런데 생원시는 조선 건국초기부터 실시되었던 반면, 진사시는 세종 20년(1438)에 처음 실시하였다가 이내 폐지되었고, 단종 원년(1453)에 다시 실시되어 고종 31년(1894)까지 계속되었다. 그런데 조선 초에 왜 진사시를 폐지하고 생원시만 실시하였는가? 그 연유는 세종 19년 사헌부의 상소에서 볼 수 있다.

> 진사시를 설치하여 오로지 사장(詞章, 시문·잡문)만을 숭상하니, 이는 이른바 원숭이를 나무에 오르기를 가르치고, 진흙 위에 더러운 진흙을 칠하는 것과 같습니다. 이제 들건대 과거를 업으로 하는 자들이 이백과 두보를 공자와 맹자로 삼고, 제자서를 경서로 삼아 문장과 글귀를 도둑질하여 한갓 모방하기에만 일삼을 뿐이니, 이것은 배우는 사람에게 어려서 배웠던 것은 장차 장성하여 실행할 바탕이 없게 함이고, 국가에서도 과거를 베풀어 사람을 얻는 보람을 없게 함이오니, 성조에서 글을 숭상하고 교화를 일으키려는 오늘날에

있어 도리어 이 같은 폐가 있으니 진실로 탄식할 만하옵니다. 더욱이 사장(詞章)으로 선비를 취하는 것은 바로 고려의 폐법인데, 어찌 오늘날 그대로 이어 밟을 수 있겠습니까? 원컨대 중장의 십운시를 파하고, 화(華)를 버리고 실(實)을 취하여 성대의 문명한 정치를 빛내며, 진사시를 개혁하여 초학자(初學者)들이 말세에 따르는 풍습을 막으옵소서.

한마디로 진사시는 유학의 경전을 공부하지 않고 시와 잡문만을 숭상하여 공부하니, 국가적으로 도움이 되지 않는 말세의 풍습을 조장했기 때문이다. 실용적이지 못한 시와 잡문의 공부에 전념하는 것이 바람직하지 않다는 뜻이다.

오늘날 인문학의 설 자리가 좁아지는 세태와 비슷하다. 대학이 학문의 중요도를 취업 등으로 평가하여 구조조정 하니, 인문학과 예술 분야들이 된서리를 맞고 있는 것이다. 취업에 유리한 학과 쪽으로 정원을 늘리다 보니, 상대적으로 취업률이 낮은 인문계열이나 예술계열 학과들이 소외되고 있다. 진사시를 폐지한 것도 학문을 처음 배우기 시작한 유생들이 시(詩) 등 화려한 문장 기법을 배우는 것보다, 인륜과 도리의 중심이 되는 사서오경을 공부하도록 하자는 실용적 측면이 강조된 것이다.

하지만 진사시의 폐지에는 반대의 여론도 많았다. 태조 때 정도전이 처음으로 진사시를 폐지하고 생원시에 합하였다. 이색은 이를 심히 한스럽게 여겼는데 그는 진사시로 입선하였으며, '진사는 초학의 입신하는 단서'라고 하였다. 그 당시 이색은 서상을 덮는 재주가 있어 경학과 문장으로 특별히 세상을 울리는 사문(斯文, 유교의 도의나 또는 문화)을 장식하였으니, 진사시를 중히 여긴 것이다. 그래서 세종 1년에 변계량과 허조가 진사시의 복구를 청하였으나 부활되지는 않았다.

그리고 세종 10년에 성균관 사성(종3품) 정곤은 진사시를 시행할 것을 주장한다. 고려시대에는 진사시와 생원시에서 각각 100명씩 합격자를 냈는데, 그 당시 생원시로만 100명을 뽑으니 그 경쟁률이 100대 1이 넘기 때문이었다. 정곤은 학생은 매우 많은데 선비를 시취하는 길은 넓지 않으니, 진사시를 다시 설치하여 부(賦)·표(表)로써 시험하여 많은 선비들에게 길을 열어달라고 하였다. 하지만 예조는 의정부·제조와 더불어 함께 의논하여, 지금의 생원시는 진사시의 예에 따라 시행하고 있으며, 또 1년 내에 급제시·생원시·진사시의 세 가지 과시를 아울러 시행한다면 매우 번거로울 것이므로, 『원전』에 따라 예전대로 그냥 계속하자며 반대하였다. 그러나 찬성 허조는 예전에 자신이 생원시에 응시했을 당시에는, 과거 응시자 66명 가운데 합격자가 60명이는데, 지금은 응시자가 1천 명이 넘는다고 지적하면서 과거시험 경쟁률이 너무 높다고 하였다.

세종 17년 집현전 대제학 이맹균 등은 "삼가 『원전』의 문과 정식(程式)을 상고하옵건대, 향관(鄕館) 회시의 중장에 표(表)·논·고부(古賦) 중에서 두 문제를 내고, 생원시에는 의(疑)·의(義) 각 하나씩을 내어 행하여 온 지 40년이 되었으니 경술(經術)의 권면하는 방법이 갖추어졌으나 오직 시학만이 폐하여져서 대소 문사들이 시법을 알지 못하고, 일신의 재주가 온전하지 못할 뿐 아니라 국가에서 사용할 때 결함이 있사오니, 말기(末技)라고 하여 전폐할 것이 아닙니다."라고 하면서, 시학을 진흥시키기 위해서 진사시 시행 조건을 다음과 같이 제시하였다.

❶ 진사시는 문과 식년을 취하여 쓰고, 시골과 한성의 정원은 생원의 예에 의하고, 생원시와 진사시를 한곳으로 모아서 과장을 열어서, 먼저 진사를 시험하고 하루나 이틀을 격하여 생원을 시험하되, 진사가 생원시에 응하는 것은 들어 주고, 생원과 나이 25세가 지난 자는 진사시에 응하는 것을 허가하지 말 것.
❷ 진사시는 예조와 집현전에서 주장하게 하고, 이름을 기록하는 것은 삼관에서 주장하게 할 것.

이때 황희와 허성 등은 "사장(詞章)으로 가르침을 삼을 수 없사오니 재청(再請)은 불가합니다." 하면서, 진사시의 시행을 반대하였다. 하지만 세종대왕은 집현전의 말에 따랐다. 결국 세종 20년부터는 진사시가 시행되었다.

다만, 예조에서는 과거 방법으로 "진사시는 아동들을 권장하는 방도이니, 이름을 기록할 때에 『소학』·『가례』 강의는 제외하고, 오직 향교에 다니는 생도(貢生)만은 생원시 규례에 의하여 경서 강독을 고사한 다음, 과시를 치르도록 허락하옵소서." 하였다. 그러나 좌참찬

하연은 "삼대 이하에서 과거를 베풀어 선비를 뽑아 어진 사람의 길을 열어 주었으므로 인재와 준걸이 항상 과목에서 나왔사온데, 그 선비를 취재하는 방법은 경서에 밝고 행실에 있는 자를 얻기에 힘썼던 것입니다. 예전 고려 때에는 고부(古賦) 십운시로써 진사시를 삼되 특별히 시관을 보내어 뽑게 하고, 발 앞에 방을 내붙이고 또 육운팔각(六韻八角)*으로 아울러 시험하였으나, 생원시는 과거가 끝난 뒤에 의문과 경의(經義)를 시험하였으되, 시관도 없고 또한 방 내붙이는 것도 없었으므로, 유생들이 어려서부터 자란 뒤까지 오로지 시구만을 힘쓰고 경학을 배우지 않아서, 교양이 부정하고 사풍(士風)이 퇴폐하여졌나이다." 하면서, 진사시를 다시 혁파할 것을 주장하였다. 진사시로 인해 유생들이 경학을 게을리 한다는 것이다.

이처럼 부활된 진사시에 대한 반발도 만만치 않아 결국 세종 25년에 임금은 황희·신개·하연 등을 불러 "진사는 고려 때의 제도로서 우리 조정에 이르러 혁파하였는데, 근자에 의논을 올리는 자들이 이르기를, '진사의 시험은 청소년(아동)의 말하는 기세를 키워 주는 것이니, 이를 세우지 않을 수 없다.' 하므로, 내가 회복시키어 25세 이하의 사람만을 시험에 나오도록 하게 하였던 것이다."라고 하면서, "또 들으니 연세가 비록 30~40이 지난 사람이라도 사는 곳의 관가에서 나이를 줄여서 보고하면, 삼관(三館)**이 아무리 잡아내려 하여도 끝내

---

* 육운(六韻)이라 함은 운자를 여섯 번 변경하여 짓는 장편시의 형식이요, 팔각(八角)이라 함은 여덟 갈래의 논법을 써서 짓는 것이다.
** 문서를 다루는 일을 맡아보던 세 관아. 홍문관, 예문관, 교서관을 말함.

할 수 없으므로, 이로 인하여 모년(冒年)한 사람이 아동에게 글을 지어 주는 자가 자못 많다고 한다. 영영 진사시를 영구히 혁파하고 가을을 기다려 다시 생원을 시험하는 것이 어떠할까?" 하고 물었다. 진사시를 다시 폐지하겠다는 말이다. 이에 황희 등도 진사시 혁파에 찬성하였다. 그러자 세종대왕은 또 다시 진사시를 폐지하였다.

3. 수령6기제로 수령의 전문성을 제고하다

일반적으로 세종대왕은 '뒤에서 미는 리더', 정조는 '앞에서 끄는 리더'로 인식하고 있지만, 세종대왕은 때로는 대의적으로 정책을 결정하여 백성과 조정을 이끄는 경우도 많았다. 특히 국가 안보와 관련된 사안, 관료제의 개혁 등과 같이 기득권 층의 반발이 예상되는 경우에는 대의적 측면에서 강한 리더십을 발휘하여 적극적으로 정책 결정을 주도해 나가기도 하였다. 그 중 하나가 수령6기(守令六期)제이다. 세종대왕은 대신들의 반대에도 불구하고, 재위 5년에 대의를 가지고 수령6기 제도를 강행하였다. 수령6기제는 종래 30개월이던 수령의 임기를 두 배로 연장시켜 60개월로 하는 것으로, 세종대왕이 신료들의 반대를 무릅쓰고 관철시킨 인사정책이다. 그 결과 수령6기제는 『경국대전』에 '수령의 임기는 1800일'로 규정되어 조선 왕조가 수령제를 운영하는 법칙이 되었다.

수령6기법의 실시는 관료 조직의 운영에 큰 변화를 가져왔다. 이는 태조 이래 시행해 온 3기법을 폐지한 점에서 조종성헌존중(祖宗成憲尊重)의 원칙을 어긴 것으로 관료들 사이에 큰 논란을 불러 일으켰다. 관리들은 수령6기법을 처음 시행한 2년 동안은 반대가 없다가, 세종 7년부터 반대 여론이 형성되었다. 6기법을 반대한 이유는 '조종이 이루어 놓으신 법규를 바꿀 수 없다.'는 점도 있지만, 대체로 두 가지 측면에서 논의되었다.

하나는 '무자격자 또는 근무태만으로 인한 민폐가 크다.'는 것이며, 다른 하나는 '지방의 수령이 중앙의 관리에 비해 승진체계에 있어서 불리하다.'는 것이다. 신하들의 이러한 주장은 이치에 합당한 것처럼 들린다. 하지만 세종대왕은 6기제에 대해서 매우 단호하였다. 중외에서는 모두 불편하다고 떠들어 댔다. 혹은 조종이 이루어 놓은 법을 바꿀 수 없다고 말하고, 혹은 백성들에게 해가 된다고 말하고, 혹은 관제(官制)가 문란해진다고 말하고, 혹은 어버이 봉양을 오랫동안 못하게 된다고 말하고, 혹은 자녀들의 혼인에 시기를 놓치게 된다고 말하였으나, 세종대왕은 모두 듣지 않았다.

세종 7년에 집현전 부제학 신장 등 13명이 글을 올려 수령6기를 반대하므로, 세종대왕이 "너희들이 육기로 결정한 것을 혁파하고 3년 법을 다시 행하자고 하지만, 관리의 자주 갈림과 창고를 자주 뒤지는 데에 폐단이 있는 것은 처음부터 헤아려 보지 아니한 것이다. 나의 하는 바가 그렇게 매우 그른 것인가? 너희들은 모두 역사서를 읽었을 것이니, 오래 맡기는 것이 불가함과 자주 갈리는 것이 유익하였다는 것이 어느 책에 기재되어 있더냐?" 하면서 논리적으로 따져

강하게 책망을 하였다.

　수령에게 오랫동안 고을을 맡겨야 한다는 제안은 하륜이 제기하였다. 그는 일찍이, "명나라는 전적으로 관직을 오랫동안 맡김으로써 천하를 유지하였다."고 하였고, 이에 영의정부사 유정현, 예조 판서 허조도 태종에게 중외의 관직을 오랫동안 맡기는 법을 만들 것을 권하였다. 태종도 그 말을 긍정적으로 받아들이기는 했으나 바로 시행하지는 않았다.

　세종대왕이 즉위하자, 유정현과 허조가 매번 이 제도를 시행하도록 권하였다. 왕에 오른 지 몇 개월이 안 된 세종 1년 1월 영의정 유정현이 "조정의 관원이 자주 바뀌게 되어, 그 직위에 오래 있는 자가 없기 때문에 맡은 임무에 익숙하지 못하오니, 지금부터는 자주 이동하지 말게 하여 주시옵소서." 하고 요청하였다. 이에 세종대왕은 긍정적인 답변을 내놓고, 5년 동안 관원의 임기에 대해서 분석하고 나서 내린 결정이다. 세종 5년에 허조가 이조 판서가 되자, 세종대왕이 드디어 뜻을 결정하고 법을 만들었다. 세종대왕이 육경(六經)을 깊이 연구하고, 많은 책을 널리 보아서 생각이 매우 깊었기 때문에, 여러 논의가 뒤숭숭하고 때마침 가뭄이 들어 반대 의견이 들끓었지만 6기제를 굳게 지켜 바꾸지 않았다. 그 결과 중외가 조용하고 백성들의 생업이 안정을 찾았으며, 법을 정밀하게 만듦으로 관리들이 더욱 성실하게 법을 집행하였다.

　세종대왕은 6기법의 시행으로 수령의 장기근무를 가능하게 하여 수령이 바뀔 때마다 하는 영송(迎送)의 폐단을 크게 덜고, 고을의 실정을 정확히 파악하여 백성을 섬기는 행정을 할 수 있게 하였으며, 관료체계의 안정을 도모하면서 수령의 책임성과 전문성을 확보할 수 있는 장점 등이 있다고 보았다. 그래서 신하들의 반대는 수령6기법의 폐해를 정확하게 알지 못하고 한 것이라고 일축하였다.

> 수령6기법을 모두 싫어하는데 그 폐해를 환히 알고서 이를 싫어하는 것인가? 나는 그 뜻을 알지 못하겠다. 대체로 6기의 법은 선현이 의논한 바이며, 중국에서도 이를 행하였는데, 만약 그 직임에 오래 있어 백성을 궁핍하게 하고 나라를 병들게 하여, 도리어 게으른 마음이 생긴다면 어찌 다만 수령뿐이랴. 일반 백성들도 모두 그럴 것이니, 이와 같다면 어느 사람을 맡기겠으며, 어느 일이 이루어지겠는가? 만약 6기를 폐지하고 3기의 법을 행한다면, 수령들이 과연 모두 법을 잘 지키며 열심히 근무하는 관리가 되겠는가?

수령이 바뀔 때마다 일어나는 영송의 폐단은 백성들을 너무나 고달프게 하였다. 특히 태종 때에는 수령들의 철저한 근무평가로 인해 30개월 동안에 한 고을의 수령이 두세 번씩 교체되는 경우가 있어 영송의 폐단이 심하였다. 농삿달에 수령이 바뀌면 영송으로 백성들이 농사를 할 수 없을 정도였다. 세종대왕은 수령의 중요성을 말하면서 이미 제정된 6기법을 고칠 수 없다고 천명하였다.

나는 장차 길에 굶어 죽은 사람이 가득 차 있을까 두려운데, 재앙을 구제하는 계책을 듣고자 하면 기껏 말하는 것들이 수령의 육기(六期)의 법을 고치자거나, 전폐(錢幣)를 사용하지 말자거나, 선군(船軍)을 구휼하자는 데 지나지 않았으니, 이것은 모두 이미 만들어진 법이므로 다시 번거롭게 고칠 수 없는 것이다. '한 가지 법이 만들어지면 한 가지 폐단이 생긴다.'하니, 이 말을 옳게 여겨 새 법을 만들고자 하지 않는다.

그러나 국가의 대체에 그만둘 수 없는 것이 있으니 어찌 새 법이라고 해서 만들지 않겠는가? 대개 수령이란 근심을 나누고 백성을 사랑하여야 하니, 그 임무가 지극히 중요한 것이다. 지금 중조[中國]에서는 한 군·한 현이라 할지라도 2~3명의 관원을 보내기까지 하니, 이것이 어찌 그 임무를 가볍게 여겨서 그렇게 한 것이겠는가? 어찌 작은 나라와 비교하여 논할 수야 있겠느냐마는, 그러나 정치하는 규모는 같은 것이다. 그러므로 수령을 엄중히 골라 친히 보고 보내는 것이니, 그것은 몸을 나누어서 백성을 어루만져 주고 만물을 양육하기 때문이다.

세종 13년 10월 정연·정초·조계생·권진·맹사성 등은 "60개월의 임기는 법을 만든 지 벌써 9년이 되었는데도 그 효과를 보지 못하고, 비록 용렬한 무리일지라도 큰 과실과 나쁜 짓이 없으면 관찰사는 그 실적을 알지 못하고 이를 중등에 두게 되며, 네 번까지 중등이 되고 혹은 일곱 번까지 중등이 되어 오랫동안 그 임무에 있어 민간에 폐단이 발생하게 하는 사람이 있게 됩니다. 또한 법을 만든 이후로 사람들이 기간의 오램을 고통스럽게 여겨 온갖 방법으로 사고를 핑계하고 면하려고 하니, 청컨대 30개월 임기의 법을 회복시켜 조사와 공신 3품 이상의 아들과 사위 중에서, 민사를 지내지 않은 사람에게는 모두 외직에 임명하는 것이 어떻겠습니까?"라고 하였다.

맹사성은 신료들의 편에 섰다. 이들은 수령6기제로 인하여 능력 없는 자들이 수령의 자리에 오래 있어 백성들이 고통을 받고 있으며, 외직의 수령 자리를 기피하므로 사람이 부족하기 때문에 다시 수령의 임기를 30개월로 회복하자고 주장하였다.

하지만 황희는 수령6기제가 백성들에게 크게 해로움이 있지 않으니, 만든 법을 경솔이 고치지 말아서 백성에게 신용을 얻어야 한다고 하였다. 그러면서 그는 "수령으로서 마음은 백성을 사랑하는 데에 두고 교화를 먼저 하는 사람은, 재주가 비록 시무에 어두워서 날로 계산하면 부족한 점이 있더라도, 탐오 불법하여 명분과 의리를 범하고 불법적으로 사람을 죽인 일 외에는 특별히 논죄하지 말게 하고, 그 임기가 차면 관질을 승진시키고 금을 내리던 고사에 의거하여 관자를 올려 주고 의복을 내려 숭중(崇重)함을 보인다면, 비록 지극히 어둡고 어리석은 사람일지라도 반드시 사람마다 각기 스스로 힘써서 교화를 행함으로써, 백성들이 그 은혜를 받아 각기 생업에 편안하게 되어 오랜 임기의 효과를 이루어 왕화(王化)에 도움이 있을 것입니다."라고 하였다.

백성을 위해 수고하는 수령들에게 관직을 올려주고 의복을 내려주는 등의 보완책을 실시하여 수령6기제가 정착되도록 해야 한다고 하였다. 세종대왕의 뜻을 잘 헤아린 것이다.

　세종대왕은 신하들이 거의 모두 싫어하는 수령6기제에 대해서 대의를 가지고 한발짝도 뒤로 물러서지 않았다. 황희는 이러한 세종대왕을 뒤에서 옹호하였다. 수령6기제의 반대는 세종 26년까지 거의 20년간 계속되었다. 세종 22년에 장령(정4품) 우효강과 헌납(정5품) 권형 등을 외직에 보임한 일을 두고, 좌정언(종6품) 박적선이 수령6기제를 반대하는 상소를 올렸다. "그 법이 비록 좋으나, 전일에는 대간으로서 과실이 있으면 다만 좌천시킬 뿐이고 외직에 보임하지 않았는데, 지금 언관을 외직에 보임하니 다음에 올 폐단은 이루 말할 수 없을 것이며, 대체에도 어긋남이 있사와 신 등은 불가하다고 여깁니다. 따라서 외직을 자원한 권형은 그대로 두더라도 우효강은 경관직(京官職)*에 다시 보임해야 합니다."라고 하였다.

　이때에도 황희는 세종대왕과 같이 수령의 중요성을 강조하였다.

　　옛날 이숙치도 대사헌으로서 함길도 관찰사로 제수되어 나갔고, 황보공도 헌납으로서 평안도 도사로 되어 나갔으니, 대간에서 외직에 보임되어 가는 것을 예전에 그 예가 없다 할 수 없습니다. 예전 태종 때에 수령의 임기가 3년이어서 비

---

* 서울에 있던 여러 관아의 벼슬을 통틀어 이르던 말. 지방에 있던 것으로 개성부와 각 능전(陵殿)의 벼슬 및 수원부, 개성부, 광주부, 강화부의 유수(留守)도 포함한다.

록 고만(考滿)이 못되었어도 혹 발탁하여 대언으로 제수하고, 혹은 대간으로 제수하여 어진 이를 임용하는 데에 상례에 구애하지 않음을 보였습니다. 지금 장령 우효강은 이미 외직에 보임되었으니 경관으로 도로 제수하는 것은 마땅치 못합니다. 신이 지금 한스럽게 여기는 바는 수령은 6기법에 구애되어 반드시 고만이 되어야 비로소 교대할 수 있으니, 비록 걸출한 재주가 있는 사람이라도 한두 고을 수령을 지내다가 보면, 여력이 쇠하여져서 다시 대용할 수 없게 되는 것입니다. 지금부터는 대간으로서 외직에 보임된 자라도, 만약 어질고 재능이 있으면 6기의 임기에 구애하지 말고 발탁하여 청요한 경관에 임명하면, 사람들이 모두 수령이라는 직무가 중하다는 것을 알게 될 것입니다.

황희는 대간을 외직에 보임할 수 있으며, 이미 외직에 보임된 사람을 다시 경관으로 불러서는 안 된다고 하였다. 그러면서 만약 어질고 재능이 있는 관리가 있다면 수령6기제에 구애받지 말고 발탁하여 경관에 임명해야 한다고 주장하였다. 세종대왕은 이러한 황희의 의견에 따랐다.

조선 말 황현(黃玹, 1855~1910)은 『매천집(梅泉集)』에서 관직의 재임 기간을 길게 하여 다스림의 성과를 책임지우자는 주장을 하였다. 그는 "아무리 관직에 적임자를 앉히더라도 재임 기간이 길지 않으면 자신이 지닌 포부를 펼쳐 끝내 성과를 거두기를 기대할 수 없습니다."

고 하면서, "그러므로 예로부터 정치의 요점을 논할 경우, 왕도와 패도의 차이가 있긴 하지만, 관직을 위해서 적합한 사람을 잘 택하고 재임 기간을 길게 하여 결과를 책임지우는 것이 최상책이라고 말하는 것입니다. 그런데 지금은 그렇지 않습니다. 대신의 관서도 아침에 차임(差任)되었다가 저녁에 개차(改差)되고, 수령의 부임 행차도 봄에 맞았는데 가을에 전송하는 일이 다반사입니다."라고 하여, 수령들이 자주 바뀜으로 인한 폐단을 지적하였다.

4. 순자법과 행수법으로 어진 인재를 고르다

조선 정부의 기본적인 인사정책은 관리들을 근무기간[개월법]이나 근무성적[고과법]에 따라서 승진시키는 순자법(循資法)이었다. 정종 때 이와 같은 순자법에 관한 기사이다.

> 연말에 순자(循資)하는 정사는 오래된 것입니다. 백관과 원리(員吏)는 고공사(考功司)*에서 평가하고, 성중애마(成衆愛馬)**는 이조·병조에서 평가합니다. 연초에는 도력장(都歷狀, 관원의 근무성적표)에 의하여 부지런하고 게으른 것을 조사하여, 부지런한 자는 승진시키고, 게으른 자는 파면합니다.

---

* 벼슬아치의 인사와 고과를 맡아 처리하던 관아.
** 궁궐의 숙위와 근시(近侍)의 일을 맡은 관원의 총칭.

이 순자법은 인사 부정을 제거하는 한편, 신분제의 원리에 따라 여러 층으로 계층화된 관료제의 내부 구조를 유지하기 위한 제도였다. 하지만 순자법도 문제가 있었다. 어떤 이유로든 임기가 차지 않으면 승진할 수 없는 폐단이 있었다.

세종대왕은 재위 12년에 "우리나라의 제도에 30개월이면 관리의 계급을 올려 주는 것이 벌써 정한 규례로 되어 있다. 그러나 그 계급이 갑자기 뛰어 올라갔기 때문에 이에 준하여 관직을 받은 사람이 상당히 많으니, 이것은 법을 세운 본의와 어긋난 것이다. 마땅히 계급을 따라서 승진시키고 차례를 건너뛰지 못하게 하라. 그리고 관직에 대하여는 관직의 계급에 구애되지 않도록 하며, 과전은 모두 관계에 따를 것이며, 만일 쓸 만한 인재가 있을 때에는 승진하는 차례를 무시하고 발탁하여 채용하기로 함이 어떠한가?"라고 조정에 물었다. 승진은 순자법에 따르지만, 관직의 임명은 직급에 따르지 않는 인사정책을 제시한 것이다.

이때 찬성 허조는 "태조께서 고금을 참작하여 벌써 관직의 제도를 이루어 놓으셨으니, 지금 비록 가감한다 할지라도 만일 태조의 법을 따르신다면 큰 폐해가 없을 것이오나, 지금에 다시 법을 만든다면 다른 폐해가 생길 염려가 있습니다."라고 하며 반대하였다. 반면 이조 참판 정초는 "관직의 임명은 순자법으로 해서는 안 된다"다고 하였다.

이후 수차례 논의를 거쳐 세종 24년, 행수법(行守法)을 제정하였다. 행수법은 품계가 높은 사람을 낮은 관직에 임명하거나, 품계가 낮은 사람을 높은 관직에 임명하는 제도이다. 이 행수법은 세종 24년에 처음으로 도입되었고, 뒤에 가서『경국대전』에 수록되어 법제화되었다. 이 행수법은 품계가 높은 사람을 낮은 관직에 임용하는 경우를 '행(行)', 반대로 품계가 낮은 사람을 높은 관직에 임용하는 경우를 '수(守)' 자를 품계 뒤 관사명 앞에 붙여 쓰게 하였다. 일반적으로 품계와 관직을 일치시키는 것이 인사의 원칙이지만 관직은 법으로 정한 수로 제한되어 있고, 관리들의 능력에는 차이가 있기 때문에 현실적으로 관직 제수에서 빠짐없이 품계와 관직을 일치시키는 것이 어려우므로 행수법을 도입한 것이다. 따라서 행수법은 인재의 폭넓은 활용으로 인적자원의 효율성을 극대화하기 위해, 내부운영에 유연성을 부여한 새로운 인사법이라 할 수 있다.

기존 문무반에게 적용되었던 순자법(개월법)에 따른 승진제도는 개인의 능력을 무시한 획일적인 인사이기 때문에, 세종대왕은 재능이 특출한 관인이나 무능한 관인은 순자법에 구애받지 않고 승진시키거나 강등하는 보완 수단으로 행수법을 도입한 것이다. 행수법은 그 당시로서는 획기적인 인사시스템이라 할 수 있다. 순자법을 원칙으로 하면서 행수법을 도입한 것은, 모든 관인들이 무사안일하게 승진될 시기만을 기다리는 등의 부작용을 방지할 수 있다.

하지만 세종 24년 행수법을 도입한 초기에는 다음과 같은 문제점이 도출되었다. 직집현전 이계전이 상서한 내용인데, 그동안 같은 품계로 있었던 김문보다 행수법에 의하여 더 높은 직책을 받은 것에 대한 미안한 마음이 나타나 있다.

집현전은 작위의 차례로써 순서에 따라 승진하는 것이 예전부터 내려온 관례입니다. 처음에 신이 조산대부(종4품 상계의 품계명)인 서운관 부정(종4품)이 되었을 때, 응교(종4품) 김문은 관계가 봉렬대부(정4품 하의 문관 품계)가 되어 직위가 신의 위에 있었으며, 더구나 신은 나이 39세인데 김문은 신보다 5세가 위이며, 김문이 과거에 오른 것은 신보다 7년이 앞섰으며, 경학에 밝고 수행하는 것도 신과는 비교가 아닙니다. 하지만 지금 행수법을 새로 만들어, 하나가 정(正)이면 하나는 종(從)으로 하여 그 등급을 엄하게 하였는데, 김문은 봉렬대부로 행집현전응교(行集賢殿應敎, 종4품)가 되고, 신은 조산대부로서 수직전(守直殿, 정4품)이 되어 신의 직위가 도리어 그 위에 있게 되니, 이것은 신의 마음으로서 매우 부끄럽게 여기는 바입니다.

그리고 세종 25년에 이조 판서 박안신 등은 "이미 순자법을 세웠고, 또 행수법을 세워 시행하는 것은 관작(官爵)을 중하게 여기고 외람됨을 막으려는 것이니, 진실로 아름다운 법입니다. 그러나 서울과 지방 모든 관리는 30개월이 되어야 만기가 되고, 세 차례 근무평가에 세 번 상을 받아야 가자(加資)˙가 허가됩니다. 9품 장사랑에서 40여 년을 벼슬하여서 성적이 가장 상등인 자가 이에 3~4품에 이르게 됩니다. 그런 까닭에 동반에는 서울과 외방의 5품 이하 관원이 모두

˙ 관원들의 임기가 찼거나 근무 성적이 좋은 경우 품계를 올려 주던 일.

1천여 명이나 되는데, 4품으로 승진되는 자는 일년 동안에 두어 사람에 지나지 않습니다. 서반에는 번(番)을 당한 내금위·별시위·충의위·갑사가 3천 명이 못되는데 4품에 승진되는 자가 1년 동안에 40여 명이나 됩니다. 동반에 4품 이상이 아주 적으므로 매양 수령을 제수할 때에는 대개 군사에서 출신한 자를 제수하게 되어서 정치의 체통도 모르는 사람에게 오랫동안 큰 고을을 맡겨 두게 되니, 어찌 능히 백성의 곤란함을 알겠으며, 여러가지 번잡한 사무를 결단하겠습니까."라고 불평을 하면서, 동서반을 고르게 하여 승진하게 하기를 청하였다.

이에 세종 25년 황희·신개·권제 등은 행수법을 일부 개정하면 순자법과 합치되어 어진 인재가 침체되는 탄식이 없고, 범상한 사람이 모람하는 폐단이 없어 진실로 편리하고 유익할 것이라고 하였다. 그들은 "나이가 만 20세가 되어야 비로소 벼슬하는 것을 허가하므로 문과나 무과에 출신한 자는 모두 30세 이상이다. 행수(行守)·개월(순재·승자(陞資)하는 법을 보면, 무릇 벼슬길에 들어온 자가 임시 권무로부터 반드시 사고 없이 만 4, 50년의 임기를 기다려야 비로소 3, 4품의 자급에 오르게 되는데, 벼슬하는 동안에 사고 없이 50여 년을 넘기는 자는 거의 없다. 하물며 나이 40이면 노쇠하기 시작하는데, 50여 년을 지난다면 쇠하거나 병들지 않고 직무를 감당할 만한 사람이 드물다. 법이 이런데 쓸 만한 인재가 있다 하더라도 의지와 기개가 한창 날카로운 때는 하층에서 허우적거리고, 요행으로 높은 관직에 오르더라도 그때는 의지와 기개가 무디어져서 쓰기가 어렵게 된다."고 하면서, "순자법을 전적으로 폐지할 수는 없지만 이미 시행하는 격례에 의거하여 할 수 없이 서용할 자에게만 제수하고, 그 중에도 대간·육조 낭청·의정부 사인(舍人)은 반드시 사람을 가려서 제수해야 한다."고 주장하였다.

세종대왕이 행수법을 세울 때에 이런 폐단이 있을 줄 몰랐던 것은 아니다. 다만 행수법을 세우면 집정자(執政者, 책임 장관)가 근무평가를 하며 마음대로 올리고 내리고 하는 권한이 없어지고, 등용되는 사람도 또한 요행으로 모람되게 진출하려는 야망이 없어질 것이라고 생각하였다.

> 당초에 행수법을 세운 것은 분경(奔競)*하는 것을 막아서 풍속을 바르게 하려던 것이었다. 고려 말엽에 뇌물이 공공연하게 행하여진 것은 앞서 말한 것과 같은데, 집정(執政) 신하로서 뇌물을 받고 비방을 듣는 자가 간혹 있었으나, 받지 않고도 그릇되게 비방을 받는 자도 또한 있었다. 행수법을 세우면 사람은 요행을 바라는 마음이 없어지고, 집정자도 또한 비방을 면하게 되겠기에 이 법을 세웠던 것이지, 높은 직질에 빨리 승진되는 것을 미워해서 그런 것은 아니었다.
> 만약 이 법을 시행하여서 구애되는 것이 있으면 참외는 15개월, 5~6품은 20개월, 3~4품은 30개월만에 예대로 한

---
* 벼슬을 얻기 위하여 엽관 운동을 하던 일.

계급씩 가자(加資)시켜서 통행하게 하는 것이 어떻겠는가? 이 법은 조종의 성법(成法)이 아니고 내가 처음 세운 것이니, 변경하여 통행하게 하는 것도 또한 나에게 달린 것이다. 이제 행수법을 시행하므로써 조사의 풍습이 아름답지 못하다는 것은 나로서는 모를 일이다.

세종대왕이 행수법을 시행한 목적 중 하나는 순자법에 따른 인사 부정의 폐단을 해결하려는 것이라 하면서, 이를 시행할 경우에도 각 품계에 일정 기간을 근무한 경우에 가자하도록 하자는 의견이다.

세종 25년, 조말생이 오랫동안 인사권을 맡았다가 마침내 큰 비방을 받았다. 이 때문에 이조 판서는 3년을 넘기지 못한다는 말이 있게 되었다. 세종대왕은 이 일을 예로 들며, 행수법을 세운 것은 염치를 일으키고 분경을 막고자 한 것이고, 요행으로 벼슬을 구하려는 마음이 없게 되고, 집정자도 또한 비방을 면하게 될 것이라며 행수법을 실시한 이유를 다시 한 번 강조하였다.

III

국가적인 문제의 해결 방안

1. 관리의 기강 확립을 위한 제도 개선

정도전은 『조선경국전』에서 "통치자는 법을 가지고 그들을 다스려서 다투는 자와 싸우는 자를 평화롭게 해 주어야만 민생이 편안해지는 것이다. 그러나 그 일은 농사를 지으면서 병행할 수 없는 것이므로 백성은 10분의 1을 세로 바쳐서 통치자를 봉양하는 것이다."라고 하였다.

태조 3년 대사헌 박경(朴經)은 "관직은 공기(公器)이니 마땅히 덕망을 먼저 보아야 하고, 함부로 임명해서는 안 되는 것입니다."라고 하였고, 문종 즉위년 사헌부에서는 "작위는 국가의 공기(公器)이므로 비록 임금이라 하더라도 오로지 할 수 없습니다. 천하에서 공평하게 좋아하고 싫어함은 마땅히 천하와 더불어 함께 할 것이며, 한 나라에서 공평하게 좋아하고 싫어함은 마땅히 한 나라와 더불어 함께 해야 할 것인데, 어찌 '내가 권한을 쥐었다'고 하여 한 몸의 좋아하고 싫어함으로써 가볍게 사람을 올리고 물리칠 수 있겠습니까?"라고 하여 관리의 중요성을 말하였다.

비록 조선시대의 관리는 군주의 신료라고 할 수 있지만, 이들의 업무는 지금의 공무원과 큰 차이가 없다는 말이다. 때문에 관리의 임명은 왕이라도 마음대로 해서는 안 된다는 것이다. 그만큼 조선 초에는 관리의 공익성과 공공성이 강조되었다. 그래서 세종 9년에 이조 판서 황희는 송사를 판결하는 관원이 사적으로 지체할 경우 파면하도록 하였다.

이에 세종 18년 의정부에서는 이조의 정문에 의하여 3년마다 공죄에 따른 장형과 사죄에 따른 태형의 횟수를 고려하여 파면하는 법을 만들어, 다음과 같이 관리들의 기강을 보다 엄격하게 세우도록 하였다.

율문을 상고해 보니, 문·무관의 공죄를 범한 조목에 이르기를, '관리로서 공죄를 범하여 태형에 해당한 자는 수속(收贖, 속전)하고 반드시 부과(附過)*하지 않는다.'고 하였사오니, 장죄 이상은 명백하게 문안을 만들어 놓고 매년 한 번씩 기록된

---
* 관리가 잘못을 저질렀을 때 그 과오를 별지에 써서 정안(政案)에 붙여두던 일.

죄명을 상고하고, 9년 만에 한 차례씩 범죄한 차례 수와 경중을 통틀어 상고하여서 올리고 내치는 데에 빙거가 되게 하소서. 또 문·무관이 사죄를 범한 조목에 이르기를, '모든 문·무관의 사죄는 태(笞) 40 이하는 부과하고 환직한다.'고 하였사오니, 지금 본조에서 부과하는 법은 공죄와 사죄를 물론하고 모두 부과하는 것은 율문의 '공죄를 범하여 태형에 해당하는 자는 반드시 부과하지 않는다.'는 뜻에 어긋나오며, 비록 사죄를 범하였더라도 통고해서 출척(黜陟)하는 법이 있지 않은 것 또한 율문의 '범죄한 차례 수를 통고해서 출적의 빙거로 삼는다.'는 뜻에 어긋나오니, 원하옵건대 지금부터 율문에 따라 사죄로서 태 40 이하와 공죄로서 장 이상은 부과하게 하되, 경관과 외관을 함께 3년마다 한 번씩 고찰하여, 일고(一考) 안에 사죄에 따른 태죄를 네 번 범하였거나 공죄에 따른 장죄를 다섯 번 범하였으면, 파출해서 징계하는 문을 넓히소서.

사죄(私罪)를 공죄(公罪)보다 무겁게 처벌하였는데, 공죄는 관원이 공무에 관련하여 실착(失錯)으로 저지른 죄이며, 사죄는 관리가 뇌물을 받고 사삿사람과 관련하여 그릇된 일을 저지른 죄이다.

의정부에서는 "오늘날 각 고을의 수령들이 친히 공사(公事)를 보는 것을 즐겨하지 않고 감고(監考)*와 색리에게 맡기어, 아전들이 그것을

---

* 정부의 재정부서에서 전곡 출납의 실무를 맡거나 지방의 전세·공물징수를 담당하던 하급관리.

인연해서 간사하게 되어 백성들이 그 폐해를 입으면, 관찰사로 하여금 감독해서 살피게 하여 즉시 파출하게 하소서." 하였다. 수령이 직접 처리할 일을 아랫사람들이 하여 백성에게 폐해를 입히면 즉시 파면하도록 한 것이다. 수령들의 복무 기강을 확립하기 위한 조치였다.

더욱이 세종 22년에 의정부에서는 또 다시 수령이 친히 집무를 게을리 할 경우, 관찰사로 하여금 철저하게 규찰을 행하여 모조리 파면 또는 징계하도록 하였다.

또한 의정부에서는 부모 또는 자신이 병을 얻어 정사(呈辭)*한 경우 후임을 임명하지 않고 기한 없이 비워 두므로 이에 대한 방안을 마련하였다. 신병으로 정사한 자는 곧 바꿔 임명하고, 부모의 병으로 정사한 사람으로서 경상·전라·평안·함길도에 사는 자는 70일 이내, 충청·강원·황해도에 사는 자는 50일 이내, 경기에 사는 자는 30일 이내로 기한을 정하여 그 이후는 모두 새로 임명하도록 하였다. 공직자의 복무 기강을 확립한 것이다.

세종 24년에 의정부는 "경관은 발령된 후 3일 이내에, 지방관은 10일 이내에 사은숙배하고 즉시 떠나가서 부임하라는 법은 원전(元典)에 실려 있사온데, 지금은 수령된 자가 혹은 사고를 핑계하여 사면(辭免)하는 자가 있어서 두 번, 세 번 딴 사람으로 고쳐 임명하게 되어, 그 고을에서 맞이하러온 인마가 여러 달을 서울에 머물게 되므로 그 폐해가 적지 아니하오니, 청하건대, 규찰해 다스리실 것을 거

---

* 벼슬아치가 벼슬을 그만두거나 말미를 받기 위하여 청원서를 내던 일.

급 밝히시어 반드시 10일 이내에 길을 떠나게 하옵소서." 하였다. 뿐만 아니라 수령들이 교체되어 떠날 때 짐을 실어 나르는 노비와 마필 수를 정하여 영송에 따른 백성의 폐해를 줄이도록 하였다.

수령에게는 각기 그 고을의 호수의 많고 적은 등차에 따라서 노비와 마필 수가 또한 정하여져 있는 것인데, 지금은 맞이하고 보내는 때의 하인과 마필은 규정보다 배나 많습니다. 지금부터는 예에 따라 역마를 타고 부임하는 자는 그 고을의 하인과 마필로써 영송하지 못하며, 그 밖의 사유(私有)의 마필을 사용하여 부임하는 자는 복마(卜馬)는 4, 5필을 넘지 못하고, 아내와 아들이 내려갈 때에 타고 가는 말도 상정 노비의 수를 넘지 못하게 하소서. 복마는 유수부에 15필, 목도호부에 13필, 지관 이하 10필로 정하고, 그보다 더 많이 거느리고 가서 폐를 끼친 자는 서울에서는 사헌부가, 지방에서는 관찰사가 엄중하게 금지하여 다스리게 하며, 경과하는 도로에서는 각 역의 찰방도 또한 적발하게 하는 것을 항식으로 삼게 하옵소서.

이처럼 세종대에는 영의정 황희를 중심으로 국가기강을 확립하여, 관리들이 백성들에게 피해를 주는 일을 철저히 방지하려고 노력하였다. 세종대의 태평성대는 이런 기틀에서 이룩되었다고 할 수 있다.

2. 우리나라 최초의 소방서 금화도감 설치

세종 8년(1426) 2월에 화적(火賊)의 방화로 도성에 큰 불이 났다. 그 날 화재는 한성부의 남쪽에 사는 인순부 노비 장룡의 집에서 먼저 일어났는데, 경시서 및 북쪽의 행랑 106간과 중부의 인가 1,630호와 남부의 350호와 동부의 190호가 불 탔고, 남자 9명과 여자가 23명 죽었다. 여기에는 어린아이와 늙고 병든 사람으로서 타죽어 재로 변해버린 사람은 그 수에 포함되지 않았다.

그 다음 날 미시(未時)에는 전옥서의 서쪽에 사는 대부 정연의 집에서 또 다시 불이 났다. 전옥서와 행랑 8간까지 불 탔고, 대신과 백관이 힘을 다하여 불을 꺼서 다행이 종루는 지킬 수 있었다. 그러나 불꽃이 종루 동쪽에 있는 행랑에 옮겨붙어 인가 200여 호가 불에 탔다. 이틀 동안의 화재로 도둑맞은 집이 절반이나 되었고, 불이 번지지 않은 집에서도 황급히 화재를 피했다가 재산을 다 도둑맞았다.

세종대왕은 급히 의정부와 육조의 여러 신하를 불러 "옛 사실을 상고하면, 하늘에서 내리는 재난이 있고, 인간이 저지른 재난이 있다. 사람의 일이 아래에서 움직이면, 하늘의 재변이 위에서 나타나는 것은 정한 이치이다. 도둑을 방지하는 계책과 불을 끄는 방법에 대하여 각각 마음을 다하여 건의하라."고 하였다. 이때 영돈녕 유정현 등이 금화도감(禁火都監)의 설치를 건의하였다.

이에 이조 판서 황희는 금화도감을 상설기관으로 설치하여, 폐지하지 말고 영구적으로 화재 방지를 사찰하도록 건의하였다. 우리나라 최초의 소방서가 설치된 것이다.

1주일 뒤 금화도감은 화재 진압의 대책을 내놓았는데, 불을 끄는 사람에게 신패(信牌)를 만들어 주어 밤중에 불을 끄러 가는 증명이 되게 할 것과 의금부로 하여금 종루를 맡아 지키게 하여, 밤낮으로 관망하다가 화재가 발생한 곳이 있으면, 즉시 종을 쳐서 소리를 듣고 달려가게 하자는 것이었다. 세종대왕은 관공서에서 화재가 났을 때에만 종을 치게 하고, 그밖에는 치지 말도록 하였다.

3개월 후 한성부에서는 금화도감이 화재를 방비하지만 수재에 대비하여 하천을 맡은 관원이 없으니 금화도감이 이를 겸하도록 하자고 건의하였다.

그러자 이조에서는 화재뿐만 아니라 각종 재해 업무를 처리할 수 있는 수성금화도감(修城禁火都監)으로 개편할 것을 건의하여 시행하였다. 서울의 재난방지종합시스템이 구축된 것이다.

그 후 이조에서는 병조에 속한 금화도감과 공조에 속한 성문도감을 합쳐 수성금화도감을 만들고, 공조에 속하게 하여 지휘 체계를 일원화하였다. 뿐만 아니라 세종 11년에 이조에서는 수성금화도감의 최고 책임자를 공조 참판(종2품)에서 공조 판서(정2품)으로 승격하였다. 지금의 차관급에서 장관으로 격상하여 각종 재해에 대한 지휘 권한을 강화한 것이다.

이러한 제도는 훗날 『경국대전』 이전(吏典)의 수성금화사(修城禁火司)조에 "궁성과 도성을 수축하는 일과 궁궐, 관청 및 동리의 각 민가에서 일어나는 화재를 끄는 일을 담당한다. 도제조 1명, 제조 2명이다.

금화도감의 구성(세종 8년 2월)

제조: 7명

  병조 판서와 의금부 도제조가 삼군의 우두머리가 되고, 도진무와 군기감이 우두머리 제조가 됨. 판한성부사가 실제 사무를 맡고, 그 밖의 2명은 때에 따라 임명함.

사(使): 5명

  의금부가 우두머리가 되게 하고, 진무·군기 판사·선공판사·사재 판사를 이에 임명함.

부사: 6명

  부사 6명 중에 삼군의 호군(정4품 무관)과 사복이 우두머리가 되게 하고, 소윤(한성부 정4품)과 월차소(月差所, 군인 등 사역 인원을 충당하는 곳)가 우두머리 호군이 되게 함.

판관: 6명

  판관 6명 중에 병조와 무비사(武備司)의 정랑(정5품)으로 하는데, 공조가 우두머리 정랑이 되게 함. 한성부의 판관을 임명하는 것으로 일정한 규례를 삼고, 그 나머지는 구전(口傳)함.

『경국대전』에 규정된 수성금화사(修城禁火司)의 구성

도제조: 1명

제조: 2명

제검: 4명

  사복시 정(正), 군기시 정, 선공감 정이 겸임함.

별좌: 6명

  4명은 의금부 경력과 병조, 형조, 공조의 정랑 각 1명이 겸임함.

별제: 3명

  1명은 한성부 판관이 겸임함.

제검(提檢)이 4명인데 3명은 사복시 정(正), 군기시 정, 선공감 정이 겸임한다. 별좌가 6명인데 4명은 의금부의 경력과 병조, 형조, 공조의 정랑 각 1명이 겸임한다. 별제가 3명인데 1명은 한성부 판관이 겸임한다."라고 규정되어, 조선시대 재해예방의 기본 시스템이 구축되었다.

하지만 이후에도 한양에서는 빈번히 화재가 발생하였다. 세종 13년 3월에는 흥복사(興福寺)* 동남쪽 민가에 불이 나서 84여 호가 소실되었으나 다행히 사망자는 없었다.

이에 세종대왕은 "병오년(세종 8년) 화재가 난 뒤로 여러 신하들의 건의로 각방의 민가에 도로를 개통한 까닭으로 이번 실화에 사망한 자가 없었다. 성안에 여염은 집과 담이 연접하였으니 한번 화재를 만나면 서로 끌 수 없었는데, 이번 그믐날 화재는 마침 궐문에 부역하는 방패(防牌)**들이 있어 그들을 보내 구조하기를 명했고, 또 인가를 헐어서 그 불을 잡았으니, 만약 방패를 보내지 않았더라면 구제할 도리가 없었을 것이다."라고 하였다. 금화도감의 화재 대비로 조기에 화재를 진압할 수 있었던 것이다.

이때 맹사성 등은 화재 대비책으로 담을 서까래 끝까지 높이 쌓고, 지붕의 안팎을 진흙으로 두껍게 바르고, 나무 울타리를 못하도록 금지하며, 기와를 반값으로 공급하도록 하자고 건의하였다. 그 당시 화재 예방을 위해 집을 나누어서 한 동리를 만드는 것은 백성들

---

* 서울특별시 종로구 종로2가 파고다공원 자리에 있었던 원각사의 옛 이름.
** 조선 시대에, 중앙에서 시위(侍衛)를 맡아보던 군대. 태종 15년(1415)에 대장(隊長)과 대부(隊副)를 모아 방패를 주어 특별히 조직한 군대로, 대개 일반 양민 가운데서 선발하였다.

이 이사하는 폐단이 있었고 또 옮길 만한 곳도 없으며, 비록 한 동리를 만들어도 바람이 불면 불꽃이 바람을 따라 번지게 되니 피하기 어려웠다. 또 샘을 파서 못을 만드는 것은 그럴 만한 곳이 드물고, 우물을 파는 것이라면 법이 이미 행해지고 있었지만 말라 버렸거나 깊어서 적시에 사용하지 못하였기 때문이다. 맹사성 등이 건의하고 한 달 정도 지나자 세종대왕은 의정부·육조·한성부·금화도감제조 등이 화재 방비하는 조건을 함께 논의하게 하여 다음과 같이 결정하였다. 좀 더 체계적으로 화재 진압을 실시하게 한 것이다.

- 금화도감은 각사의 노비의 많고 적음을 참작하여 금화 군인의 수를 정하고, 각사에서는 각각 포백으로 통일된 모양으로 초기(哨旗)를 만들어 각사의 병호를 써서, 도감이 도장을 찍어 나누어 주게 한다.
- 도감은 각사의 비자(婢子)의 많고 적음을 참작하여 급수비자를 정하고, 각사에서는 사람의 수에 따라 물통을 미리 준비하여, 불이 날 적에는 각사의 행수 및 군색(軍色)·노비색(奴婢色) 관원들이 그 사의 금화군인과 노자 및 물통, 급수 비자를 거느리고 와 모여서 도감의 지휘에 따라 시행한다.
- 한 마을마다 다섯 집에 장(長)을 두고, 장마다 통기(統紀)*가

---
* 오가작통법 상의 통호.

있어 다섯 집의 인명을 기록하면, 도감이 통기를 보고 단독자를 제외하고는, 존비를 물론하고 수를 정하여 모두 물통을 준비하였다가, 불이 나면 근처의 각호가 각각 그 집을 구하고, 그 나머지 각호는 각기 부령이 관령을 거느리고 장내의 불끄는 사람을 모아 본 도감의 지휘에 좇아 시행한다.

- 도감·제조·관원들의 모이는 곳을 각사·각방에서 찾기가 어려우니 반드시 기를 세우고 북을 불러서, 여러 사람이 알도록 한다.
- 바람이 어지럽게 부는 날에 불기운이 크게 일어나 종소리가 나거든, 병조 낭청·진무·월차소의 관원들이 계문하지 아니하고 출번(出番)한 대장·대부·보충군 등을 거느리고 기를 세운 곳에 와서, 도감의 지휘에 따라 시행한다.

3. 도둑 근절을 위한 일벌백계의 무거운 처벌

세종 15년에 형조에서는 절도를 금지할 방안을 정부와 여러 조(曹)와 함께 의논하였다. 그 자리에서 영의정 황희 등은 "대체로 도둑은 다 태만하고 무뢰한 무리들입니다. 생업을 일삼지 않으며, 조그마한 재물도 허비하지 않은 채 앉아서 좋은 옷과 좋은 음식을 얻으니, 이것을 이득으로 여깁니다. 비록 붙잡히더라도 관사에서 신문할 때에 고문하는 신장(訊杖)의 수는 범죄가 성립되었을 경우의 본죄에 해당하는 태·장형의 형량을 초과할 수 없는 것이므로, 한두 차례 신장을 참고 견디면서 불복하면, 관사에서도 어찌할 수 없어 석방하게 됩니다. 그리고 나면 훔친 재물은 다 제 것이 됩니다. 그런 까닭에 근일에 절도가 전일보다 많은 것 같습니다. 이와 같이 하여 그치지 않는다면 비록 날마다 금방령(禁防令)을 내리더라도 무익할 것입니다. '당률소의'*에 의거하여 장물 증거가 명백한 자는 비록 범죄를 승복하지 않더라도 바로 처벌을 단행하여, 도둑질하는 것이 이익이 적고 해가 많다고 생각하도록 만들어야 하겠습니다."라고 하면서, 다음과 같이 보다 강력한 처벌을 주청하였다.

지금 도둑질 한 범죄를 통산하여 3범을 저지른 자는 경기 밖으로 내쫓고 있습니다. 그러나 각역에서 체송(遞送)**할 즈음에 무지한 역리들이 압송과 수직(守直)을 조심하여 하지 않기 때문에 도주하게 만들어 버립니다. 비록 귀양지에까지 갔더라도 또한 하루 이틀 지나지 않아 곧 다시 도주하게 됩니다. 그런 까닭에 이름은 비록 쫓아 보내는 것이라고 하지만 실상은 무익합니다.

이 무리가 만약 다시 재범하거든 그의 처자와 함께 자은(전라도 신안군 지역)·암태·진도와 같은 바다섬에 사람을 전담시

---

* 중국 당률을 주석한 법전.
** 역에서 말을 갈아 다음 역으로 보내주던 일.

켜 압송하게 하고, 그곳 수령이 무시로 단속하여 엄중히 감시해서 출입을 하지 못하게 하소서. 바다의 고도(孤島)에 강제 이주시키는 것이 비록 지나치게 무거운 처벌 같지만, 그들을 놓아두어 3범을 저지르고 사형을 받게 만드는 것보다는 그들을 살기 좋은 땅에 이주시켜 밭 갈아 세금내고 제 스스로 노력하여 먹으면서 타고난 수명대로 살게 하는 것이 더 좋지 않겠습니까? 비록 도로 다시 도망해 나온다고 하더라도 바다를 건너는 어려움은 육로에 견줄 바가 아니며, 처자 때문에 얽매어져서 쉽게 도망해 나올 수 없을 것입니다.

이처럼 황희는 도둑에 대해서는 다른 범죄보다 특별히 중한 처벌을 주장하였다. 황희는 도둑은 태만하고 무뢰한 무리로 백성의 재산을 수탈하니, 관용을 보여서는 안 된다고 생각한 것이다.

그리고 세종 18년 의정부에서는 "지금 서울과 지방에 도적이 날로 성하니 앞으로 더하도록 버려두어서는 아니 될 것입니다. 흉년든 해에 겁탈하고 훔쳐 가는 걱정은 더욱 염려하지 않을 수 없습니다."라고 하면서, 선대 유학자의 도적을 근절하는 방법을 들었다. 그 중에서도 "여재(呂宰)와 양간(楊簡)*가 '이 무리는 자자(刺字)로 단죄한다면 다시 도적이 될 것이며, 귀양을 보내면 다시 도망해 돌아올 것이라.'고

---

* 남송시대의 사람으로 학교를 일으키고 학생을 가르쳐 읍내에 밤에는 도둑이 없었고 길가에 물건이 떨어져 있어도 줍지 않았다고 한다.

하면서, 한쪽 발의 힘줄을 끊어 도성에 돌려 여러 사람에게 보이니, 온 지방이 두려워하였습니다."라는 고례를 들면서, 3범 도적에게는 한쪽 팔을 단근(斷筋)*하는 형을 시행하도록 하였다.

하지만 이러한 처벌에도 도둑은 근절되지 않고 시간이 갈수록 늘어났다. 그래서 세종 21년에 의정부는 "『대명률』에 '절도 3범인 자는 교형에 처한다.' 하였고, 『속육전』에는 이르기를 '절도 3범인 자는 사면한 뒤에 자자한 것에 의하여 죄준다.' 하였는데, 『경제육전』의 도적을 다스리는 법은 이러한 율문에 비하여 가볍습니다. 이로 인하여 도적이 점점 성해져서, 형세가 장차 금하기 어려우므로 세종 17년에 본조[형조]에서 수교하기를, '사면 전과 사면 후를 통계하여 3범한 자는 힘줄을 끊는다.' 하였고, 또 세종 19년에 수교하기를, '힘줄을 끊은 뒤에도 걸음걸이가 보통과 같은 자는 보자례(補字例)**에 의하여 다시 힘줄을 끊는다.' 하였사오나, 이제 두 번째 힘줄을 끊긴 뒤에도 도적질하는 자가 퍽 많사옵니다."라고 하면서, 도적에게 왼발의 전근(前筋, 앞 힘줄)을 끊는 형벌에 처하도록 청하였다.

그해 세종대왕은 "세종 16년 이후부터 중외에 체옥(滯獄)된 미결 사형수가 190인이다." 하면서, "어찌하면 법의 실행을 살리면서 사형되는 자가 좀 줄어들 수 있겠는가? 그 법조문을 강구해 조사하고 사리를 짐작하여 의논해서 아뢰게 하라."고 명하였다. 세종대왕은 가능

---

* 팔의 힘줄을 끊는 형벌.
** 이마에 죄목을 적어 넣는 형벌인 자자에 글자를 더 넣어서 행하던 형벌.

한 한 사형수를 사형하지 않고 살리고 싶은 생각이었다.

하지만 영의정 황희 등은 "대체로 도적으로서 체포된 자는 열에 한둘도 되지 아니하고, 한 사람이 도적질한 것이 비록 여러 차례 되지만 발각되지 아니한 자도 항상 많사오며, 혹 발각되어 여러 차례나 죄를 받았던 자도 또한 그치려 들지 아니하고 3, 4범에 이르렀사온데 이제 다 죽음을 면한다면, 도적을 맞은 사람들이 말하기를, '어찌하여 도적을 죽이지 아니하여, 나로 하여금 가산을 몽땅 잃게 하여 추위와 배고픔에 이르게 하였는가. 원통하기가 이를 데 없다.'고 할 것이오니, 사람들이 이미 통분하게 여기오면 하늘이 반드시 싫어할 것이옵고, 하늘이 반드시 싫어한다면 재변이 이를 따르옵니다. 이제 사형 죄를 범한 자는 대개가 무지막지하고 악한 자들이 많사옵고, 어질고 착함한 사람으로서 어쩌다가 범한 자는 보지를 못하겠나이다. 이제 사형수가 거의 수백 명에 이르오니 진실로 놀랍고 근심스럽사오나, 그러나 금년에 옥에 갇힌 자는 단지 25인뿐이고, 세종 16년 이래로 중외의 체옥된 자가 쌓이고 쌓여서 그리 된 것이옵니다. 만약 사형이 많다고 하여 다시 살리는 법을 행한다면, 이것은 악한 짓을 한 사람에게 차마하지 못하여서, 도리어 무고히 도적맞은 사람에게 차마하는 것이옵니다."라고 하면서, 사형의 집행을 주청하였다.

그리고 세종 25년에 의정부에서는 초범으로 절도한 자는 율에 따라 논죄하여 자자하고, 재범자는 자자하여 관노에 임시 소속시키고, 3범자는 율에 따라 사형에 처하도록 청하였다. 이전의 3범 도둑에게 왼발 단근형을 처한 형벌에서 강화한 것이다. 또한 세종 26년에도 도둑이 횡행하여 양민이 많은 피해를 입자, 황희는 도둑을 없앨 방책을 의논하면서 다음과 같이 중형으로 처벌하기를 주청하였다.

❶ 지금부터는 장물이 1관(貫, 10냥=쌀 2석) 이상이 되는 자와 2인 이상으로 무리를 지은 자, 소나 말을 도둑한 자는 초범일 때는 법률에 의하여 장형과 자면(刺面, 얼굴에 자형)에 처하고, 재범일 때는 단근(斷筋)에 처하고, 3범일 때에는 법에 의하여 사형에 처하며,

❷ 그 중에 무리를 짓지 아니하고 장물이 1관이 되지 못한 자는 자면과 단근은 하지 아니하고 다만 법률에 의하여 형벌을 시행할 것이며,

❸ 만일 은사(恩赦)가 있을 때라도 절도범은 은사하지 않기로 하소서.

이에 세종대왕은 초범은 단근은 하지 말고 오른 뺨 위에 '절도' 두 글자를 자자하도록 하였다. 세종 29년 의정부에서는 "도적을 잡는 방법을 여러 차례나 거듭 밝혀서 상세하여 빠짐이 없는데도, 관리들은 이를 묶어서 높은 시렁에 얹어 두고서 받들어 시행하지 않으며, 비록 혹시 도적을 잡더라도 다만 그 죄만 다스릴 뿐이며, 관령(管領)*과 이정과 이웃 사람이 고발하지 않는 죄는 논단하지 아니했습니다.

---

* 한성부·개성·평양의 각 부에 소속된 각 방의 책임자.

그런 까닭으로 비록 도적이 있는 것을 알지마는 다만, 원수만 맺고 나에게는 이익이 없다고 생각하여 거개 고발하지 아니하여, 백성이 법을 믿지 않음으로써 법이 능히 시행되지 아니하니 작은 일이 아닙니다." 하면서, 도적의 와주(窩主)도 논죄한 후 가옥은 관청에서 몰수하며, 양계(兩界)*의 먼 변방에 모든 가족과 함께 보내 살도록 하였다.

그동안 도적의 경우 현행범에 대해서만 처벌하였지만, 이제부터는 우두머리의 경우 무조건 양계의 먼 변방에 전 가족과 함께 귀양을 보내도록 한 것이다. 이처럼 황희는 도둑에 대해서만은 일벌백계하도록 하였다. 백성에게 피해를 주어 궁핍하게 하는 짓은 절대로 용서할 수 없다는 의지이다.

4. 국토를 유린하는 파저강 야인 토벌

중국 길림 지방 아래에 사는 여진의 여러 부족을 통틀어 야인(野人)이라고 하였다. 야인들은 기회만 있으면 국경 방비가 소홀한 압록강 중류 지대와 두만강 중류 지대인 여연(閭延: 중강)과 경원에 침입하여 노략질을 일삼았다. 그러자 조선은 여진족의 침입을 방어하기 위하여 태종 17년(1417) 경원부를 설치하고, 조선의 영토임을 밝히고 차례로 진을 설치해 나갔다. 하지만 여진 부족은 수백 명, 때로는 수천

---

* 군사적으로 중시되던 동계(東界)와 서계(西界)를 아울러 이르던 말. 동계는 함경도와 강원도의 일부 지역에, 서계는 평안도 지역에 해당된다.

명 단위로 침입하였다. 그 반격으로 조선 군사는 강을 넘어가 여진 마을을 불태우고 포로를 되찾아오기도 하였다.

하지만 건주위의 추장 이만주는 압록강 건너편 백두산 밑에서 서쪽으로 흐르는 파저강 지역에 자리 잡고, 다른 여진인과 합세해 요동 및 개원 일대의 명나라 관리와 백성을 납치하여 노예로 삼았다. 뿐만 아니라 이만주는 다른 부족의 추장들을 거느리고, 조선의 강계와 여연 등을 침략하여 식량을 달라고 떼를 썼다.

조정에서는 이에 대한 방책을 명나라가 내려주길 바랐지만 응답이 없었다. 그것은 압록강 이북은 명나라 땅이므로, 야인을 치기 위해서 조선 군사가 압록강을 넘으면 국경을 침략하는 것이 되기 때문이다.

그러던 중 세종 14년(1432) 12월 초 이만주 휘하의 기병 4백여 기(騎)가 여연으로 쳐들어 와서 사람과 물건을 표략(摽掠)해 갔다. 이에 강계 절제사 박초는 군사를 거느리고 그들을 추격하여 붙들려 가던 사람 26명과 말 30필, 소 50마리를 도로 빼앗아 왔다. 이때 우리 측 전사자는 13명이고, 부상자는 25명이나 되었다. 이만주는 자기가 한 짓이 아니라고 핑계를 대었지만 세종대왕은 매우 분노하였고, 신료들을 불러 명나라에 알리는 것과 토벌하는 것을 논의하였다. 황희는 중국 황제에게 알리지 말고 바로 소탕하기를 주장하였다.

여진이 내침하였을 때는 우리 군사가 비록 중국 땅까지 뒤쫓아 들어갈지라도 이는 방어하기 위한 것이요, 진실로 사대하는 의리에 해로움이 없을 것이온데, 황제가 어찌 허물하겠나이까? 오늘날 중국이 우리를 대우함에 후하오나, 그러나 거병하여 입경할 때에 미리 황제께 주달함은 의리에 타당하지 못하옵니다. 또 야인은 지극히 우완하여 인면수심이오라 그들의 마음을 계교할 수 없사오니, 만일 그들 종족을 소탕하고자 한다면 불가하옵니다.

반면 맹사성·권진 등은 "주상의 말씀에 따라 황제께 주문하옴이 편하겠나이다."라고 하였다. 토벌에 대한 원론은 같았으나 중국에 통보를 하느냐 마느냐를 두고 의견이 엇갈렸다. 이에 세종대왕은 황희·맹사성·권진·최윤덕·허조 등과 토벌 방안을 두고 재차 의논하였다. 황희는 여전히 "이 무리들은 오합지졸이라 제어하기가 매우 어렵사옵고, 또 입술이 없으면 이가 시리다는 것을 옛 사람이 경계한 바입니다. 앞에 있는 야인을 치면 뒤의 깊은 곳의 야인이 와서 붙들어 주고 원조하여, 힘을 합하여 싸울 것이매 반드시 후환이 있을 것이옵니다."라고 하면서 군사를 동원한 토벌은 반대하였다.

이에 세종대왕은 세 번째 의논으로 "만일 아직은 주문할 수 없다면 야인에게 사신을 보내어 문책함이 어떠할까?" 하니, 황희는 "치욕을 당하고 잠자코 있는 것은 불가한 듯합니다. 홍사석이 돌아옴을 기다려 다시 의논하여 사람을 보내시어 힐문(詰問)하옵소서." 하였다. 황희는 야인에 대한 분노가 가득 차 있지만 사신 등을 보내 문책하자는 의견이었다. 반면 맹사성 등은 사신을 보내 문책하다가 도리어 억류나 당하지 않을까 걱정하며 '매우 불가'하다고 하고, 국경을 튼튼히 지키는 것이 옳겠다고 말했다.

논의 후 세종대왕은 중국 황제에게 보낼 주문을 작성하게 하였다. 그런데 그 다음날 신상과 정초 등이 "주문을 정침(停寢)하시고, 병기를 다듬고 군졸을 훈련하셨다가, 만일 적변(賊變)이 있게 되면 힘을 다하여 추격하여 물리치시되, 비록 강을 건너가 섬멸하였다 하더라도 반드시 죄과가 없을 것으로 여겨지나이다."라고 건의하자 세종대왕은 주문하지 않기로 결정하였다.

다음 해 1월 세종대왕은 "야인들이 우리를 가벼이 여겨 매번 침략할 것이므로, 그 곳을 정탐하고 군사를 출동하여 치면, 비록 능히 이기지 못할지라도 오히려 위력을 보여서 적의 마음을 굴복시킬 수 있을 것이다."라고 하면서, 토벌의 정당성을 강력하게 피력하면서 토벌 계책을 조정에서 논의하였다.

> 지금 큰 병력을 일으켜서 남김없이 소탕하려는 것은 나의 본의가 아니고, 다만 도적이 와서 침략하고 갔는데 우리가 앉아서 평안히 그 욕을 당하고 한번 가서 문책하지 아니한다면, 저들이 반드시 우리를 가벼이 여겨 매양 와서 침노할 것이므로, 사람을 그곳에 보내어 도둑의 무리를 살펴 알아서, 군사를 출동하여 가서 치면, 비록 능히 이기지 못할지라도 오히려 위력을 보여서 적의 마음을 굴복시킬 수 있을 것이니, 이것이 좋은 계책인 것이다.

다음 날 평안도 도절제사 최윤덕·도진무 김효성·경력 최치운 등이 하직 인사를 하였다. 세종대왕은 그들에게 "지금 야인은 은덕을 저버리고 무고히 쳐들어와서 평민을 죽이고 잡아갔으니, 극악무도한 죄는 베어 용서할 수 없다. 만약 토벌하지 아니한다면 뒤에 뉘우치고 깨달음이 없어, 해마다 반드시 이와 같은 일이 있을 것이다." 하면서 토벌을 명하였다. 이때 최윤덕은 '준비 기간이 부족하다'는 망설이는 말을 하자, 세종대왕은 "군마를 정리해 밤낮으로 행군하여 한두 마을을 쳐부수어도 족하다."고 말하면서, 군권을 일임하고 최치운을 군사로 삼도록 하였다. 그 자리에서 최윤덕은 겨울을 보내고 4~5월에 행군하겠다고 하였다. 하지만 세종대왕은 2월에 정벌할 것을 강조하였다.

세종대왕은 먼저 파저강 야인을 토벌하는데 있어서 대신들의 뜻을 시험하고자, 비밀리에 의정부·육조·삼군 도진무 등에게 야인들을 접대할 방법과 죄를 성토할 말, 그리고 토벌할 계책 등을 말하게 하였다. 이날 세종대왕이 비밀리에 만난 대신의 숫자는 영의정 황희를 포함하여 23명이었다.

이때 황희는 "먼저 야인들의 죄를 성토하고, 납치된 사람과 가축을 다 돌려보내게 하되, 저들이 만약 따르지 않으면 죄를 묻고 토벌하여 편히 살지 못하게 해야 한다."고 주장하였다.

세종대왕은 야인 토벌 등에 대한 여러 대신들의 말을 비밀로 누설하지 않도록 하였다. 이틀 동안 고심한 후 여러 대언에게 "최윤덕이 야인에게 줄 물건을 보내 줄 것을 청하니, 내 생각에는 한정이 있는 물건으로 저들의 무궁한 욕심에 응하는 것은 자못 어렵다고 생각한다. 지금 야인들이 까닭 없이 침입하여 사람을 죽이고 물건을 노략질하였으니 군사를 일으켜 토벌함이 가하나, 지금 아직 야인의 소위임을 알지 못하니 죄를 성토하기 어렵고, 또 군사를 일으키고 많은 사람을 움직이는 것은 부득이한 것이다. 야인이 사는 곳은 산천이 험조하여 군사를 행하기가 매우 어려우니, 다만 변경을 엄하게 방비하고 무위(武威)를 보여서, 저들로 하여금 두려워하여 굴복하는 마음이 있도록 함이 가하다. 또 중국에 주청하지 아니하고 군사를 일으켜 강을 넘었다가, 만약 혹 묻는 일이 있으면 어떻게 대답할까. 나의 생각으로는 고황제의 칙서의 말로서 대답해 아뢰는 것이 가할까 하다. 황제가 반드시 야인을 친히 하고, 우리나라를 외면하지는 않을 것이다. 만약 저들이 국경에 이르러 조현(朝見)하기를 청하면 어떻게 처리할까?"라고 하였다. 세종대왕은 군사를 일으켜 토벌할 수밖에 없다는 것을 강조하였다.

이때에도 황희는 "파저강 야인의 도둑질한 정상이 매우 명백한데, 만약 예전대로 준다면 겁내고 약한 것 같으니 아주 없애는 것이 마땅하오나, 다만 변경을 지키는 장수가 접대하는 예는 아직 전례에 따르며, 공정한 말로 죄를 성토하는 일은 조정의 벼슬을 받지 아니한 한두 사람을 구류시키고, 포로된 사람과 짐승을 돌려보내도록 꾸짖는 것이 어떠하옵니까."라고 하면서, 세종대왕과는 달리 소극적이었다.

3일 후 세종대왕은 군사를 일으켜 야인을 토벌할 것을 신하들에게 선포했다.

파저강 야인의 침략한 정상이 심히 분명하여 억측이 아니다. 우리의 가까운 지경(地境)에 있으면서 업신여기고 횡포하기를 이와 같이 하니, 어찌 참을 수 있으리오. 만약 군사를 일으키려면 외롭고 약하게 할 수 없고, 마땅히 크게 일으켜 토벌해야 할 것인데, 산이 험하고 물이 막혀서 용병(用兵)하기가 심히 어려우니, 보졸(步卒)을 뽑아서 가야 하겠다.

그날부터 파저강 일대의 야인 정벌에 대한 최종 논의는 3일 동안 계속되었다.

논의 첫째 날. 세종은 의정부·육조·도진무 등을 불러서 3천 명의 군사를 통솔해야 하므로, 고위 관리 중에 무재(武才)가 있는 자를 골라서 패두(牌頭)로 삼으려고 하는데, 한 패두가 몇 사람을 거느려야 마땅할까 물었다.

이에 황희는 얼음이 풀리면 저들이 반드시 안심하고 모두 농사짓기에 힘쓸 것이므로, 최해산으로 하여금 먼저 그곳에 이르러 성책(城柵)을 순시한다고 하여 그들의 의심을 풀게 하는 것이 먼저라고 하였다. 그러고 나서, 모든 일을 몰래 준비하여 뜻하지 아니할 때를 기다려서 수륙군 합동으로 작전을 펼치면 되므로 다른 사람을 다시 임명하지 않는 것이 좋겠다고 하였다. 세종대왕은 이 논의에 따랐다.

황희는 또 파저강에 발병(發兵)할 때를 기다려서 가더라도 늦지 않으니 군사를 거느리고 미리 가서 그 고을에 폐를 끼치지 않도록 해야 한다고 하였다.

논의 둘째 날. 세종대왕은 의정부·육조 및 삼군 도진무사·안숭선·김종서 등을 불러, "최윤덕이 일찍이 군사 50명을 거느리고 갔는데, 이제 이순몽·최해산의 말로써 30명을 더 뽑아서 패두를 정하고, 주장(主將)이 거느리는 군사는 패두가 되지 못하니 진실로 적당하지 못하다. 내가 전후 군사를 합해 모아서 주장과 함께 권략(權略)이 있는 자를 골라서 정하고자 하는데 어떨까?"라고 하면서, 장수 임명에 대해서 논하였다. 이에 황희는 서울 군사만이 아니라 만약 그 곳에 무예가 가히 우두머리가 될 만한 자가 있으면, 주장이 골라 정하는 방안을 제시하였다. 세종대왕은 역시 황희 등의 논의에 따랐다. 이 때 세종대왕은 "토벌은 마땅히 4월의 풀이 길게 자랄 때를 넘겨서는 안 된다."고 하였다.

3일째 되는 날. 세종대왕은 의정부·육조 및 삼군 도진무사·안숭선·김종서 등을 불러, "박호문이 파저강에서 돌아와 아뢰기를, '야인 부락에 이르러 그 형세를 보니, 모두 어린아이를 데리고 산에 올라가서 우리나라에서 변을 일으킬 것에 대비하고 있다.'고 하니, 지금 장차 무슨 수로 각각 그 생업에 안심하게 하여, 그 뜻하지 않을 때를 타서 공격할 것인가?"라고 물었다. 야인들이 토벌 계책을 사전에 알아차리고 있어, 기습 공격의 효과가 없을 것을 걱정한 것이다.

이에 황희는 먼저 야인들에게 포로와 마소, 그리고 재물들을 돌려보낼 것을 요구하고, 그들이 거부하거든 토벌하자고 하였다. 다만 적에게 기도가 노출되어 당장 토벌하기 어렵다면 그 전투 시기는 얼음이 다시 어는 겨울까지 기다리자고 한발 물러섰다.

이는 세종대왕의 의중과는 완전히 달랐다. 세종대왕은 단호하게 4월에 풀이 무성해지면 그때 치는 것이 마땅하다고 하였다. 그러면서 저들이 우리가 군사를 뽑는다는 말을 듣고 토벌을 당할까 걱정하여 그렇게 하는 것으로 생각되므로, 군사 뽑는 것을 멈추고 저들을 먼저 안심시키는 것이 어떤지 물었다. 최대한 적을 속일 방책을 논의하게 한 것이다.

그러자 이번에는 황희 등 많은 신료들이 세종대왕의 의견에 모두 찬성하였다.

세종대왕은 군사 수를 처음에 3천으로 정했는데, 박호문이 1만 명으로 정해야 마땅하다고 하므로, 군사를 더 보내고자 하였다.

이에 황희는 여기서는 땅이 험하고 평탄한 것과 부락의 많고 적음과 같은 현지의 적정을 알 수 없으므로 도절제사가 수를 정하는 것이 옳겠다고 하였다. 세종대왕은 황희 등의 논의를 따랐다.

세종대왕은 적진에 대한 정탐을 위해서 간첩을 보내는 문제에 대해서도 논의하였다.

세종: 역대의 전쟁하는 일에 모두 간첩이 있어서 그 형세를 살폈는데, 내가 몰래 사람을 보내 저들의 정상을 탐지한 뒤에 토벌함이 가할 듯하나, 오히려 염려되는 것은, 만일 잡히게 되면 저들이 우리의 계획을 자세히 알아서 미리 대비할 것이니, 이익이 없을 뿐만 아니라, 또한 해가 있을 것이므로, 망설이고 있어 경 등의 계책을 듣

고자 하니, 고금(古今)을 참작하여 잘 논의하여 아뢰라.

황희: 옛날 열국에서 정탐하는 일을 우리나라의 일과 같은 것으로 논할 수는 없습니다. 중국 사람은 의식이 다르지 아니하고 언어가 서로 같으므로, 비록 섞여 있어도 알지 못하였습니다. 그러나 우리나라는 야인과 더불어 언어와 의식이 같지 아니하여, 보면 알기 쉽고, 또 인구의 수가 적어서 섞여 있을 수 없는데, 만약 산에 올라가서 잡히게 되면, 저들로 하여금 우리나라의 술책을 깊이 알게 하여 도리어 해가 될 것이오니, 신 등은 이것보다는 절제사의 말로써 다시 사람을 보내 정탐함이 가할 듯하옵니다.

황희는 간첩을 보내지 말고 절제사에게 말하여, 공식적으로 사람을 보내 염탐하자고 하였다.

세종대왕은 이번에도 황희 등의 의견을 좇아, 간첩 보내는 일이 심히 위험하니 이를 정지하라고 하였다. 더불어 절제사에게 "사람을 보내 정탐하여, 언제 군사를 일으키는 것이 좋을지 권모와 지략이 있는 자와 비밀히 논의하여 아뢰라."고 명하였다. 그리고 강을 건널 준비를 신료들과 의논하니 '배로는 불가하고 부교를 쓰는 것이 마땅하다.'고 하였는데, 박호문이 '물의 흐름이 심히 급하여 부교를 설치하기 어렵다'고 하므로 세종대왕은 '배를 준비하고자 하는데 어떨까?'를 논의하였다. 이에 신료들은 모두 '물살의 느리고 급함과 배와 부교의 적당 여부를 알지 못하고 억측으로 정하는 것은 옳지 않으니, 장수로 하여금 배나 부교를 적당한 방법에 따라 만들게 하자고 건의 하였다. 그러자 세종대왕은 도절제사에게 독단으로 시행하게 하였다.

이 3일 동안의 논의로 야인 정벌에 대한 작전계획이 완벽하게 수립되었다. 그리고 3월 14일 의정부·육조 및 도진무 등을 불러 야인 토벌의 최종 작전회의를 열었다.

세종대왕이, 크게 군사를 일으키게 되면 군사의 수를 얼마만큼 써야 마땅하며, 평안·황해·경기·충청도 등의 군사를 징발함이 어떨까 물었다. 황희는 이 일 모두를 주장에게 맡기고, 평안·황해 두 도에서만 군사를 징병하도록 청하였다. 이날 작전회의에서는 이외에도 장수 추가, 토벌 시기, 화포, 군사의 수 등을 상세히 논의하였다. 그리고 세종대왕은 다음과 같이 명하였다.

❶ 거사를 주문(奏聞)하는 일은 맹사성 등의 논의에 좇아 김청으로 하여금 주본(奏本)을 초하게 하고,

❷ 군사의 수와 군사를 내는 곳은 평안도에 마병과 보병 합하여 1만 명과 황해도에 마병 5천 명으로 정하여, 그 방면을 맡은 자로 하여금 발병하여 보내게 하며,

❸ 장수를 더 정하는 데에는 이징석(李澄石, 1373~1461)을 불러 쓰게 하라.

❹ 시기는 모름지기 4월 보름 때에 미치게 하고,

❺ 화포는 더 보낼 필요가 없다.

이처럼 세종대왕은 3개월 동안 거의 매일 파저강 일대에 있는 야인들의 토벌 계책에 대해서 논의하였다. 드디어 세종대왕은 3월 22일 북벌의 장졸들에게 교서를 반포하고, 최윤덕에게 전교한 글에 이르기를, "야인들이 국경에 몰래 들어와서 늙은이와 어린이를 죽이고, 부녀를 사로잡으며, 백성들의 재산을 소탕하여 사나움을 방자히 행하였으니, 어찌 그만둘 수 있으리오."라고 하였다.

그리고 4월 19일 새벽에 황해·평안도의 군사 1만 5천여 명을 동원해 일곱 방향으로 나누어 급습하여 야인을 정벌하고 자성군을 설치하였다. 여진족은 나와 싸우기도 하였으나 대개 영채를 버리고 도망쳤다. 그들은 조선군이 쏘는 불화살의 위력에 더욱 놀랐다. 토벌군은 9일간 파저강 일대를 두루 다니며 영채를 헐어버리고 곳곳을 샅샅이 수색하여 170명을 죽이고, 포로 236명과 마소 170마리를 노획하였다.

세종대왕이 황희를 비롯한 조정 대신들과 많은 논의를 하고, 치밀하게 전략을 짠 파저강 일대의 야인 토벌작전은 대성공을 거두었다. 소통을 발휘하여 작전을 세우고, 전투시 최고 사령관인 최윤덕에게 믿음으로 군권을 위임한 야인 토벌은 승리할 수밖에 없었다.

특히 세종대왕은 논의하는 과정에서 핵심적인 사항의 결정은 영의정 황희의 의견을 좇았다. 야인 토벌에 황희가 실질적으로 많은 지략을 펼친 것이다. 이로써 조선은 태종 이래 북진 정책의 일환으로 추진하였던 압록강 유역을 개척하고, 여연·자성·무창·우예 등 4군을 설치할 수 있었다.